Reinhard Winter

Jungen

★EINE GEBRAUCHSANWEISUNG★

Jungen verstehen und unterstützen

BELTZ

Besuchen Sie uns im Internet
www.beltz.de

Wichtiger Hinweis
Die im Buch veröffentlichten Ratschläge wurden mit größter Sorgfalt und nach
bestem Wissen vom Autor erarbeitet und geprüft. Eine Garantie kann jedoch weder
vom Verlag noch vom Verfasser übernommen werden. Die Haftung des Autors bzw.
des Verlages und seiner Beauftragten für Personen-, Sach- oder Vermögensschäden
ist ausgeschlossen. Wenn Sie sich unsicher sind, sprechen Sie mit Ihrem Arzt oder
Therapeuten.
Das Werk und seine Teile sind urheberrechtlich geschützt. Jede Nutzung in anderen
als den gesetzlich zugelassenen Fällen bedarf der vorherigen schriftlichen Einwilligung des Verlages. Hinweis zu § 52 a UrhG: Weder das Werk noch seine Teile dürfen
ohne eine solche Einwilligung eingescannt und in ein Netzwerk eingestellt werden.
Dies gilt auch für Intranets von Schulen und sonstigen Bildungseinrichtungen.

2. Auflage 2011

© 2011 Beltz Verlag, Weinheim und Basel
Umschlaggestaltung: www.anjagrimmgestaltung.de, Stephan Engelke (Beratung)
Umschlagabbildung: © Andre Zelck
Satz und Herstellung: Nancy Püschel
Druck und Bindung: Beltz Druckpartner, Hemsbach
Printed in Germany

ISBN 978-3-407-85931-0

Inhalt

Einführung

Wir beglückwünschen Sie zum Erwerb Ihres Jungen und wünschen Ihnen schöne Stunden mit ihm. Bitte machen Sie sich vor dem Gebrauch mit seinen Besonderheiten und seiner Bedienung vertraut. Beachten Sie unbedingt die Hinweise, die wir Ihnen auf den folgenden Seiten geben. Sollte es trotzdem Probleme geben, schalten Sie sich auf den Geduldmodus. Gebrauchte Jungen können leider nicht zurückgenommen werden. Auch wenn Sie die Gebrauchsanweisung genau befolgen, können wir keine Garantie für Ihren Jungen übernehmen.

Brauchen Sie, brauchen Väter und Mütter eine solche Gebrauchsanweisung für Jungen? Wohl kaum. Selbstverständlich ist der Begriff »Gebrauchsanweisung« in Anführungszeichen zu lesen: Jungen sind keine Geräte oder Maschinen, sie werden nicht in Betrieb genommen, benutzt und abgeschaltet. Und dennoch: Wäre es manchmal nicht gut, eine genaue Anleitung für die Jungenerziehung, eine Art Rezeptbuch mit Erfolgsgarantie zu besitzen? Vielleicht schon – aber glücklicherweise gibt es das nicht. Erziehung ist immer ein abenteuerliches und offenes Unterfangen, ein Versuch. Ob er wirkt und erfolgreich ist, zeigt sich erst nach Jahren.

Die Sache mit der Erziehung ist schwierig genug. Viele Eltern sind verunsichert darüber, wie sie mit Jungen umgehen sollen, ob und wie sie sie erziehen können. Die Jungen selbst wirken in Bezug auf ihr Jungesein manchmal irritiert und sehnen sich nach Orientierung und Klarheit. Die Ursache dafür liegt weder bei den Eltern selbst noch bei ihren Söhnen. Das Bild von Jungen und der Blick auf sie haben sich innerhalb weniger Jahrzehnte gravierend verändert. Im gleichen Maß fehlt es Eltern an Orientierung.

Seit etwa 20 Jahren nimmt das Interesse an Jungen ständig zu. Nachdem die Medien das Phänomen der »benachteiligten Jungen« geschaffen haben, hat sich das Interesse an Jungenthemen nochmals verstärkt. Mittlerweile sind bereits Rückkoppelungseffekte festzustellen: Die Berichterstattung heizt die Problematisierung an; normale, kompetente, gut entwickelte Jungen geraten zunehmend aus dem Blick. Das Gerede von der Jungenkrise stürzt Jungen erst in sie hinein. Die armen, benachteiligten Jungen werden nur noch bedauert. Jungen, die Verlierer? Die Jungenkatastrophe? Jungen, das schwache Geschlecht? Das ist ja schrecklich! Medien verallgemeinern und dramatisieren gerne die Extreme. Phasenweise wird jeder Junge potenziell als Krimineller, als Schläger oder Attentäter gesehen, dann wieder als durchgängig Kranker, psychisch Labiler oder sicherer Schulversager ohne jede Zukunft. Dazwischen gibt es nicht viel, vor allem keinen Platz für eine realistische und einfühlsame Sichtweise auf Jungen. Bei Eltern werden durch solche Dramatisierungen Ängste geschürt. Sie befürchten, dass ihr Junge chancenlos bleibt oder abgleitet. Und dass sie am Ende dafür zur Verantwortung gezogen werden.

Die armen Jungen, wie können wir ihnen nur helfen? Eines ist sicher: So nicht. Die problematisierende Sichtweise auf Jungen schadet ihnen. Mitleidige Blicke von Eltern, Lehrerinnen und Lehrern und anderen Erziehenden machen Jungen nicht glücklicher, sondern wehleidig und passiv: Als Benachteiligte müssen sie ja keine Verantwortung für ihr Elend übernehmen. Wenn sie sowieso Versager sind, gibt es keinen Anlass, etwas anderes anzustreben.

Also genug gejammert und geklagt. Es ist Zeit für eine andere Perspektive. Glauben Sie es nicht, dass alle Jungen es besonders schwer haben und dass es für Eltern mit Jungen so außerordentlich schwierig ist. Das ist Unsinn. Es funktioniert eher umgekehrt: Die Annahme, Jungenerziehung sei schwierig, kann zur Folge haben, dass sich Probleme einstellen. Unweigerlich machen sich bei Eltern Befürchtungen, Konfusion und Verspannungen breit. Die Wahrscheinlichkeit ist groß, dass Jungen, die mit solchen Erwachsenen zu tun haben, problematisch werden.

Die Sache kann entspannter angegangen werden. Generell gilt: Jungen sind nicht schwierig, weil sie Jungen sind. Es ist umgekehrt: Jungen in schwierigen Situationen reagieren mit problematischen Formen des Männlichseins. Natürlich hat sich das Jungesein verändert. Selbstverständlich sind alte Männlichkeitsvorstellungen überholt – ja und? Das ist ein großer Vorteil, kein Grund zu jammern. Veränderung und Offenheit schaffen Platz für Neues. Diese Freiräume gilt es in der Jungenerziehung zu nutzen. Verunsicherungen bei Eltern und ihr Bedürfnis nach Orientierung gehören unbedingt dazu: Sie sind Belege dafür, dass sich etwas verändert hat. Aber mit diesen Veränderungen kann umgegangen werden!

Um die aufgeregte Problemsicht auf Jungen zu verlassen, muss die Blickrichtung geändert werden: weg von Ausnahmen und dramatisierten Zuspitzungen hin zu den »wirklichen« Jungen. Dieser Perspektivwechsel hat allerdings einen Nachteil: Je genauer Jungen in den Blick genommen werden, desto vielschichtiger zeigt sich das Thema. Anders als reduzierte Darstellungen in den

Medien wird es also etwas komplizierter. Dafür braucht es eben den Raum eines Buches.

Zu diesem Buch

Mit »Gebrauchsanweisung« ist hier etwas anderes gemeint, als bei einem technischen Gerät notwendig wäre. Ziel des Buchs ist es vielmehr, eine Art Wegweiser zu Jungen und durch die Jungenerziehung zu sein. Es soll Ihnen Antworten geben auf die Fragen: Warum sind Jungen so? Was brauchen Jungen? Was brauchen sie von mir? Wie mache ich es als Vater oder Mutter richtig?

Eines ist dabei sicher: Jungen brauchen Sie! Damit dreht sich der Spieß um: Diese Gebrauchsanweisung wird zu einer Anleitung für Sie selbst, damit Sie dem Jungen nützen und damit er Sie (ge)brauchen kann. Als Vater oder Mutter dienen Sie der Entwicklung des Jungen. In diesem Sinne können Sie das Buch als Be-Dienungsanleitung lesen. Selbstverständlich sollen Sie nicht der Diener Ihres Jungen werden (sondern Vater oder Mutter); aber das Buch soll Sie darin unterstützen, Ihrem Sohn zu nützen.

Eigentlich braucht es nur zwei Dinge, um Jungen gut erziehen zu können: Jungen müssen verstanden werden, und Erziehende brauchen Ideen dafür, was sie praktisch tun können und wie sie das machen. Dementsprechend hat das Buch zwei Teile mit eben diesen Schwerpunkten:

* Im ersten Teil erfahren Sie, was im Jungen steckt, wie er »funktioniert«, was ihn geschlechtlich ausmacht: also Erklärungen, um Jungen zu verstehen, *warum* Jungen so sind und *warum* es ihnen guttut, wenn sie nach der »Gebrauchsanweisung« behandelt werden. Dieser Teil hilft Ihnen, zu begreifen,

auf welche Art Jungen männlich sind, was die Konflikte und Herausforderungen »als Jungen« sind, denen sie sich stellen müssen.

* Im zweiten Teil geht es um die praktischen Ansätze, die Frage, was bei der »Bedienung von Jungen« zu beachten ist. Damit werden Ihnen konkrete Handlungsideen und -vorstellungen geboten, um mit Jungen gut umgehen zu können und um das Richtige zu tun.

Hinter der Frage »*Was* soll ich denn tun?« verbirgt sich oft das Interesse am Grund: »*Warum* soll ich es tun?« Wenn Ihnen das nicht so wichtig ist: Überspringen Sie die Passagen im ersten Teil, die Sie jetzt nicht interessieren. Vielleicht lesen Sie diese dann später einmal, vielleicht nie. Andererseits helfen Verstehen und Erklären oft dabei, das Richtige zu tun: ganz spontan, aus sich heraus. Aus beiden Teilen können Eltern Orientierung ziehen und ihre Positionen entwickeln. Sie haben damit nicht die Wahrheit, aber Standpunkte; Sie können Jungen Leitlinien und Angriffsflächen bieten.

In diesem Buch geht es um Jungen hauptsächlich im Alter von null bis etwa dreizehn Jahren. Danach ist Pubertät angesagt, und das heißt oft Ablösung, Distanz, Beziehungsveränderung. Viele Informationen in diesem Buch helfen Ihnen wahrscheinlich auch über die Pubertät hinweg. An einigen Stellen gehe ich direkt auf dieses Thema ein, aber im Wesentlichen geht es eher um das, was vor der Pubertät stattfindet.

Die Wirklichkeit von Jungen ist vielfältig und komplex. Normalität gibt es praktisch nicht. Dennoch beschränke ich mich in der Hauptsache auf Jungen in relativ gewöhnlichen Situationen: Ich beziehe mich auf Jungen mit einer Mutter, einem Vater, auf Eltern und ihren Sohn. Ich beschreibe eher Verhältnisse in der

Mittelschicht. In dieser tendenziellen Normalität sind Vater und Mutter heterosexuell orientiert. Weitergehende Differenzierungen wie etwa Jungen in schwulen oder lesbischen Paarbeziehungen oder die Situation von Jungen aus Migrantenfamilien wären sicher wichtig und interessant. Sie müssen hier aber ausgeblendet bleiben – aus Platzgründen, aber auch deshalb, weil mir dazu die fachliche Kompetenz fehlt.

Nebenbei: Vieles, worum es bei Jungen geht, gibt es auch bei Mädchen. Wenn es für Jungen und das Jungesein wichtig ist, steht es in diesem Buch. Dass es für Mädchen auch bedeutsam sein kann, schreibe ich nicht dazu. Vieles, was Jungen guttut, bekommt auch Mädchen. Im Mittelpunkt dieses Buchs steht jedoch das auf Jungen Bezogene.

Natürlich gibt es bereits Bücher zu Jungen und über Jungenerziehung. Bei Vorträgen, Seminaren oder in Beratungen fragen mich Väter und Mütter häufig danach, was ich zum Weiterlesen empfehlen kann. Das, was mir wichtig ist, finde ich nirgends umfassend wieder. Bisher gab es auch kein Buch, das ich guten Gewissens empfehlen konnte; zu jedem Titel musste ich etwas Einschränkendes hinzufügen (»Das ist nicht schlecht, aber dieses oder jenes stimmt einfach nicht«). Und meistens ging die Richtung des Buches zu stark in die eine, die traditionelle, oder in die andere, die »Arme Jungen«-Richtung; oder es war als fast beliebige Anhäufung von Erziehungstipps speziell für Jungen unbrauchbar.

Die Idee zu einer »Gebrauchsanweisung für Jungen« entstand bei Vorträgen, die ich vor Eltern gehalten habe. Anfangs habe ich mich davor gedrückt, Hinweise darauf zu geben, was konkret getan werden soll. Wenn Jungen verstanden werden, so dachte ich, wird von selbst deutlich, was zu machen ist. Allerdings kamen im

Anschluss dann immer Fragen: »Was mache ich, wenn …?« Und dann habe ich doch konkrete Vorschläge gemacht. Allmählich stellte sich heraus, dass es genau diese Kombination aus Verstehen und Handelnkönnen ist, die Eltern bei der Jungenerziehung die nötige Orientierung geben kann.

Vielleicht fragen Sie sich beim Lesen, woher das kommt, was da geschrieben steht. Selbstverständlich beruht nicht alles, worüber ich hier schreibe, auf meinen eigenen Erkenntnissen. Indirekt wirkten so gesehen viele an dem Buch mit: meine Kollegen aus der Jungenarbeit und -forschung, Fachleute aus Psychologie, Pädagogik und Soziologie. Der besseren Lesbarkeit halber verzichte ich auf jegliche Quellenangaben und Zitate; im Anhang finden Sie aber Bücher zum Weiterlesen. Daneben speist sich das Wissen, aus dem heraus dieses Buch entstand, vor allem aus meinem Erfahrungshintergrund:

★ Da ist zunächst meine über 20-jährige berufliche Erfahrung in der Arbeit mit Jungen (einige davon sind mittlerweile selbst Väter): in der Jungenberatung, in der Jugendarbeit und auch in der Schule – obwohl ich kein Lehrer bin; deshalb stammen meine schulischen Erfahrungen eher aus thematischen Projekten mit Jungen zu den Themen Sexualpädagogik, Aggressionskultivierung, soziale Kompetenz.

★ Seit vielen Jahren arbeite ich auch mit Männern und Frauen, die ihrerseits mit Jungen arbeiten: Ich berate und qualifiziere Lehrerinnen und Lehrer, Jugendarbeiterinnen und Jugendarbeiter, Beraterinnen und Berater. Bei diesen Menschen reichert sich viel gebündeltes Wissen an, von dem ich und alle Teilnehmenden in den Weiterbildungen profitieren.

★ Immer wieder habe ich auch mit Eltern zu tun, in der Elternbildung und bei Vorträgen. Für dieses Buch habe ich Eltern auch gezielt gefragt: Was würden Sie gern über Jungen wissen? Welche Themen müssten in so einem Buch auftauchen? Viele der Fragen und Antworten sind ins Buch eingeflossen. Danke für Ihre Beiträge!

★ Jungen interessieren mich seit längerer Zeit auch als Forschungsgegenstand. Deshalb finden sich auch Ergebnisse unserer eigenen Jungenforschung im Buch wieder.

★ Schließlich gibt es da noch Erlebnisse und Erfahrungen mit Jungen im privaten Umfeld, nicht zuletzt mit unseren eigenen Kindern, mit deren Freunden, mit Patensöhnen und Söhnen von Freundinnen oder Freunden.

Bei allen, mit denen ich Erfahrungen machen durfte, und bei den vielen, die das Entstehen des Buches unterstützt haben, möchte ich mich an dieser Stelle von Herzen bedanken.

TIPP: MACHEN SIE FEHLER!

Glauben Sie bitte nicht, man könne im Zusammenleben oder auch beim Arbeiten mit Jungen alles richtig machen (auch mir passieren laufend Fehler und ich bemerke es meist zu spät). Einen Jungen zu erziehen bietet ein unerschöpfliches Reservoir an Möglichkeiten, etwas falsch zu machen. Manche Väter und Mütter, denen ich Teile des Buchs vorab zum Lesen gab, bekamen ein schlechtes Gewissen und den Eindruck, bisher nur Fehler gemacht zu haben. Das ist Unsinn. Wenn Ihnen solche Gedanken beim Lesen des Buchs kommen: Vergessen Sie das schnell. Denn umgekehrt haben Sie jede Menge Chancen, etwas richtig zu machen.

Ganz sicher werden Sie auch Fehler machen. Das ist sehr schön, denn worüber soll sich Ihr Sohn aufregen, wenn Sie perfekt sind? Was sollte er später besser machen wollen, wenn Sie alles schon bestens erledigen? Also bitte: Machen Sie Fehler!

Erlauben Sie es sich, dass Fehler vorkommen. Und lernen Sie aus Fehlern, dazu sind sie da. In den meisten Fällen überwiegt aber das richtig Gemachte, und die Fehler verlieren dabei an Gewicht. Durch richtiges Verhalten und durch Fehler können Sie viel zum Gelingen der Entwicklung Ihres Sohnes beitragen. Machen Sie es in der Erziehung Ihres Jungen einfach so gut Sie können!

1 Jungen erklären und verstehen

Warum sind Jungen, wie Jungen sind? In diesem ersten Teil werden Jungen erklärt. Wenn Sie verstehen, warum Jungen sind, wie sie sind, fällt es leichter, mit ihnen umzugehen und ihnen etwas mitzugeben.

Was ist eigentlich ein Junge?

Das Phänomen »Junge« werden wir aus drei unterschiedlichen Blickwinkeln betrachten:

* aus einer psychodynamischen Perspektive, die sich im Dreieck von Mutter, Vater und Junge bewegt;
* mit einem Blick auf Körper und Biologie, besonders auf das Hormon Testosteron und das, was im Jungengehirn von Bedeutung ist;
* und im Hinblick auf gesellschaftliche Aspekte der Männlichkeit.

Diese drei Perspektiven sind im wirklichen Leben überlagert. Sie bilden einen gemeinsamen Zwirn des Jungeseins. An vielen Stellen ist der Zwirn so verfilzt, dass nicht mehr erkennbar ist, welcher Faden dabei ursprünglich an welcher Stelle lag. Darin liegt eine Ursache dafür, dass das Jungenthema nicht ganz einfach ist. Außerdem gibt es leicht Streit, wenn eine Perspektive als alleinige Wahrheit betrachtet wird. Die Kunst, Jungen zu verstehen, liegt darin, sich in den verschiedenen Ansichten bewegen zu können, Jungen mal von dieser, mal von jener Seite zu betrachten – und dabei nicht zu vergessen, dass das Jungesein zwar etwas alle Jungen Verbindendes ist, aber trotzdem jeder Junge anders und individuell ist. Etwas verwirrend für den Anfang?

Kein Grund zur Beunruhigung, es lässt sich auflösen und ist gar nicht so schwierig.

Stellen Sie sich vor, ein Alien aus dem Weltraum besucht Sie. Er erfährt, dass Sie mit einem Jungen zusammenleben, und fragt interessiert: Ein Junge? Was ist das? Wenn ich in der Arbeit mit Eltern oder Erziehenden diese Frage stelle – »Was ist eigentlich ein Junge?« –, erhalte ich meist Antworten darauf, *wie* Jungen erlebt werden oder *wie* sie angeblich sind, also zum Beispiel aktiv, draufgängerisch, hippelig, ängstlich und lebendig oder zart und unsicher. Vielleicht sind solche Antworten Hinweise darauf, wie Erwachsene Jungen wahrnehmen oder wie sie vermuten, dass Jungen sind. Denn meistens ergänzt dann auch eine Mutter oder ein Vater: »Aber mein Junge ist ganz anders.« Also reicht diese Antwort nicht aus, und die spannende Frage nach dem Jungesein ist damit nicht beantwortet. Also: Was sind Jungen?

Es gibt drei Merkmale, die – sofern sie alle zutreffen – den Begriff »Junge« von allem anderen abgrenzen:

★ JUNGEN SIND MENSCHEN

Zunächst gehören sie zu einer bestimmten Gattung: Jungen sind Menschen. Diese Feststellung ruft bisweilen Erheiterung hervor, es ist ja doch selbstverständlich. Für unser Verständnis von Jungen hat diese Eigenschaft aber Bedeutung. Jungen sind weder Tiere, die dressiert, Pflanzen, die gezüchtet, oder Maschinen, die programmiert werden können. Sie funktionieren nicht über ein Input-Output-Schema, es passiert etwas in ihnen selbst. Zum Menschsein gehört die Individualität, das Menschliche ist immer etwas Persönliches, Individuelles. Das beinhaltet auch Besonderes, was diesen einzelnen Menschen mit anderen verbindet; als Individuen gehören wir zum Beispiel zu einer Nation, wir sprechen mit anderen eine Sprache, es gibt Gemeinsamkeiten in der Hautfarbe oder im Lebensumfeld, wo wir wohnen usw. – und auch im Geschlechtlichen. Menschen haben viel Gemeinsames mit anderen Menschen, Jungen zum Beispiel auch mit Mädchen oder mit erwachsenen Männern. In diesem Buch geht es um Jungen als Jungen. Weil Jungen aber (auch) Menschen sind, gibt es vieles, was bei Jungen und Mädchen gleich ist: Sie haben Hunger und Durst und brauchen etwas zu essen oder zu trinken; sie brauchen Liebe, Aufmerksamkeit, Anerkennung, Zärtlichkeit. Sie nehmen über ihre Sinne wahr, können hören, sehen, riechen, tasten. Sie müssen sauber gemacht werden und lernen, wie sie sich selbst waschen. Sie sind fähig zu kommunizieren, Botschaften in Worten, Bildern oder Buchstaben zu verstehen. Sie können sich in andere einfühlen. Um diese ganze Menge des Allgemeinen soll es hier nicht oder nur am Rande gehen.

✴ JUNGEN SIND IN ENTWICKLUNG

Das zweite Merkmal des Begriffs »Jungen« bezieht sich auf die Lebensphase: Jungen sind Kinder oder Jugendliche oder anders gesagt, sie sind noch nicht erwachsen. Wenn Jungen nicht ausgewachsen sind, sollten und können wir nicht Maßstäbe für Verhaltensweisen anlegen, die wir bei Erwachsenen erwarten. Jungen sind noch nicht »fertig«. Sie sind aber auch nicht nur unreif – sie können ja schon viel –, sondern jeweils altersbezogen in Entwicklung begriffen. Diese Entwicklung ist an manchen Stellen gleich, an anderen anders als die der Mädchen (so beginnt beispielsweise der pubertäre Schub bei Jungen im Durchschnitt ein bis zwei Jahre später als bei Mädchen). In Kindheit und Jugend haben Jungen Bedürfnisse, die wir Erwachsenen befriedigen müssen, damit sie sich gut entwickeln können. Gleichzeitig sind Jungen in Kindheit und Jugend nicht nur passiv, sondern in erheblichem Maß auch selbst aktiv, sie sind (Mit-)Gestaltende dieser Lebensphasen. Das bedeutet, dass der Einfluss von Eltern und Erwachsenen zwar groß, aber dennoch beschränkt ist. Jungen haben ihren Eigensinn, ihre Eigenarten und ihr je Spezielles, mit dem sich Erwachsene zumindest zum Teil einfach abfinden müssen (mehr dazu in der Gebrauchsanweisung Nr. 1: Wahrnehmen). Mit dem Aspekt des »Nicht-Erwachsenen« lässt sich der Blick auf Jungen mit einer optimistischen Perspektive verknüpfen: Es ist grundsätzlich möglich, dass der Prozess des Mannwerdens gelingt. Natürlich sind das Jungesein und Mannwerden auch schwierig, sicher gibt es auch problematische Aspekte. Aber am Ende werden aus den allermeisten Jungen tatsächlich »gute Männer«, wenn Kindheit und Jugendphase überstanden sind.

★ JUNGEN SIND MÄNNLICH

Der dritte Gesichtspunkt schließlich ist die Geschlechtszugehörigkeit: Jungen sind männlich. Es wird viel darüber diskutiert und gestritten, was dieses »Männliche« ausmacht. Deshalb ist es notwendig, sich damit zu befassen, und deshalb braucht es ein Buch über Jungenerziehung. Das Männliche ist der zentrale Pol dieses Buches.

ES GIBT NICHT »DIE« JUNGEN – JUNGEN SIND VERSCHIEDEN!
Wenn Sie einen wilden Jungen haben, freuen Sie sich: Sie haben einen wilden Jungen. Ist Ihr Junge zurückhaltend und vorsichtig, haben Sie Glück, denn Ihr Junge ist ein zurückhaltender und vorsichtiger Junge. Wenn Ihr Junge eher sensibel ist, seien Sie froh: Sie haben einen sensiblen Jungen …

Hier stellt sich sofort die nächste Frage: Was ist denn überhaupt »männlich«? Nicht nur Aliens, auch Erwachsene und Kinder fragen sich das. Wieder sind es drei Aspekte, die das Männliche ausmachen oder die ins Männliche hineinwirken: Zunächst ist »Geschlecht« eine wesentliche Seite der Persönlichkeit; das Männliche hängt mit der Person des Jungen zusammen, mit seiner Identität und seinem Selbstgefühl: Diese psychischen Themen des Jungeseins sind das eine Element des Männlichen. Darüber hinaus hängt das Männliche mit dem Körper zusammen, also zum Beispiel mit den Geschlechtsorganen sowie mit Genen und Hormonen. Wer sich für Jungen interessiert, muss sich demnach mit den körperlichen oder biologischen Bedingungen befassen. Drittens ist das Männliche auch etwas Soziales. Es hat beispielsweise mit Erwartungen zu tun, wie Jungen oder Männer sein sollen, mit männlichen Bildern und Idealen oder mit den Formen, wie Jungen darstellen, dass sie männlich sind. Also müssen wir uns den sozialen Fragen des Männlichen ebenfalls zuwenden. Kurz: Drei Dinge machen das Männliche des Jungen aus, nämlich Psyche, Körper und Soziales.

Alle drei Aspekte wirken nicht isoliert, sondern bedingen einander und beeinflussen sich wechselseitig. Jungesein und Mannwerden sind durch diese verschiedenen Stränge etwas Vielschichtiges. Wichtig ist: Jeder ausschließliche Blick auf den einen oder anderen Aspekt ist beschränkt. Einseitig und eingeschränkt kann man keinem Jungen gerecht werden. Denn Jungesein und Mannwerden, aber auch das Verstehen von Jungen sind komplex und bisweilen auch kompliziert. Beruhigend ist, dass es dennoch die allermeisten Jungen schaffen. Sie werden später recht annehmbare Männer, auch wenn das phasenweise undenkbar scheint. Andererseits gibt es Jungen, die große Probleme haben, die sich und anderen heftige Schwierigkeiten machen. Hier kann noch manches verbessert werden – sofern man weiß, wie und wo. Auch dazu will dieses Buch beitragen.

Jungen sind etwas Besonderes

Mit den drei genannten Kriterien haben wir (und der Alien) eine Antwort auf die Frage, was Jungen sind: Jungen sind männliche Menschen in den Lebensphasen von Kindheit und Jugend. Das Männliche entsteht dabei in einem Dreiklang aus psychischen, körperlichen und sozialen Anteilen. In dieses großzügige Raster passt allerhand hinein. So gilt es, den Blick zu schärfen. Je genauer wir hinsehen, desto mehr fällt auf, dass jedes dieser Merkmale enorme Variationen beinhalten kann: Menschen sind verschieden, allein von ihrem Aussehen her oder in ihrem Charakter, ihren Potenzialen, ihrer Biografie usw. Jungen und Männer unterscheiden sich in ihren Körpern, in der Statur und in der Muskelmenge, im Testosteronspiegel; auch in der Art, wie sie das Männliche definieren, was ihnen wichtig ist, wie ihre psychische Gestalt als Junge oder Mann ist usw. Auch die soziale Umgebung, die auf Jungen wirkt, ist ausgesprochen heterogen, denken wir nur an unterschiedliche soziale Schichten, Einkommens- und Bildungsniveaus, ländliche oder großstädtische Strukturen, religiöse Traditionen etc., die alle auch auf Vorstellungen des Männlichen und damit auf Jungen einwirken. Wichtig ist es deshalb, diesen doppelten Blick im Hinterkopf zu behalten: Es gibt unter Jungen Gemeinsames, aber es gibt ebenfalls eine schier unendliche Bandbreite von Variationen.

> Kein Junge entspricht dem Durchschnittsfall, jeder ist besonders. Und doch gibt es Verwandtes, Verbindendes unter Jungen.

Auch die fachliche Geschlechterdiskussion ist mittlerweile bei einer einfachen Formel angelangt: Mädchen sind etwas Besonderes *und* Jungen sind etwas Besonderes. Je genauer dann hingesehen wird, desto eher kommt man zum Ergebnis: Jungen sind von Fall zu Fall verschieden. Wer von »den« Jungen spricht, läuft Gefahr, diese Vielfalt zu übergehen, das Komplexe zu vereinfachen. Bei Pauschalisierungen – also immer, wenn es heißt: »die« Jungen oder gar »alle« Jungen – ist größte Vorsicht geboten; hier werden Unterschiede verschwiegen. Dazu gehört auch die Idee, es gäbe *einen* Weg *des* Mannes, die *eine* und standardisierte Entwicklung vom Jungen zum Mann. Das ist Unsinn. Das einzige wirklich allen Jungen Gemeinsame ist, dass sie sich unterscheiden. Und doch gibt es innerhalb dieser Verschiedenheiten auch verwandte oder gleiche Themen und Aspekte, durch die sich manche oder viele Jungen ähneln. Hier pendeln wir also zwischen einem Blick aufs Verbindende zwischen Jungen und dem Individuellen.

Jungen verstehen

»Ich verstehe den Jungen einfach nicht!«, so klagen viele Eltern und andere Erwachsene, die mit Jungen zu tun haben. Mit zunehmendem Alter scheinen Jungen immer häufiger »anders« zu sein. Wie sie »ticken«, wirkt befremdend. Viele Erwachsene haben den Eindruck, dass sie ihnen entschwinden, weil sie Jungen nicht spontan verstehen können. Und mit dem Beginn der Pubertät wird der Junge noch rätselhafter; konnte er bis dahin gerade noch verstanden werden, dann jetzt anscheinend überhaupt nicht mehr. Hier geben viele Eltern zu schnell auf, indem sie sich darauf fixieren, dass sie den Jungen nicht verstehen.

Kann man Jungen überhaupt verstehen? Aber sicher! Selbstverständlich ist das Verstehen manchmal mühsam, es gelingt nicht aus dem Stand. Und es ist auch beschränkt: Wir können Menschen eben nur bis zu einem gewissen Grad erfassen. Je näher oder ähnlicher sie uns sind, desto mehr haben wir den Eindruck, sie begreifen zu können. Und doch gibt es zwischen Menschen immer einen Punkt, bei dem dieses Verstehen hakt und abreißt. Hier hilft auch gegenüber Jungen Gelassenheit: Es ist weder nötig noch möglich, *alles* zu verstehen! Aber Jungen in ihrem Jungesein grundsätzlich zu verstehen, das ist erreichbar und gar nicht so schwer. Albern wird es, wenn diese normale Distanz mit Geschlechterklischees überladen und festgeklopft wird, etwa in der Art: »Jungen sind vom Mars, deshalb kann ich sie nicht verstehen.« Vergessen Sie das. Jungen kommen genauso von der Erde wie Sie selbst (sonst wüsste ja der Alien bereits Bescheid!). Sie können verstanden werden, wenn Sie Jungen verstehen wollen.

Aus einem Nichtverstehenkönnen oder -wollen heraus wird leicht über Jungen geurteilt. Oft ist das eher ein Verurteilen: »Jungen sind sexistisch oder gewalttätig«, »Jungen reden nicht über sich«, »Jungen können gar nicht reden«, »Sie können ihre Gefühle nicht zeigen, schon gar nicht, wenn sie Angst haben«, »Jungen machen immer Probleme«. Vielleicht können Sie das noch erweitern? Was Jungen nicht brauchen können, sind derartige Verurteilungen. Sie kommen nicht aus der Verbindung mit Jungen, sondern von oben herab, von einer wertenden oder moralischen Warte. Solche pauschalen Urteile verhindern es, Jungen verstehen und sich auf sie einlassen zu können. Ein Indianersprichwort verdeutlicht dies bildhaft: »Bewahre mich davor, über einen Menschen zu urteilen, ehe ich nicht eine Meile in seinen Mokassins gegangen bin.« In diesem ersten Teil des Buches bewegen Sie sich zwar nicht in den Schuhen Ihres Jungen. Aber Sie begegnen Jungen, indem Sie ihre Situation, ihre Einstellungen und Haltungen verstehen wollen.

Um Jungen gut begleiten zu können, ist es hilfreich, ja notwendig, sie auch in ihrem Jungesein zu verstehen. Das Individuelle erschließt sich Ihnen, wenn Sie den Jungen als Einzelperson kennen. Um Jungen in ihrem Jungesein zu verstehen, hilft es, mehr über Jungen, über ihr Geschlechtliches zu wissen und sich mit diesem Wissen auf Jungen einzuschwingen. Dieses bessere Verstehen erleichtert es, in Verbindung mit Jungen zu sein, Mitgefühl zu empfinden und zu zeigen und Jungen zu lieben.

Wir beginnen mit dem Blick auf die Jungenpsyche, die sich aus der Beziehung zu Mutter und Vater heraus entwickelt.

Männlichwerden und -sein. Die Bedeutung frühkindlicher Bindungen

Bei den Erfahrungen mit Geschlecht haben in der ersten Lebenszeit des Jungen ganz besonders seine Eltern Bedeutung. Sie legen die Grundsteine für sein geschlechtliches Selbstverständnis, für sein Männlichsein. Um Jungen zu verstehen, ist es deshalb wichtig, diese Beziehungen genauer unter die Lupe zu nehmen. Hilfreich sind dabei Erkenntnisse aus der Psychologie. Wir folgen hier einem psychodynamischen Verständnis, das sich auf erste Beziehungen und Bindungen bezieht und Entwicklungen und Fantasien von Jungen aufnimmt.

Der Junge und seine Mutter: Muttersöhne

Wenn Sie das Wort »Muttersöhnchen« hören, wird Ihnen vor allem eines einfallen: Es ist ein Schimpfwort, mindestens aber ein abwertender Begriff. Jungen sollen damit angestachelt werden, sich von der Mutter und vom Weiblichen abzunabeln und sich nicht zu lange umsorgen zu lassen. In »Muttersöhnchen« ist die Befürchtung gespeichert, ein Junge könnte nicht männlich genug sein, gar »weibisch« werden. Solche Vorstellungen sind heute zwar auf dem Rückzug, aber dennoch bedeutsam: Das Schimpfwort Muttersöhnchen zeigt auch heute noch Wirkung.

Den Gegenbegriff »Vatersöhnchen« gibt es dagegen gar nicht – viel Mutter, das scheint schlimm zu sein, zu viel Vater nicht. Dass jeder Junge ein Muttersohn ist, scheint im Zusammenhang mit Männlichkeit bedrohlich zu sein. Wenn der Sohn das abwertende »Muttersöhnchen« zu hören bekommt, trifft ihn das in seinem Geschlechtlichsein. Meist verweist es auf zu enge Vorstellungen, was Männlichkeit angeht. Nicht nur Jungen oder Männer, auch manche Mütter befürchten, dass ihr Sohn ein Muttersöhnchen werden könnte, wenn sie ihn zu sehr »verhätscheln«. Deshalb bremsen sie sich in ihrer Liebe zu ihrem Sohn. Dazu eine kleine Entwarnung: Zu viel Liebe gibt es nicht! Jede Mutter soll und kann ihren Sohn lieben, so viel und so lange sie will. Allerdings ist überschwängliche Fürsorglichkeit kein Ausdruck von Liebe! Fürsorglichkeit, die den Jungen unselbstständig bleiben lässt, die sich in Sorge und Ängstlichkeit der Mutter äußert oder ihn mästet: Das dient nicht dem Jungen, das ist nicht Ausdruck von Liebe, sondern von Bedürftigkeit der Mutter, die den Jungen benutzt.

Muttersohn von Anfang an

Sobald sich das Ei kurz nach der Zeugung eingenistet hat, ist der Junge mit der Mutter körperlich verbunden. Diese Verbindung ist lebensnotwendig. Sie bleibt es bis zur Geburt, bis die Nabelschnur durchtrennt wird. Ab dem Zeitpunkt seiner Entstehung ist jeder Junge zuerst ein Muttersohn. Er ist auf die Mutter angewiesen, ohne sie gibt es keinen Sohn. Aber ohne die allmähliche Lösung von der Mutter auch nicht: Denn dann bliebe er ja Teil der Mutter. Sich von seiner Mutter abzulösen ist also tatsächlich eine Lebensaufgabe für jeden Sohn. Jungen beschäftigt das in der Kindheit und Jugend mehr oder weniger heftig. Die meisten Jungen und Männer bewältigen die Ablösung spätestens in der Jugendphase; manche Männer schaffen das aber nie, sie bleiben auch als erwachsene Männer emotional mit ihrer Mutter verstrickt.

IM MUTTERBAUCH EIN GENIE ZÜCHTEN?
Pränataler Leistungsstress ist für Mutter und Sohn überflüssig! Sie können sicher sein: Ihr Sohn wird auch (vielleicht sogar eher) ein guter Junge, wenn Sie ihn während seiner Entwicklung im Bauch nicht mit Englischvokabeln oder Bachkantaten belästigen.

Wird die Geschlechtsbestimmung des Jungen vor der Geburt vorgenommen, etwa durch Ultraschall oder mittels Fruchtwasseruntersuchung, ist eine Überraschung durch die Beantwortung der Geschlechter-Kernfrage (Was bist denn du?) ausgeschlossen. Eltern können sich länger auf das Geschlecht des Kindes einstellen, beginnen vielleicht schon in der Schwangerschaft und während der Geburt mit den Zuschreibungen, z. B. »typisch Junge«, wenn sich das Kind heftig bewegt. Allerdings sind die Einflüsse auf das Geschlecht des Kindes nach der Geburt so groß, dass es kaum ins Gewicht fällt, ob Eltern schon vor der Geburt wissen, dass es ein Junge wird.

Die körperliche Verbindung zwischen Mutter und Sohn wirkt auch auf ihre Beziehung. Das Verbundensein zwischen Mutter und Sohn bleibt auch nach der Geburt bestehen. Durch die Zeit im Bauch der Mutter ist ihre Beziehung besonders intensiv – eine innige Bindung zwischen der Mutter und dem kleinen

Säugling. Dieser Zustand des engen Zusammenlebens wird als Symbiose bezeichnet. Über seine Mutter ist der Junge auch mit dem Weiblichen verbunden – enger als mit dem Männlichen. Das bleibt so, bis sich der Junge von seiner Mutter ablöst. Aus der Perspektive des Jungen ist während der Schwangerschaft das Männliche weit weg. Es befindet sich in einem viel größeren Abstand als das Weibliche, das ihn ja umgibt. Vielleicht ist das Männliche in seinem Erleben gar nicht vorhanden. Auch nach der Geburt ist dem Jungen das Männliche meistens nicht so nah wie das Weibliche. Deshalb ist für den Jungen und für das Verstehen von Jungen die Frage entscheidend, wie der Junge zum Männlichen kommt.

Das Grundlegende dieser Entwicklung passiert in der frühen und mittleren Kindheit, im Alter zwischen der Geburt und etwa sieben Jahren (Altersangaben sind hierbei schwierig zu bestimmen, weil es um Konstellationen und Entwicklungsaufgaben geht, die sich über längere Zeiträume erstrecken). Das bedeutet nicht, dass in späteren Phasen nichts mehr von Bedeutung ist. Aber wenn sich die Grundstrukturen der Persönlichkeit entwickelt haben, sind Veränderungen und Gegenentwicklungen nur noch bedingt möglich. Vieles in der frühen Kindheit geschieht unbewusst und unreflektiert – seitens der Eltern und erst recht beim Kind. Was in dieser Lebensphase des Kindes stattfindet, lässt sich nur durch Beobachtung des Verhaltens und durch Einfühlung erschließen. Würde man ein Kind fragen, was es beim Spielen fühlt oder was es gerade bewältigt, wäre es überfragt.

Die Themen in der frühkindlichen Zeit bestimmen die Beziehung zwischen Mutter und Sohn auch weiter, sie begegnen dem Sohn und der Mutter in der späten Kindheit und in der Jugendphase immer wieder – bei manchen Jungen lebenslang.

Das Männliche ist das Andere

In der Wahrnehmung des Sohnes ist die ganze Welt zu Beginn eins. Die Mutter ist die Welt, sie ist zunächst einfach Mutter, er nimmt keine oder allenfalls eine unwichtige, minimale Grenze zwischen sich und ihr wahr. Im nächsten Entwicklungsschritt erkennt der Junge im ersten Lebensjahr allmählich Unterschiede, Berührungslinien in der Welt. Dabei ist die Mutter genauso anders und fremd, wie dem Mädchen die Mutter anders und fremd wird, indem es sich selbst erkennt. Das ist ein gesunder Prozess der Ich-Werdung, der Individuation.

DER TIPP FÜR DIE SOHN-MUTTER
In dieser Phase der ersten beiden Lebensjahre ist wichtig, dass Sie dem Jungen möglichst wenig zuschreiben, in ihn hineinsehen. Bleiben Sie in Verbindung mit dem Jungen. Sehen Sie ihn weniger als »männlich«, sondern mehr als Person, in seiner Einzigartigkeit; einfach als Ihren Sohn. Wenn Sie im Kontakt mit Ihrem Sohn den Eindruck haben: »Oh, er ist ja ganz anders«: Konzentrieren Sie sich darauf, wo er gleich oder ähnlich ist wie Sie. Versuchen Sie einfach, ihn durch sein Anderssein »hindurchzulieben«.

Damit kommt auch das Geschlecht ins Spiel. Denn die Mutter sieht sich selbst als weiblich und den Jungen als männlich – unabhängig davon, wie der Junge wirklich ist. Dadurch entsteht eine besondere Art der Trennung. Die Mutter definiert den Sohn als »anders«; sie klebt ihm, bildlich gesprochen, ein besonderes Etikett auf. Dieses geschlechtliche Anderssein wird von der Mutter in den Sohn »hineingesehen«. Das kann vom Aussehen oder vom Temperament des Sohnes inspiriert und verstärkt sein. Besonders hart kann diese Sichtweise sein, wenn es mit dem leiblichen Vater des Kindes Konflikte, etwa aufgrund einer problematischen Trennung gibt; dann sieht die Mutter im Jungen leicht das Negative des Vaters.

Aber auch unabhängig davon kann es die Mutter beunruhigen, dass es im Jungen etwas gibt – das Männliche –, das sie nicht kennt. Ihre Vorstellung, was männlich ist, leitet sie davon ab, welche Erfahrungen sie bisher mit allen möglichen Jungen und Männern gemacht hat – und die können gut, aber auch problematisch gewesen sein.

In dieser frühen Lebensphase des ersten Lebensjahrs ist die Mutter von lebenswichtiger Bedeutung für den Jungen. Was sie sieht, empfindet und bestimmt, empfängt der Sohn, als sei es sein Eigenes. Deshalb übernimmt der Junge sein Anderssein, weil seine Mutter in ihm das Andere sieht. Erst indem die Mutter dem Sohn vermittelt: »Du bist anders«, empfindet der Sohn einen Unterschied und antwortet gewissermaßen mit: »Ja, ich bin anders.«

Natürlich erfindet die Mutter diese Botschaft nicht selbst. In ihrer Haltung schwingt die gesellschaftliche Sicht des Geschlechtlichen mit, und das können durchaus die sehr traditionellen Einstellungen zum Männlichen und Weiblichen sein: Männlich ist völlig anders als weiblich; der Mann ist wichtiger und bedeutungsvoller als die Frau; das Männliche ist besser als das Weibliche; das Weibliche ist wenig wert usw. Die entgegengesetzte Sichtweise, bei der die Betonung auf den Vorzügen des »Weiblichen« liegt, ist ebenfalls möglich. Aber auch die eigenen Erfahrungen der Mutter können hier bedeutsam sein: mit ihrem Vater, mit Jungen und Männern in ihrer bisherigen Biografie.

> Geschlechtlich ist der Junge in den Augen der Mutter von ihr verschieden, er ist »anders«. Die Perspektive »Ich bin anders« nimmt der Junge auf. Er leitet daraus einen Teil seines Männlichseins ab.

Dem Jungen wird im Geschlechtlichen der Unterschied aufgeprägt. Damit geht ihm sehr früh eine wichtige Erfahrung verloren, das verbindende Gefühl der Gleichartigkeit, also »Du bist gleich wie ich (deine Mutter)«. Im Gegensatz zu der Tochter betont die Mutter: »Du bist anders«; die Botschaft »Du bist gleich« wird zurückgestellt. Ein Thema des Jungen ist deshalb, das »Ich-Gleich« zu finden – was unter anderem auch Einfluss auf die Fähigkeit zu Mitgefühl und Beziehung hat. Der Unterschied zur Tochter liegt in der Qualität dieser Unterscheidung: Die Tochter wird von der Mutter geschlechtlich als »nah-anders«, der Sohn dagegen als »distanziert-anders« erlebt.

Irgendwann entdeckt der Sohn, dass er auch körperlich anders ist als die Mutter: Er hat einen Penis! Das geschieht aber viel später, im zweiten oder dritten Lebensjahr. Dann jedoch wird der Penis als Symbol des Andersseins gesehen und damit aufgeladen. Lange vor seiner eigenen Erkenntnis, dass er durch ein körperliches Merkmal geschlechtlich anders ist, wird dem Sohn die Idee des Fremden, Anderen von der Mutter mit auf den Weg gegeben. Dieses »Anderssein« muss nicht automatisch negativ gemeint sein, im Gegenteil. Mütter beziehen ja auch einen Gewinn daraus, dass sie das Andere, das Männliche »gemacht« haben. Die Botschaft der Mutter lautet also einfach: »Du bist anders« (und nicht: »Du bist anders, und das ist schlecht«). Der Sohn übernimmt dieses Motiv des Andersseins. Damit macht er sich auf die Suche nach seiner eigenen Geschlechtlichkeit. Er verbindet diese erste Geschlechtserkenntnis allmählich mit seinen beiden Männlichkeitsaufträgen, die da lauten: »Sei Geschlecht« und »Sei männlich«.

Die Mutter und das Weibliche sind ihm dabei immer noch bekannt und nah. Er hat sich davon noch nicht gelöst. Deshalb greift er auf seine erste Definition als Junge zurück. Er hält sich an das Weibliche und entwickelt für sich als Strategie eine Negation, ein Negativbild des Weiblichen: Männlich ist das Andere, also das, was nicht weiblich ist. Männlich bin ich, wenn ich einfach »anders« bin als weiblich. Das Männliche ist der Kontrast zum Weiblichen. Die verwickelte Situation für den Jungen ist: Damit ist er noch nicht selbstständig, im Gegenteil – eigentlich bleibt er in seinem Männlichen vom Weiblichen abhängig, indem er sich immer davon distanzieren muss. Eine paradoxe Situation! Das kann schwierig werden, muss aber nicht; die Zuschreibung und das Übernehmen des Geschlechtlich-anders-Seins muss sich nicht zum Problem auswachsen. Was die Situation für den Jungen ausmacht, ist die Intensität der Gefühle: Wie stark empfindet die Mutter ihn als verschieden? Hat es für sie eine hohe Bedeutung? In gewisser Weise ist dieses Anderssein normal, es ist ein Impuls des Geschlechtlichen für den Jungen. Wenn es noch viele andere Impulse gibt, wird diese Idee des geschlechtlichen Andersseins in ihrer Bedeutung geringer.

Verschärft werden die Schwierigkeiten dann, wenn der Vater für den Sohn nicht als Gegenüber erreichbar ist. Oder wenn der Vater seine eigenen Konkurrenzthemen bereits in diesem Alter in den Sohn projiziert. Aber selbst wenn der Vater seine Rolle aktiv ausfüllt, sich in intensivem Kontakt mit dem Sohn befindet, kann er die Bedeutung der Mutter lediglich abfedern. Die erste wichtige Beziehung ist normalerweise die zwischen Mutter und Sohn. Das bedeutet nicht, dass der Vater generell nicht auch die erste Beziehungsfigur sein könnte. Das ist aber eher selten der Fall: Durch Schwangerschaft und Geburt, vor allem durch die traditionelle Arbeitsteilung, ist der Vater nur selten die erste Bezugsperson; lediglich Situationen wie eigene Arbeitslosigkeit oder der Tod der Mutter führen gelegentlich zu Ausnahmen.

Ablösung und Ambivalenz

Damit das Kind größer werden, sich entwickeln kann, ist es eine Aufgabe von Mutter und Kind, sich aus ihrer frühen Beziehung, aus der Symbiose, zu lösen. Das Kind wird mehr eigenständige Person und Individuum. Dieser Vorgang heißt deshalb auch Individuation. Auch diese Phase ist zeitlich nicht genau zu bestimmen, sie findet grob zwischen dem zweiten und dem fünften Lebensjahr statt.

Bei der Ablösung des Sohnes von der Mutter entsteht eine weitere Konstellation, die etwas »Männliches« hervorbringt. Der Sohn entwickelt (wie die Tochter) einen ausgeprägten Wunsch nach der Loslösung von seinem ersten Liebesobjekt. Beim Sohn ist das erste Liebesobjekt die Mutter, die geschlechtlich »Andere« (beim Mädchen: die geschlechtlich Gleiche). In der Lösung aus der symbiotischen Mutterbeziehung ist die Fähigkeit zur liebevollen Hinwendung zum ersten *gegengeschlechtlichen* Liebesobjekt begründet. Dies ist die Lebensphase, in der Söhne ihre Mütter begehren (wie Töchter ihre Väter): Für den Sohn ist seine Mama die bevorzugte Person; wenn sie in der Nähe ist, ist er auf sie fixiert. Viele Söhne wollen in dieser Phase die Mutter (symbolisch) heiraten oder haben andere Paarfantasien – nur ich und die Mutter.

Bei der Tochter ist das erste gegengeschlechtliche Liebesobjekt der Vater. Psychodynamisch gesehen geschieht bei ihr ein Wechsel: weg von der Mutter, hin zum Vater. Beim Jungen ist dieser Prozess schwieriger. Er löst sich vom ersten Liebesobjekt, der Mutter »als Mutter«. Er wendet sich seinem ersten gegengeschlechtlichen Liebesobjekt zu: seiner Mutter. Indem er emotional in die Nähe zu seinem ersten gegengeschlechtlichen Liebesobjekt – seiner Mutter – kommt, erkennt er gleichzeitig, dass dies sein erstes Liebesobjekt ist, also seine Mutter. Von ihr wollte er sich ja entfernen. Also entfernt er sich – und entdeckt dadurch sein erstes gegengeschlechtliches Liebesobjekt, wendet sich ihm zu, registriert seinen Distanzierungswunsch und so weiter. Kurz: ein Hin und Her, ein Prozess der Annäherung und Entfernung, alles in allem ein sehr ambivalenter Zustand. Und für den Jungen schwer zu begreifen! Der Junge empfindet zwar seine Wünsche, ist aber der Situation ausgeliefert und kann deren Dynamik noch gar nicht verstehen. Auch für die Mutter ist es schwierig zu durchschauen, was hier eigentlich passiert: Sie verwirrt es, wenn ihr Sohn mal nähe- oder schutzbedürftig und dicht bei ihr ist, sich dann wieder schroff abweisend verhält und in die Distanz geht. Entsprechend irritiert verhält sie sich.

> Mit dem Wunsch nach Ablösung kommt der Junge in eine verzwickte Lage: Er will weg von der Mutter und hin zu seiner ersten Geliebten – dummerweise ist das ebenfalls seine Mutter!

Sich in dieser Ambivalenz zu befinden ist für Jungen nicht leicht. Noch schwieriger wird es für den Jungen, wenn die Mutter den einen oder anderen Zustand nicht aushält und ablehnend oder strafend reagiert. Viele Mütter schlagen sich auf die eine oder andere Seite: Die einen unterstützen seine Distanzierung und weisen den Jungen zurück, wenn er sich annähern will. Dieser Junge erlebt die Mutter als abweisend und versagend; das kann Kräfte mobilisieren, und der Junge fordert die Nähe massiv ein – es kann aber auch dazu führen, dass er sich enttäuscht mit der Zurückweisung abfindet. Andere Mütter wiederum halten den Jungen in ihrer Nähe und lassen ihn nicht in die Distanz kommen. Jungen mit solchen Müttern wehren sich entweder vehement und entwickeln starke Lösungskräfte – oder sie verharren in der Nähe; sie bleiben tatsächlich Muttersöhnchen. Ein Hauptproblem unreifer Söhne liegt darin, dass ihre Mutter hinter ihnen her »fürsorgt«: Sie putzt, wäscht, räumt auf, macht auch für den großen Sohn noch Arzttermine aus, stellt keine klaren Forderungen, trifft keine Absprachen, lässt ihn sich Privilegien herausnehmen.

... aber Mutter weinet sehr!

Eine Dramatisierung seiner Ambivalenz entsteht, wenn die Mutter dem Sohn nicht erlaubt, sich zu entfernen: Wenn sie ihn an sich bindet, weil sie es nicht aushält, dass er sich in seiner Entwicklung von ihr wegbewegt. Auch in der Abhängigkeit der Mutter vom Sohn, von seiner Bewunderung und Anerkennung, kann ein Verhindern seiner Lösung begründet sein. Eine häufige Ursache für eine schwierige Mutter-Sohn-Beziehung aufseiten der Mutter liegt in unklaren oder instabilen Weiblichkeitskonzepten der Mutter. Das kann der Fall sein, wenn die Mutter ihr Frausein stark mit dem Muttersein verbindet; ebenso schwierig, wenn sie ihr Selbstbild daraus bezieht, einen »kleinen Mann« gemacht zu haben. Auch Paarprobleme zwischen Mutter und Vater können sich auf die Beziehung zum Sohn auswirken: wenn die Mutter von ihrem Partner keine oder zu wenig Resonanz auf ihr Weiblichsein erhält.

Beim Jungen bleiben in dieser Phase oft die Erfahrung und das Gefühl auf der Strecke, selbst bedürftig zu sein. Er hat den Eindruck, dass Bedürftigkeit nicht zu einem von der Mutter abgelösten Jungen passt. Ursachen dieses Irrtums können sein: der Vater, das männliche Vorbild des Jungen, eine abweisende Mutter oder Männlichkeitsbilder, die der Junge bereits ansatzweise gelernt hat.

Die Bedeutung dieser Erfahrung geht weit über die Mutter-Sohn-Beziehung hinaus. Denn weil diese Konstellation die erste und grundlegende Beziehungssituation des Jungen ist, überträgt er das Thema mehr oder weniger auf alle Beziehungen! Je nachdem, wie intensiv die Ambivalenz erlebt wurde, je nachdem, wie die Mutter mit den Ambivalenzen des Jungen umgehen konnte, können Jungen diesen Entwicklungsschritt bewältigen. Auch wegen dieser Ambivalenz in der Lösungsphase sind für viele Jungen und Männer Beziehungen generell ambivalent: Immer dann, wenn es um Nähe geht, schwingt der Impuls zur Distanzierung mit. Es ist schwierig für sie, in einen richtigen Abstand zu kommen. Das ist ein Problem, das meist erst im Erwachsenenalter, von manchen Männern auch gar nicht, gelöst wird. Als Resultat tut sich bei ihnen ein Lebensthema auf: Beziehungsambivalenz in allen Beziehungen, vor allem aber in Beziehungen zu Frauen.

TIPPS FÜR DIE JUNGENMUTTER
Verstehen Sie die Ambivalenz des Jungen nicht als gegen Sie gerichtet. Es ist seine Entwicklungsaufgabe. Sagen Sie sich: Das ist in dieser Phase einfach so. Gehen Sie mit Ihrem Sohn durch die Ambivalenzen. Nehmen Sie ihn an, wenn er sich nähert und Ihnen nahe sein möchte; akzeptieren Sie es, wenn er die Distanzierung braucht.

Wie in jeder ordentlichen Ambivalenz gibt es für den Jungen auch hier keine »saubere« Lösung. Er kann sich ja nicht einfach für den einen oder den anderen Zustand entscheiden, sonst wäre es keine Ambivalenz. Eine gute Lösung aus der Ambivalenz ist die »dritte Position«, so etwas wie eine Unterbrechung, eine Pause im andauernden Hin und Her der beiden Aspekte. Denn: Alles, was nach Beziehung riecht, ist für den Jungen belastet. Beziehung erlebt er ja als zwiespältig. So bietet sich als Ausweg die Beschäftigung mit etwas an, bei dem nicht Beziehung im Vordergrund steht: etwas machen, etwas tun – vielleicht etwas bauen, Autos herumfahren lassen oder Fußball spielen. Sein Ziel sind die eher beziehungsfreien Betätigungen, die eher technischen Spielsachen. Aber auch mit dem Papa etwas zu unternehmen kann dabei viel zur Gleichgewichtsfindung des Jungen beitragen.

Kurzum: Alles wirkt erleichternd für den Jungen, bei dem nicht das Thema der Beziehung im Vordergrund steht. Das bedeutet nicht keinerlei Beziehung, aber sie rückt weiter nach hinten. Trotzdem gibt es sie – über die Aufgaben, die Aufgabenbeziehung. Diese wird auch im Spiel sichtbar: Beim Lego- oder Playmobilspielen finden sich ja durchaus Figuren, eine Art Puppen für Jungen, aber sie sind in ihrer Bedeutung relativiert, sie sitzen im Auto, das fährt, im Flugzeug, im Raumschiff usw., sind also über Aufgaben definiert – genau das ist Aufgabenbeziehung. Bei Mädchen und Mädchenspielen sind die Vorzeichen umgekehrt, es geht um »Beziehungsaufgabe«. (Mehr dazu im Abschnitt »Aufgabenbeziehung – wie Jungen in Beziehung sind«, S. 83)

Möglicherweise sind die Jungengehirne für diese Lösungsstrategien vorprogrammiert, vielleicht unterstützen Testosteron und Männlichkeitsbilder diese Form der Bewältigung. In der Not des Jungen in dieser Lage ist etwas Drittes eine hervorragende Lösungsmöglichkeit. Wenn es ihm zu viel wird mit Nähewunsch und Distanzierungsstreben, macht er einfach etwas ganz anderes. Hier kann er sich erholen und stärken, um sich dann wieder dem emotionalen Stress der Ambivalenz seiner Mutter gegenüber auszusetzen.

Erst wenn der Sohn dieses Ambivalenzthema gelöst hat, kann er sich innerlich ganz dem Vater zuwenden und sich mit dem Vater identifizieren; das geschieht dynamisch, etwa im Alter zwischen drei und sechs Jahren. Dennoch braucht er auch bereits in der Phase der Ablösung und Ambivalenz den Vater dringend: als emotionale Stütze, als Ausgleich und Sicherheit – indem er vermittelt: »Es ist gar nicht so schlimm, das geht vorüber, wir können so lange etwas zusammen machen« – und als sicheren Partner seiner Mutter. (Siehe dazu auch den Abschnitt »Mutter, Vater, Sohn – der Junge im familiären Dreieck«, S. 69.)

In der Jugendphase wiederholt sich die Ablösung von der Mutter auf einem anderen Niveau. Die Ambivalenz zwischen Nähe und Ablösung flackert wieder auf, mal ist der Junge der Mutter gegenüber ruppig und distanziert, dann wieder zugewandt, nah und charmant. In der gelingenden Entwicklung akzeptiert die Mutter die Distanzierung ihres Sohnes. Sie grenzt sich aber auch selbst vom Sohn ab – liebevoll und achtsam, auch sich selbst gegenüber(!). So kann der Junge allmählich reifen und dabei ein gesundes Ehr- und Schamgefühl entwickeln. Einem 15-jährigen Sohn ist es normalerweise peinlich, wenn die Mutter bei der Lehrerin anruft, um Hausaufgabenfragen zu klären, oder sich für ihn um ein Praktikum bemüht. Sie kann schon etwas einfädeln, aber machen muss er es selbst. Wenn es gelingt, kann die Mutter Stolz darüber empfinden, dass der Sohn sich auf männliche Weise ablöst: indem er auf Distanz geht, sie nicht mehr über alles informiert, autonom wird. Umgekehrt gibt es Fälle, bei denen die Mutter ihren Sohn nicht selbstständig werden lässt. Da sehen wir dann 17-jährige Jungen, die von der Mutter bei simplen Erledigungen begleitet werden – nicht etwa aus Bequemlichkeit des Sohnes (da müsste die Mutter dann auch schleunigst Abhilfe schaffen), sondern in Funktion für die Mutter. Alleinerziehende Mütter ohne Partner bzw. Partnerin und Mütter in dauerhaften Paarkrisen sind dabei besonders gefährdet. Wenn die Mutter angesichts der Ablösungstendenzen des jugendlichen Sohnes Verlustängste entwickelt, sind dies dringende Warnsignale. Dann gibt es Beratungsbedarf: Erziehungsberatung oder Familientherapie sind angezeigt.

→ Eine Mutterfrage
WIE LANGE DÜRFEN MÜTTER IHREN JUNGEN KÜSSEN?
Manche 9-jährigen Söhne wollen von ihrer Mutter nicht mehr geküsst werden. Aber manche 80-jährige Mutter küsst ihren Sohn und es ist für beide in Ordnung. Es gibt also keine Küss-Altersgrenze für Mütter. Das Thema ist gleichwohl aufgeladen: Zwischen Mutter und Sohn schwirrt es nur so von Ambivalenzen. Vielleicht werden Jungen vor allem deshalb größer als ihre Mütter, damit sie nicht mehr auf Mund oder Wangen geküsst werden können?
Sie als Mutter können Ihren Teil ebenfalls beitragen: Fühlen Sie sich ein, spüren Sie zu Ihrem Sohn hin. Wenn Sie das Gefühl haben, Ihr Sohn mag nicht mehr geküsst werden, dann lassen Sie es. Und wenn Sie sich nicht sicher sind: Fragen Sie ihn doch einfach!

Die Mutter und das Männliche

Die Perspektive aufs Männliche generell, speziell aber in der Mutter-Sohn-Beziehung, ist heute schwierig geworden. Mütter betrachten Männliches und Männlichkeit, wie es in der Gesellschaft vorgemacht wird: zwischen Hochjubeln und Idealisieren auf der einen Seite, Abwerten und Abwehren auf der anderen. Diese Zwiespältigkeit verwischt und vernebelt ihre Beziehung zum Sohn. Je unsicherer die eigene Identität der Mutter als Frau ist, je weniger Möglichkeiten sie hat, sich auf sich selbst und auf ihr Frausein sicher zu beziehen, desto größer ist die Gefahr, dass sich die Mutter grenzverletzend in das Männliche des Sohnes einmischt:

* indem sie sein Männliches übersieht und keine Resonanz darauf gibt oder
* indem sie es überhöht und idealisiert oder
* indem sie sich über den Jungen eine Teilhabe am höher bewerteten Männlichen verspricht oder
* indem sie sein Männlichsein abwehren und abwerten muss, weil es für sie anscheinend gefährlich ist.

Für Söhne ist all dies verhängnisvoll. Abwertung führt zu geschlechtlicher Verunsicherung, oft auch zur trotzigen Überreaktion und zum Versuch, ständig zu beweisen, dass Männlichkeit doch einen Wert hat. Idealisierung lädt Jungen unrealistisch auf. Sie gibt ihnen einen geschlechterhierarchischen Impuls, als Junge bzw. als Angehöriger des männlichen Geschlechts etwas Besseres, quasi angeboren privilegiert zu sein. Dies trifft sich mit alten Bildern der Männlichkeit, die Jungen ebenfalls ungehindert entgegenströmen. Beide, Idealisierung und Abwertung, sind nicht auf den Jungen, sondern auf Bilder von Männlichkeit bezogen. Die Sehnsucht des Jungen bezieht sich aber auf sein eigenes Männlichsein, sein Jungesein.

Für den Sohn ist es wichtig, dass seine Mutter an ihm auch sein Männlichsein liebt und akzeptiert. Wenn der Junge sich schwertschwenkend als Ritter durch die Wohnung kämpft, dann drückt er symbolisch sein Männliches aus – seine Energie ist spürbar. Ob als Cowboy, Indianer, Ninjakämpfer, Samurai, Schatzsucher, Erfinder, Privatdetektiv oder Kriminalpolizist: Der Junge wünscht sich, dieses Männliche vom Weiblichen aus anerkennend kommentiert zu bekommen. Was das Männliche genau ist, das bleibt während der Kindheit noch sehr unklar, und das ist gut so: Denn gemeint sind weniger die Vorstellungen über das Männlichsein, die der Sohn oder die Mutter haben, sondern mehr das Eigene des Jungen, was in ihm wohnt, wie er als männlicher Junge ist – das ganz Spezielle und Individuelle, das nur ihn ausmacht. Das zeigt er in dem, was er spielt, in welche Rollen er schlüpft, was ihn interessiert. Präziser wird sein spezielles Männlichsein erst in der Jugendphase, wenn allmählich zum Vorschein kommt, was für eine Person und damit auch was für ein Mann der Junge wird.

RESONANZ AUFS MÄNNLICHE GEBEN

Jan ist drei und kann schon Rad fahren. Er bekommt seinen Fahrradhelm auf und steigt auf sein Rad. Wie nebenher sagt er: »Ich bin Motorradfahrer und habe meinen Helm auf und so einen Anzug an.« »Ja, genau!«, antwortet seine Mutter, »und du hast ein großes Motorrad – wie hört sich das denn an?«
Niklas faszinieren Ritter, er malt mit Vorliebe Schwerter, Schilde und Ritterrüstungen. Seine Mutter kann damit eigentlich nicht so viel anfangen, trotzdem fragt sie immer wieder: »Magst du mir mal erzählen, was die Ritter damit so machen?«
Niklas wünscht sich ein Schwert, er bekommt es, seiner Mutter

wird fast ein bisschen mulmig dabei. Sie bittet ihn: »Zeig mir
mal, wie Ritter damit kämpfen! Aber nur ein Schaukampf, nicht
in echt.«

Auf seiner Suche nach dem Männlichen findet der Junge vieles. Er will und muss es ausprobieren, um es zu Seinem machen
zu können. In (Alltags-)Mythen des Männlichen zeigt es sich
in Reinform: Ritter, Polizisten, Feuerwehrmänner, Bauarbeiter,
Motorradfahrer, Handwerker, Müllmänner usw. – solche »echten Männer« repräsentieren das Männlichsein unverstellt. Ähnlich typisiert suchen Jungen Männlichkeitsbilder in Spiel- und
Medienfiguren, bei ihren Helden. Jungen nehmen davon etwas
auf und bringen es wieder hervor. Besonders in ihrem Vater,
in anderen (größeren) Jungen oder im Verhalten von Männern
finden sie Elemente des Männlichen: einen männlichen Gang,
vielleicht eine rauere Sprache, aber auch unterstützende Gesten,
Einfühlung, Verantwortung, Zupackendes und vieles mehr.

→ Eine Vaterfrage

MUSS MEIN JUNGE MIT PUPPEN SPIELEN?

Nein, er muss nicht. Aber die meisten machen es trotzdem: Sie
spielen mit Lego-, Playmobil- und anderen Spielfiguren, die als
Ritter, Autofahrer, Monster, Weltraumkämpfer oder Seeräuber
unterwegs sind. Das sind ihre Puppen, die Stellvertreter und
Gegenüber von Jungen, mit ihren Gefühlen und Geschichten
besetzt. Manche, vor allem kleinere Jungen spielen auch mit
größeren Puppen, ziehen sie an, fahren sie im Buggy spazieren – gut so. Schön, wenn Jungen mit ihren Puppen spielen.
Aber sie müssen das nicht.

Ein Problem dabei ist, dass manche Mütter auf alles empfind-
lich reagieren, was mit dem traditionell Männlichen zusammen-

hängen könnte: Sie wittern in allem »Großen« das Machohafte und meinen, es bekämpfen zu müssen. Mütter können dieses Männliche im Jungen heute kaum unbefangen lieben. Immer wähnen sie Abenteurertum, Dominanz oder Gefährliches, das für sie bedrohlich werden könnte. Sie meinen, jede Größenfantasie zurechtstutzen zu müssen. Oder sie sehen – das ist die neueste Variante –, im Männlichen stets das Verunsicherte oder Benachteiligte: den kleinen, sensiblen und hilflosen Jungen, von Erzieherinnen und Lehrerinnen unterdrückt und in seinen Fähigkeiten verkannt. Und seine individuellen Ausprägungen sind der Mutter dann oft auch nicht geheuer: Wenn er ein ruhiger, besonnener und sinnlicher Junge ist, ist er der Mutter unbewusst viel zu wenig männlich; tritt er dagegen als ein wilder, lebhafter Junge auf, ist er der Mutter schnell zu männlich. Nein, es ist nicht leicht, das Männliche einfach so zu mögen!

In der Beziehung zwischen Mutter und Sohn schlägt hier die Sicht auf das Männliche in der Gesellschaft durch, ein gesellschaftliches Vakuum in Bezug aufs Männliche: Wenn das Männliche in der Gesellschaft zwiespältig besetzt ist, kann die Mutter es beim Sohn nicht eindeutig lieben und ihm wertschätzend spiegeln: »Du bist ein männlicher Junge, und (auch) deshalb liebe ich dich!« Hinzu kommt, dass das Männliche der Mutter auch vonseiten des Vaters nicht ungebrochen liebenswert präsentiert werden kann. Väter sind oft selbst in ihrem Männlichsein nicht sicher und zwiespältig. Mütter wissen in dieser Situation gar nicht, was in einem guten Sinne männlich ist, worauf sie reagieren sollen: Das traditionell Männliche (vor allem Dominanz) wollen sie nicht, und etwas anderes kennen sie nicht. Wann sollen dann ihre Augen strahlen? Also bleiben sie dumpf.

Schlecht für die Jungen. Denn wird Jungen von der Mutter ihr Männlichsein nicht liebend gespiegelt, können sie sich nicht gut entwickeln. Sie bleiben in diesem Problemkreis hängen. Jungen sind in dieser Phase von der Mutter abhängig, davon, dass sie auch auf sein Männliches positive Resonanz gibt. Ist dies nicht der Fall, wird der Junge es schwer haben, wenn er künftig innerlich in Verbindung mit vergleichbaren Erfahrungen kommt – wenn es also um Abhängigkeit geht. Viele Jungen vermeiden deshalb Abhängigkeiten und Beziehungen allgemein, also auch zu Jungen und zu Männern.

In Kindergarten und Grundschule treffen Jungen auf Frauen, die dasselbe weibliche Geschlechterdilemma mitbringen. Sie haben die kritische Einstellung zum Männlichen ebenfalls angenommen. Erzieherinnen und Lehrerinnen reagieren auf alles, was sie als männlich bezeichnen und als negativ wahrnehmen, oft überkritisch und abwertend. Und etwas anderes erkennen sie nicht, zumindest nicht als männlich. Jungen geraten dadurch unter Spannung. Sie haben ja noch einen anderen Job zu erledigen, einen gesellschaftlichen Auftrag, der lautet: Sei Geschlecht, sei männlich! Wie sollen sie dies schaffen? Aus dem unbefriedigten Wunsch nach Resonanz auf ihr Männlichsein landen Jungen bei gesellschaftlichen Bildern. Sie finden Männlichkeitsbilder, die ihnen Orientierung versprechen und auch bieten: ein scheinbar unbegrenzter Raum der Männlichkeit!

Der Junge und sein Vater: Vatersöhne

Heute ein guter Vater zu sein ist keine einfache Aufgabe. Von Ansprüchen und Normen her ist das Vatersein gut besetzt: Was ein guter Vater für das Kind, was er für die Frau bedeutet, wird vor allem in Bildern öffentlich angesprochen: in der Werbung, in

Medien und in Papa-Kampagnen. Hilfreich ist dies kaum, denn Konflikte und Problemseiten des Vaterseins werden verschwiegen. Moderne Familienmythen kolportieren dazu mit unhinterfragter Selbstverständlichkeit und hoher moralischer Wucht die Rede von »fehlenden« Vätern oder – im Zusammenhang mit pädosexueller Gewalt – das Schlagwort »Väter als Täter«. Jenseits von solchen gesellschaftlichen Vaterthemen hat jeder Mann zwangsläufig Erfahrungen mit seinem eigenen Vater; oft sind das keine guten. All dies bildet keine gute Grundlage, um das Vatersein stolz, mutig und frohgemut anzugehen. Die Redewendung »Vater werden ist nicht schwer, Vater sein dagegen sehr« wird leicht als Drohung verstanden. Deshalb vorab eine Handvoll realistisch-visionärer Aspekte des Vaterseins für Väter und solche, die sich nicht erschrecken lassen wollen:

WARUM MACHT ES SPASS, VATER ZU SEIN? UND WARUM IST ES EINE BESONDERE FREUDE, VATER EINES SOHNES ZU SEIN?

* Das Sohn-Vatersein beinhaltet eine Menge an Spaßaspekten, und zwar ohne großen Aufwand, einfach so, wie wir beispielsweise gern schwimmen gehen, mit Freunden Blödsinn reden oder jemanden in den Arm nehmen.

* Das Sohn-Vatersein bringt auf lange Sicht Erfüllung, weil Sie etwas für ein anderes männliches Wesen tun; es macht Sie als Vater glücklich, weil Sie etwas Männliches weitergeben können, das bringt tiefe und dauerhafte Befriedigung.

* Das Sohn-Vatersein ist wirklich wichtig, denn Sie haben als Mann eine einzigartige Bedeutung im Leben Ihres Sohnes. Sohn-Vatersein ist eine elementare männliche Aufgabe, die Ihnen mit der Zeugung oder mit der Übernahme Ihrer sozialen Vaterschaft zugefallen ist.

* Das Sohn-Vatersein verbindet Sie mit sich selbst, Sie entwickeln sich dadurch weiter. Als Vater eines Sohnes kom-

men Sie parallel zu seiner Entwicklung unweigerlich in Verbindung mit sich selbst, mit Ihrer eigenen Biografie – mal lustvoll, mal schmerzhaft.

★ Das Sohn-Vatersein ist eine einmalige Gelegenheit, sich selbst kennenzulernen und sich zu spüren – natürlich ist das nicht immer nur nett (wie das für jede andere Form der Selbsterfahrung auch gilt), aber für die eigene Entwicklung ist es gut.

Das Vatersein hat sich im gesellschaftlichen Wandel insgesamt positiv verändert und es verbessert sich weiter. In dieser Veränderung sind neue Verortungen gefragt: Wie geht das Vatersein? Was ist der Trick dabei? Die Anforderungen an Väter wachsen, sowohl von der Menge her – es gibt mehr Anforderungen – als auch bezüglich der Qualität, die Erwartungen sind gestiegen. Wir befinden uns mitten in diesem Wandel. Unsicherheiten bei Vätern sind deshalb normal.

GEHT ES FÜR DIE SÖHNE NICHT AUCH OHNE VÄTER?

Eine Frage, die immer wieder gestellt wird: Geht es nicht ohne Väter? Subtil wird mit der Frage vermittelt, dass Väter »eigentlich« überflüssig seien. Diese Behauptung muss vehement zurückgewiesen werden. Frauen, die sich alleine durchgeschlagen haben, und Jungen, die ohne Vater aufwachsen mussten, beantworten die Frage oft trotzig: »Selbstverständlich geht es ohne Vater!« Hinter dem Trotz verborgen bleiben Trauer, Enttäuschung und Sehnsucht nach einem verlässlichen Vater – Emotionen, die oft gar nicht gefühlt werden dürfen.

Und doch: Natürlich geht es auch ohne Vater. Es geht so.

So, wie es Menschen gibt, die ohne rechtes Bein, ohne Augen, ohne sauberes Trinkwasser oder auch ohne Mutter leben können. Irgendwie geht das. Aber es geht nicht gut. Diejenigen, die dieser Situation ausgesetzt sind, versuchen, damit einigermaßen zurechtzukommen, und viele schaffen das auch. Aber mit Vater ginge es leichter und besser.

Sohn-Vater werden

Wann fängt der Junge an, ein Junge zu sein? Keine Frage: bei der Zeugung. Sie steht am Beginn der männlichen Biografie des Jungen. Bei der Zeugung verschmelzen zwei Keimzellen, die weibliche Eizelle und die männliche Samenzelle (Spermium). Für das Geschlecht spielt dabei zuerst der Vater die entscheidende Rolle: Der Vater bestimmt über seine Samenzelle das Geschlecht des Kindes – allerdings ohne dass er dies willentlich beeinflussen könnte (was manche bedauern und trotzdem nicht ändern können). Der Vater »ist« biologisch Vater, sobald sein Chromosomensatz an der Befruchtung beteiligt ist und der Fötus lebensfähig ist. Der biologische Vater hat mit der Zeugung seine Aufgabe erfüllt – anders als die Mutter, mit der das Kind nach dem Moment der Zeugung mindestens während Schwangerschaft und Geburt und gegebenenfalls auch durch das Stillen körperlich verbunden ist.

Vatersein ist aber nicht nur biologisch bedingt. Es ist kein Zustand, sondern Aktivität – oder anders gesagt: Vater ist man nicht, Vater wird man. Vatersein entsteht im Da-Sein, in der Präsenz, im Kontakt und im Tun, immer wieder, täglich neu. Vaterwerden ist immer ein Prozess und ein Tun. Deshalb ist das Vatersein im Sinne des biologischen Vorgangs relativ leicht; eine einfache biologische Tatsache, die mit der Zeugung entsteht und abgeschlossen ist. Das Vaterwerden ist dagegen eine Herausforderung, weil es nie fertig ist, sich immer weiter entwickelt und nur über das Vater-Tun, das aktive »Vatern« wirklich geschieht.

Was macht die Vater-Sohn-Beziehung so wichtig und gleichzeitig auch so schwierig? Dafür gibt es Gründe, denen wir nachspüren müssen, um Jungen zu verstehen. Der Junge »ist« männlich, sobald das Y-Chromosom seines Vaters im Spiel ist. Bereits ab diesem Zeitpunkt ist eine unglaubliche Vielfalt von Entwicklungsmöglichkeiten angelegt; das Reduzieren des Attributs »männlich« auf wenige Eigenschaften ist willkürlich. Allerdings: *Wie* sich der Junge »als Junge« entwickelt, darauf hat der Vater entscheidend Einfluss, unabhängig davon, ob er der biologische oder der soziale Vater ist.

Es muss aber auch betont werden, dass für die Identität als Vater das Körperliche nicht ganz unwichtig ist. Die juristische Gentestproblematik hat deutlich gemacht, dass viele Väter absolut sicher wissen möchten, ob sie wirklich, also auch biologisch, der Vater ihres Kindes sind – bedeutsam besonders im Unterhaltsfall. Lange Zeit war dies eine ungewisse Angelegenheit, in patrilinearen Gesellschaften dennoch eine sehr wichtige, denn der Sohn erbte.

Die Natur hat es so eingerichtet, dass die Kinder in der ersten Lebensphase dem biologischen Vater ähneln. Er sieht sich gewissermaßen selbst. Im Jungen sieht sich der Vater doppelt – im Menschlichen: Es ist sein Kind, und im Männlichen: Es ist sein Junge. Was diese Beziehung zusätzlich besonders aufladen kann, ist der Mythos der Blutsverwandtschaft, der auch dann wirkt, wenn der Vater in Wirklichkeit gar nicht der biologische Vater des Jungen ist, aber davon nichts weiß. Umgekehrt gibt es selbstverständlich auch zwischen dem Vater und seinem leiblichen Sohn Fremdheitsgefühle, ausgelöst zum Beispiel durch eigene biografische Erfahrungen des Vaters oder durch Ängste vor homoerotischen Gefühlen.

→ Eine Mutterfrage

WAS KANN MAN ALS ALLEINERZIEHENDE MUTTER MACHEN, WENN KEINE MÄNNER IM UMFELD SIND UND KEIN VATER DA IST?

Zunächst ist es wichtig, zu akzeptieren, dass die Situation so ist. Es vereinfacht die Sache, wenn die Mutter mit ihren Gefühlen im Reinen ist, was die Umstände der Zeugung und der Trennung angeht. Und auch der Junge darf trauern, wüten und sich sehnen. Durch Schuldgefühle der Mutter (z.B. »Ich kann ihm keinen Vater bieten«) wird diese Lage nicht anders. Auch ihre Kompensationsbemühungen (»Ich kann ihm das Väterliche auch noch bieten«) verwandeln seine Situation nicht. Männer lassen sich nicht herzaubern und sein Vater, der dem Jungen fehlt, schon gar nicht.

Erst nach diesem Schritt des Nicht-Machens kann sich die alleinerziehende Mutter umsehen: nach einem Paten oder Mentor, der den Jungen begleiten könnte. Wenn der Junge noch klein ist, geht dies mit einer großen Selbstverständlichkeit, ein solcher Pate ist einfach »da«. Ältere Jungen müssen gefragt werden, ob sie das möchten. Ihre Antwort ist zu respektieren. Zum Glück sind Jungen nicht nur dem ausgesetzt, was ihnen widerfährt. Sie sind selbst und aktiv an der Bewältigung beteiligt. Sie machen sich auf die Suche nach Männern, wenn sie welche brauchen. Das sind manchmal die Großväter, Nachbarn, Lehrer, Trainer. Gut, wenn es Männer gibt, die sich finden lassen.

Mit Zeugung und Geburt spinnt sich der Faden der Beziehung, des Kontakts und der Liebe zwischen Sohn und Vater. Für den Jungen ist es hilfreich und am dienlichsten, wenn dieser Faden vom Vater gleich zu Beginn aufgenommen, weitergesponnen und bis zur eigenständigen Lösung des Sohnes nicht mehr losgelassen wird.

In dieser ersten Beziehung vertritt der Vater etwas Eigenes, nämlich das geschlechtlich Gleiche, die Kongruenz. Der Satz und die Haltung »Ich bin so wie du« bieten dem Jungen einen geschlechtlichen Anker. Der Vater kann das Gefühl des Gleichseins auch dann halten und vermitteln, wenn die Mutter beim Jungen das »Anderssein« akzentuiert. Die väterliche Kongruenz puffert so gesehen das zu frühe mütterliche Postulat der Verschiedenheit ab. Von daher ist es kein Wunder, dass für die meisten Jungen ihr Vater in Kindheit und Jugend der wichtigste Mann im Leben ist. Eigentlich erstaunlich, dass das Wissen über diese Bedeutung in der Öffentlichkeit und bei den Vätern selbst recht wenig verbreitet ist. Vor allem für Väter wäre es wichtig, zu wissen, dass und warum sie gebraucht werden, warum sie sogar sehr wichtig sind.

HILFE: MEIN PARTNER KANN KEIN VATER SEIN!

Es gibt in seltenen Fällen auch Väter, die einfach nicht »vatern« können. Manche Väter kommen trotz ernsthaften Bemühens nicht weiter, weil sie aufgrund ihrer eigenen Geschichte im Hinblick aufs Vatersein eingeschränkt sind. Sie leiden vielleicht darunter, aber können nicht aus ihrer Haut. Für Sohn und Mutter ist das vielleicht bitter, aber nicht jeder kann alles entwickeln. Wenn es sich tatsächlich allmählich erweisen sollte, dass eine nicht zu ändernde Unfähigkeit zum Vatersein vorliegt, dann ist es wohl am besten, sich damit abzufinden. Auf manches wird die Mutter verzichten müssen. Vielleicht hatte sie schöne Vorstellungen: ein Vater, der seinen Sohn innig im Arm hält; der mit ihm auf dem Teppich liegt und mit ihm spielt; der mit ihm herumtollt. Oder sie sieht Vater und Sohn mit Begeisterung Fußball spielen; einen Vater, der seinem Sohn zuhört oder der ihm erklärt, wie ein Motor funktioniert, usw. Schöne Bilder. Aber es hilft wenig, ständig etwas zu verlangen, was der Vater nicht kann, und damit eine wunde Stelle immer wieder zu bearbeiten. Eventuell kann gemeinsam nach Alternativen für das Fehlende gesucht werden. Ansonsten muss eben das wertgeschätzt werden, was geht: vielleicht die ökonomische Versorgung zu sichern, seine Zuverlässigkeit oder seine handwerklichen Fähigkeiten.

Wenn der Vater mit dem Sohne …

Sie kennen sicher die Redensart: »Wenn der Vater mit dem Sohne …« Wissen Sie auch, was danach kommt? Wahrscheinlich nicht. Als Redewendung geht der Satz nämlich nicht weiter (als Filmschlager schon) – und genau darin spiegelt sich die Situation vieler Väter treffend wider. Vielleicht gab es diese geflügelten Worte ja schon vor dem Film in den 50er-Jahren, aus dem sie stammen, heute bleibt jedenfalls nur ein Halbsatz. Er verweist einerseits auf die besondere Beziehung und Bindung zwischen Vater und Sohn, fast schon mythisch aufgeladen. Andererseits bleibt diese Beziehung eigenartig offen und leer. Die Frage liegt nahe: Ja was ist denn dann, wenn der Vater mit dem Sohne …? Dies zu beantworten mag früher selbstverständlich gewesen sein. Heute aber bleibt der Halbsatz meist das, was er

ist, ein halber Satz, der mit dicken Backen eine Ideologie auf-
bläst, die dann in der Ecke zusammensackt.

Wenn der Vater mit dem Sohne einmal ausgeht
und dann keiner gern nach Haus geht,
dann erleben sie unterwegs die dollsten Sachen,
mal zum Weinen – mal zum Lachen (...)

Gesungen von Heinz Rühmann und Oliver Grimm;
aus dem Film »Wenn der Vater mit dem Sohne«

Aber warum blieb vom sich selbst erklärenden Vatersein nur noch
eine ideologische Hülse übrig? Ein Blick ins Geschichtsbuch hilft
bei dieser Frage weiter: Die Industrialisierung hat die Väter aus
der Familie gelockt oder sie von dort vertrieben. Vatersein hieß
lange Zeit, von außerhalb der Familie aus für sie zu sorgen, vor
allem das Einkommen zu sichern, und das gab es woanders: Der
Vater war für die Familie da, indem er weg war. Heute kommt es
dagegen beim Vatersein mehr auf den unmittelbaren Kontakt an:
Die Rückkehr der Väter in die Familie ist wohl das Wichtigste am
Wandel des Vaterseins. Mit dieser Vater-Rückkehr verbunden ist
auch eine neue Entdeckung der Qualitäten und der Bedeutung
der Väter. Vatersein ist seither Tun und Nähe: Es entsteht erst im
direkten Handeln mit dem Sohn.

Für den Sohn ist es von Beginn an wichtig, wie er von seinem Vater behandelt wird. In seiner Entwicklung leistet der Vater einen eigenständigen *emotionalen* Beitrag. Je einfühlsamer
der Kleine vom Vater behandelt wird, desto sicherer geht er als
Junge, als Jugendlicher oder als junger Mann mit emotionalen
Bindungen um. Dass der Vater mit seinen Gefühlen, seiner Zuneigung und seiner Liebe von Anfang an mit dabei ist, ist aus
diesem Grund ganz wesentlich. Jungen profitieren enorm vom

emotionalen Kontakt mit ihrem Vater. Unsicherheiten gehören dabei dazu; auf sie kommt es nicht an, sondern darauf, dass Sie emotional präsent sind. Es wird dabei entscheidend sein, ob Ihr Sohn über Sie später einmal sagt: »Mein Papa war manchmal so unbeholfen, wenn er mir gezeigt hat, dass er mich mag«, oder ob er sagt: »Mein Vater hat mir nie gezeigt, dass er mich mag.« Spüren Sie den Unterschied? Darum geht es. (Mehr dazu in der Gebrauchsanweisung Nr. 1: Wahrnehmen.)

Sensation und Konflikt

In dieser aktiven Beziehung von Anfang an ist der Vater für den Jungen eine Sensation. Das Sensationelle liegt in der Qualität der väterlichen Anerkennung und Liebe: Der Vater ist der erste Erwachsene, gleichsam ein Fremder, der den Jungen »einfach so« annimmt und liebt. Er bietet ihm das erste Aufgehobensein außerhalb der Mutterbeziehung. Diese Geborgenheit ist mit entscheidend für das Vertrauen des Sohnes in die Welt. Die Liebe der Mutter ist eine andere, sie ist für den Jungen durch die körperliche Verbindung während der Schwangerschaft und durch das Stillen selbstverständlicher. Das sind sehr frühe Erfahrungen, weshalb es auch bedeutsam ist, dass der Vater von Anfang an seine eigene Beziehung zum Sohn aufnimmt und hält.

Nebenbei, beim Begriff Sensation schleicht sich leicht ein Missverständnis ein: Das Sensationelle ist für den Sohn die erfahrene Vaterliebe, die sich im Alltag äußert – und nicht in außerordentlichen oder extremen Aktivitäten, die sich der Vater vielleicht vorstellt! Aber auch im körperlichen Umgang, im Fürsorglichsein und später beim Spielen bringt der Vater eine eigene Qualität mit: Er regt an, fordert heraus, er ist vor allem für das entdeckende Spiel mit Anforderungen sehr wichtig. Diese Seite auszufüllen fällt vielen Vätern leicht, wenn die Söhne älter werden. Die Lust an der Herausforderung, am Neuen und Heftigen führt dabei leicht zur Einseitigkeit – achten Sie beim Spiel mit Ihrem Jungen immer auch auf die Balance. (Vgl. dazu die Gebrauchsanweisung Nr. 4: Tun Sie was mit dem Jungen!)

Die Beziehung zwischen Vater und Sohn ist auch aus der Perspektive des Jungen von besonderer Bedeutung. Sobald der Junge Geschlecht als »feste Struktur« begreift, erkennt er: Mein Vater ist geschlechtlich »das Gleiche« wie ich. Allein dadurch entstehen aus der Sohn-Perspektive Nähe und Identifikation. Unbewusst will der Sohn gleich sein oder werden wie der Vater. Damit versetzt er sich in den Vater, schlüpft fast in ihn hinein und sieht die Welt aus seinen Augen, ist derselben Meinung wie er.

HILFE, MEIN SOHN WILL SEINEN VATER UMBRINGEN!

Diese Ebene und Schwingung des Gleichseins erhält auch psychodynamisch eine hohe Bedeutung. Wir haben gesehen, welche Ambivalenzen der Sohn bei der Ablösung von seiner Mutter und der Wiederannäherung an sie bewältigen muss. In dieser Ambivalenz ist der Sohn nicht mit seiner Mutter allein. Er ahnt ja schon, dass es da noch einen Vater gibt, der die Mutter liebt und deshalb eigene Ansprüche stellt. Dies empfindet der Sohn als Bedrohung durch seinen Vater. Auch hier sind viele Jungen kreativ. Sie überlegen sich – in glücklichen Fällen äußern sie dies auch –, wie sie den lästigen oder bedrohlichen Vater beseitigen könnten (z. B. ihn sterben lassen und im Garten begraben). In dieser Konstellation liegt eine prägende männliche Erfahrung. Die erste männliche Beziehung ist auch eine Konkurrenzbeziehung. Darin steckt ein gewisser Reiz. Die Beziehung ist aber auch mit teils heftigen Ängsten verbunden. Denn eigentlich weiß der Sohn schon, dass der Vater stärker ist als er. Was, wenn er seine Stärke ausspielt und diese Bedrohung Wirklichkeit werden sollte?

Wichtig ist hierbei, dass der Vater unerschütterlich und uneingeschränkt an seiner Liebe zum Sohn festhält und gleichzeitig die Liebe zu seiner Frau markiert: »Das ist aber meine, die gehört mir!« Gut, wenn dies unaufgesetzt gelingt. Dann hat der Junge die Chance, seine Fantasien zu kultivieren, ohne dass sie in eine bedrohliche Realität hineinreichen: Er muss die Mutter nicht wirklich heiraten und der Vater muss den Sohn nicht angreifen. Sollte es in dieser Phase zwischen dem Vater und seiner Frau schwierig werden, ist dies nicht ungewöhnlich. Oft registrieren Mütter es nicht, wenn sie den Vermählungswunsch ihres Sohnes so genießen, dass sie ihren Mann vernachlässigen. Gibt dieser dann allerdings beleidigt auf, ist das für alle Beteiligten ebenfalls schwierig. Hier ist er als Mann gefragt, der bisweilen Grenzen setzt, die Mutter wieder zur Frau macht und seine eigenständige Beziehung zu ihr einfordert.

Vom Gleichseinwollen bis zur Trennung

Sobald dieser Lösungskonflikt produktiv bewältigt ist, wendet sich das Blatt. Jetzt möchte der Junge gleich sein wie der Vater oder so werden. Er beginnt, sich mit seinem Vater zu identifizieren; er versucht, ihm nachzueifern, imitiert ihn, möchte denselben Beruf ergreifen wie er. Jetzt braucht der Sohn seinen Vater als stabilen Mann, er möchte in ihm das Große, seinen Helden, die männliche Potenz in der Welt sehen. (Nebenbei: Wenn der Vater verunsichert ist oder familiär nur ein Männchen darstellt, gibt es dafür wenig Anreiz.) Daraus entwickelt sich auch das Wissen um sein Eigenes: Der Junge ist nie ganz sein Vater, auch wenn er sich mit ihm identifiziert; allmählich wird dem Jungen klar, wo er auch in seinem Männlichen er selbst ist. In der Pubertät kommt dies als massive Abgrenzung zum Ausdruck. Von Identifikation ist oft keine Spur mehr vorhanden, jetzt muss er alles ablehnen, was der Vater ist, will oder kann. Meistens registrieren Männer dann erst lange Zeit später, wie viel sie doch von ihrem Vater mitgenommen haben, wie sehr sie ihm im Gleichen verbunden sind, auch wenn sich mittlerweile das Eigene stabilisiert hat.

Immer wieder in seiner weiteren Lebensgeschichte ist der Vater für den Sohn Vorbild fürs Mannsein, der Prototyp des Männlichen. Mit seinem Vater wird Beziehung »unter Männern« als etwas Echtes, aber auch als ein Modell erlebbar. Der Vater zeigt dem Sohn erstmalig, wie »männlich« geht; er erklärt dem Sohn die männliche Welt, gibt ihm damit Halt und Orientierung im Männlichen. Das Medium, in dem dies geschieht, ist der Alltag; es entsteht vor allem im gemeinsamen Erleben, in eigenen Räumen und Zeiten für die Vater-Sohn-Beziehung. Deshalb ist es wichtig, möglichst viel mit dem Sohn zu tun: vorlesen, kuscheln, spielen, Unternehmungen, Abenteuer, Hausarbeit, erzählen. Dann ist es bisweilen sogar möglich, mit dem Sohn übers Vatersein und über die Vater-Sohn-Beziehung zu reden: symbolisch etwa in erfundenen Geschichten oder im Spielen mit Spielfiguren, oder wenn der Junge schon größer ist, auch mal direkt – das ist doch eine spannende Frage: »Wie findest du mich eigentlich als Vater?«

Wenn Ihnen die Ablösungsversuche Ihres Sohnes wehtun, haben Sie eine Beziehung zu ihm. Seine Ablösung schmerzt proportional zur Qualität Ihrer Beziehung zu ihm.

Der Vater dient dem Sohn auch als männliches Gegenüber für die Abgrenzung. Ist diese in der Kindheit des Jungen kindlich, so wird sie in der Pubertät zunehmend männlich. Abgrenzung bedeutet dann Lösung und Trennung, in durchaus echter Qualität. Dies ist für den Vater immer wieder auch schmerzhaft, und dieser Schmerz ist unvermeidbar. Er gehört zur Vater-Sohn-Geschichte wie die Freude an der Identifikation. Ein Trost ist das nicht unbedingt. Dieser Prozess fühlt sich für den Vater nicht schön an. Manchmal ist es in der Pubertät wirklich schwierig und es tut richtig weh.

Allerdings gibt es selbst in der Pubertät Lichtblicke, intensive Beziehung zwischen Vater und Sohn und freudige Ereignisse: den Stolz, den Sohn wachsen zu sehen, zu erfahren, wie er selbst- und eigenständiger wird, oder auch sich im Sohn wiederzuerkennen – Glücksmomente für den Vater trotz Ablösung des Sohnes.

Von Mann zu Mann: Oft hat es der Vater schwer, weil der Sohn männlich ist!

Der Nutzen, den der Junge aus einer gelungenen Vater-Sohn-Beziehung zieht, ist also enorm. Allerdings gibt es an der Geschichte einen recht großen Haken. Viele Väter tun sich gerade mit der Beziehung zu ihrem Sohn eher schwer. Hier scheint unter der Vater-Sohn-Ideologie noch eine Leiche begraben zu sein. Väter haben es in der Beziehung zu ihrem Sohn deshalb schwer, weil es die männliche Variante von Beziehung ist: die Beziehung vom Männlichen zum Männlichen. Diese Hypothek wird vom Vater ins Spiel gebracht und sozial weitervererbt. Eine ganze Reihe von Ursachen ist dafür verantwortlich:

Eine Schwierigkeit für den Vater liegt darin, dass der Vater selbst ein Mann in der heutigen Zeit ist; er soll dem Sohn zeigen, wie »männlich« geht. In seinem Männlichsein ist der Vater aber oft selbst verunsichert. Leider haben die wenigsten Männer so viel Selbstbewusstsein, dass sie sagen können: Ich bin ein Mann – also ist das männlich, wie ich bin und was ich bin. Der Auftrag, dem Sohn zu zeigen, wie männlich geht, ruft beim Vater eher Unsicherheit hervor, vielleicht auch Ärger darüber, dass er selbst mit dieser Kompetenz nicht ausgestattet wurde. Die Vater-Sohn-Beziehung ist dann gestört. Diese Jungen können nicht einfach und selbstverständlich auf die männliche Vatererfahrung zurückgreifen. Der erste Mann in ihrem Leben ist »entmännlicht«. Damit können sie kaum ein positives Vaterbild in sich aufnehmen und dem männlichen Prototyp in ihrem Inneren einen guten Platz geben. Das zeigt Folgen in ihrer Geschlechtsidentität; Jungen fehlt hier ein sicheres Element. Der Vater kann mehr Sicherheit gewinnen, indem er sich mit dem Männlichen auseinandersetzt. (Siehe dazu Gebrauchsanweisung Nr. 2: Männlichkeitsbilder.)

★ JEDER VATER IST SELBST EIN SOHN

Erschwerend kommt hinzu, dass jeder Vater zuerst selbst ein Sohn ist. Mit hoher Wahrscheinlichkeit hatte er selbst keinen Vater, an dem er das Vatersein durchweg positiv lernen und abgucken konnte. Viele Männer haben deshalb nur vage Vorstellungen davon, wie gutes Vatersein geht. Manche tragen nur die Überzeugung »Nicht so, wie mein Vater« oder »Besser als mein Vater« mit sich. Nun braucht und fordert der Junge von seinem Vater etwas, was diesem von seinem eigenen Vater verwehrt wurde: beispielsweise Zeit zu haben, ihn zu begleiten, emotionale Nähe, aufregende Spiele. Hier empfinden viele Väter verdeckt Neid auf den Sohn, der nun etwas bekommen soll, was ihm selbst fehlte. Gleichzeitig kommt Ärger über den eigenen Vater auf, der ihm etwas so Wichtiges vorenthalten hat. Diese Gefühlszerrissenheit verlangt eine starke Leistung vom Vater: Weil es kaum Vorbilder gibt, an denen das Vatersein jeweils aktuell abgeschaut werden kann, muss es quasi immer wieder neu erfunden werden. Im Normalfall bastelt sich jeder Vater sein eigenes »Vatermodell«. Vater zu sein ist ein ständiger Versuch. Das Vatersein *darf* vom Vater gestaltet, es *muss* aber auch von ihm bewältigt werden. Diese Gestaltungsleistung kann ihm niemand abnehmen, aber dafür darf der Vater auf seine Art des Vaterseins stolz sein.

★ VIEL ZU NAH!

Die neue Qualität des Vaterseins stellt sich besonders durch die emotionale Beziehung, die Nähe zwischen Vater und Sohn her. Genau das ist aber durch den Verdacht der Homosexualität belastet. Gefühle und körperliche Nähe unter Männern: Ist das nicht schwul? In seiner Jugendphase musste der Vater solches heftig bekämpfen, aus Angst, als schwul zu gelten. Nun riecht es auch in der Vater-Sohn-Beziehung verdeckt nach Homosexualität – ein weiterer Anlass für Unsicherheit! Dem sollte allerdings nicht nachgegeben werden, im Gegenteil: Viel Körperkontakt, viel emotionale Nähe und viel Liebe zwischen Vater und Sohn sind das beste Mittel zur Bewältigung solcher Ängste und Befürchtungen.

★ WER HAT HIER DAS SAGEN?

Vater und Sohn stehen phasenweise in einem männlichen Konkurrenzverhältnis. Es geht um Fragen wie »Wer ist besser?« oder »Wer setzt sich durch?«. Das ist grundsätzlich nicht schlecht, Konkurrenz kann die individuelle und die soziale Entwicklung befeuern. Ob dies geschieht, ist allerdings eine heikle Frage des Maßes. Fürs Konkurrieren brauchen beide Kontrahenten die Kraft der Aggression. Als der körperlich und mental Stärkere ist es Aufgabe des Vaters, auf die richtige Balance zu achten. Nun wird das Konkurrieren des Sohnes von Vätern bisweilen gründlich missverstanden und als »echt« interpretiert. Dann handeln sie aus dem Affekt heraus oder benehmen sich so, als wollten sie dem kleinen Jungen zeigen, wer der wirklich Stärkere ist. Dass dies die Beziehung zwischen Vater und Sohn (zer)stören kann, liegt auf der Hand. (Mehr dazu in der Gebrauchsanweisung Nr. 6: Arenen der Konkurrenz.)

★ CHANCEN IN DER BEGEGNUNG ZWISCHEN VATER UND SOHN
Schließlich begegnen dem Vater beim Sohn immer wieder auch Seiten, mit denen der Vater selbst Schwierigkeiten hat. Dies ist oft dann der Fall, wenn der Sohn sich klein, verletzlich oder unsicher zeigt. Beim Vater rührt dies an einen inneren Konflikt: Wie passt das mit »dem Männlichen« zusammen? Das eigene Empfinden deckt sich nicht mit den Bildern, die er von sich als Mann hat. Auch dies kann Verunsicherung hervorrufen. Dann verlässt oder vermeidet er die Beziehung zum Sohn und setzt die Tradition fort, dass Jungen und spätere Männer mit solchen Anteilen schlecht umgehen können. Richtig ist die umgekehrte Reaktion: Die eigene Verunsicherung spüren und trotzdem mitfühlend beim Jungen bleiben; das hilft dem Jungen und oft auch dem Vater.

Dass es Väter mit ihren Söhnen schwer haben, ist also kein Wunder, dafür gibt es Gründe. Wichtig ist deshalb: Es darf in der Vater-Sohn-Beziehung auch schwierig sein, das ist eigentlich unvermeidlich. Auf der anderen Seite ist der »Gewinn« des aktiven Vaterseins enorm und gleicht manche Mühsal aus. Im gelingenden »Vatern« gewinnen alle Beteiligten: der Vater selbst, sein Sohn, die Mutter und die ganze Familie. Wichtig bleibt in schwierigen Phasen, sich trotzdem aktiv dem Sohn-Vatersein auszusetzen, Mut und Durchhaltekraft zu beweisen (hier sind beim Vater also tatsächlich gute männliche Tugenden gefragt!).

WENN BEIM VATER EIGENE VATERTHEMEN ANSTEHEN

In schwierigen Phasen mit dem Sohn erinnert sich der Vater oft an seine eigenen Erfahrungen als Sohn. Dann ist es für den Vater hilfreich, sich mit seiner eigenen Vaterbeziehung auseinanderzusetzen. Wenn dies schlimme oder traurige biografische Phasen betrifft und die Persönlichkeit des Vaters berührt, kann es auch sinnvoll sein, sich Unterstützung zu holen (Gespräche mit der Partnerin oder dem besten Freund, Beratung, Psychotherapie).

Grundsätzlich gilt, dass das aktive Sohn-Vatersein auch für die Väter selbst reichlich Entwicklungspotenziale bereithält: Sie werden mit der Nase auf eigene Männerthemen gestoßen, bekommen die Chance, sich mit einer wichtigen Seite ihrer Persönlichkeit auseinanderzusetzen – nämlich mit ihrem eigenen Sohnsein. Dazu lernen sie nebenbei, viele Jobs gleichzeitig zu managen, können ihre männlich-fürsorgliche Seite gegenüber einem männlichen Mitmenschen entwickeln, wachsen in neue Verantwortungsbereiche hinein, erfahren und anerkennen die Bedeutung von Zuverlässigkeit und Selbstsorge – ein bunter Strauß der Kompetenz- und Erlebnisräume, der harte Phasen und Probleme mehr als ausgleicht.

Vater, väterlich, männlich – und die Mutter

Väterliche Entwicklungspotenziale zeigen sich auch im Hinblick auf die Berufsarbeit. Es gibt nur wenige Familien, in denen die Berufsarbeit des Vaters und der Mutter den wirklich gleichen Stellenwert hat. Meist ist der Vater der »Haupternährer«, die Mutter leistet »Zuarbeit«, der Vater arbeitet Vollzeit, die Mutter Teilzeit, der Vater verdient mehr, die Mutter weniger. Leider ist der Vater auch in dieser Hinsicht für Jungen Vorbild. Die Botschaft an Jungen lautet: Der Beruf ist für den Mann sehr wichtig – wichtiger als die Familie, als der Sohn. Hinter der Männernorm bleibt verdeckt, dass Väter (auch) im Konflikt zwischen Beruf und Familie stehen, dass sie Vereinbarkeitsprobleme zu bewältigen haben. Geschlechterbilder verhindern, dass solche Konflikte bei Vätern angesprochen werden (dürfen). Das Leiden der Väter an diesem Konflikt wird dem Sohn nicht deutlich, er registriert nur die Dominanz des Berufs – die er als Merkmal des Männlichen übernimmt.

Das Männliche des Vaters ist aber noch in einer anderen Hinsicht für Jungen bedeutsam. Viele Jungen erleben – aufgrund ihrer Muttergeschichte – die Beziehung zur Mutter und oft auch den familiären Raum als etwas Diffuses mit einem »weiblichen« Beziehungsüberhang. Dass sich das Mütterliche ausbreiten kann, ist auch Folge des Rückzugs des Vaters. Er signalisiert der Mutter: »Familie? Mach du mal.« Das ist familienklimatisch nicht günstig. Selbstbewusste Väter mischen sich deshalb ein und sorgen dafür, dass der familiäre Raum nicht überladen wirkt. Der Vater bringt dann z. B. Klarheit und emotionale Facetten der Aggression ein, entfaltet auch mal einen nüchternen Gegenpol und hat ausgleichende Wirkung. Für Jungen ist dies wohltuend, auch um dann wieder ins wohlige emotionale Nest einzutauchen.

Wenn die Mutter ungestillte Vatersehnsucht beim Jungen spürt, kann sie helfen, den Vater zu integrieren – aber ohne Vorwürfe. Wenn die Mutter zum Vater sagt: »Du kannst doch auch mal was mit Sebastian machen«, hört der Vater einen Vorwurf, eine Bewertung mit schlechter Note. Besser passt es so: »Sebastian freut sich so, wenn du mit ihm spielst. Wann hast du das nächste Mal Zeit dafür?«

Der Job der Mutter beim »Vatern« ist es, wenn nötig, Platz zu machen. Auch hier gilt: von Anfang an. Wegen ihrer Rollenunsicherheit sind viele Vaterversuche zaghaft. Das ist oft keinesfalls Nichtwollen, sondern Herantasten. Gut, wenn die Mutter dem Vater seine Zeit lässt für die Erfindung seines Vaterseins. Schön, wenn sie dezent ihr Wohlgefallen daran äußern kann. Vätern tut es gut, in ihrer Frau eine wohlwollende Begleitung ihrer Vaterexperimente zu wissen. Und nur im Sichraushalten kann die Mutter ihren eigenen Stolz auf ihren Sohn mit seinem tollen Vater entwickeln.

VÄTER AUF DER FLUCHT?
Eigentlich müssten alle Väter bemüht sein, viel Zeit mit dem Sohn zu verbringen. Das ist aber oft nicht der Fall. Was treibt den Vater weg vom Sohn?

* Informationsdefizit: Viele Väter wissen nicht, dass und warum sie als Vater für ihren Sohn von Anfang an wichtig sind.
* Eigene Männlichkeitsbilder und Unsicherheiten in der Vaterrolle lassen den Vater fliehen. Unsicherheit ist ihm unangenehm – er macht sich aus dem Staub und flieht in sichere Gefilde, bevorzugt in berufliche Gewissheiten.
* Sein Verantwortungsgefühl treibt ihn in die Arbeit: Ich muss jetzt für alle verdienen. Das macht ihn (noch) abhängiger vom Beruf.
* Aber auch der Job selbst ist anspruchsvoll. Die Anforderungen im Beruf, die Berufsarbeit »ziehen« Männer aus der Familie.
* Schließlich sind auch Mütter mit im Spiel, die Väter aus der Familie schubsen. Die Mutter macht sich breit, es nährt ihr eigenes Selbstverständnis, alles alleine hinzubekommen. Sie wertet damit verdeckt den Vater des Jungen ab (der ist eigentlich überflüssig), von der Mechanik her eine Selbstaufwertung durch Abwertung des Mannes, außerdem eine Art weiblicher Größenwahn – und für den Sohn schädlich.

Mutter, Vater, Sohn – der Junge im familiären Dreieck

Aus den Kapiteln zur Mutter- und zur Vaterbeziehung wissen Sie, dass die jeweiligen Beziehungen des Jungen nicht ausschließliche sind: Es geht zwar um den Vater oder die Mutter, aber der bzw. die andere hat dabei immer auch eine besondere Bedeutung. Sohn, Vater und Mutter bilden ein Beziehungsdreieck, das für die Entwicklung des Jungen einen eigenen Stellenwert hat. Auch wenn noch ein Geschwister mitspielt oder sogar mehrere: Sie lassen Familie als Beziehungsnetz entstehen; und dennoch ist dieses Dreieck zwischen Mutter, Vater und Sohn besonders. Jeder Junge braucht das Weibliche und Mütterliche, braucht das Männliche und Väterliche. Und jeder Junge braucht zudem auch eine Position in diesem Dreieck; dazu dient ihm das Eltern*paar*. Das gilt in allen Lebensphasen, erhält aber ab dem vierten oder fünften Lebensjahr in der Entwicklung des Jungen besonderes Gewicht.

In diesem Alter wird der Junge fähig, über die Einzelbeziehung hinauszuschauen. Er kann sich allmählich in einem Beziehungsgefüge erkennen und er nimmt wahr, dass andere – ohne ihn – ebenfalls in Liebesbeziehungen stehen: ein wichtiger Entwicklungsschritt.

Die Geschlechterdynamik zwischen Vater und Mutter in diesem Dreieck ist für die männliche Entwicklung des Jungen wichtig: die positive wechselseitige Bestätigung und Resonanz der Eltern auf die Geschlechtlichkeit. In der Beziehung zwischen Mutter und Vater hört der Mann von der Frau die Botschaft: »Du bist der Mann, ich finde dich toll als Mann, ich mag das Männliche an dir«; und gleichermaßen vermittelt der Mann seiner Frau: »Du bist die Frau, ich finde dich toll als Frau, ich mag das Weibliche an dir.« Der Junge nimmt dies mit zwei Ohren auf: im Hinblick darauf, wie der Mann *ist*, was er macht und sagt, wie er als sein Vater die Beziehung zu der Frau gestaltet. Auf der anderen Seite erfasst der Junge, wie die Frau ist, was sie dem Mann mitteilt und wie sie auf den Mann reagiert.

Eine bedeutsame Aufgabe des Vaters ist es dabei, die Mutter wieder zur Frau werden zu lassen und seinen Beitrag dazu zu leisten, die Frau Mutter und die Mutter Frau sein zu lassen. Dies ist besonders in den Ablösephasen des Sohnes von der Mutter wichtig, wenn er sich die Mutter als Partnerin fantasiert. Indem der Vater seine Rolle als männlicher oder Liebespartner der Mutter ernst nimmt und eindeutig ausfüllt, signalisiert er dem Sohn: »Die gehört zu mir!« – und schafft damit die klaren Verhältnisse, die der Junge für seine gesunde männliche Entwicklung braucht.

Damit das Dreieck förderlich wirken kann, muss es an allen drei Seiten stabil sein: Mutter und Vater sind ein Paar in Beziehung, vom Vater zur Mutter und von der Mutter zum Vater sind Anerkennung und bestenfalls Liebe tatsächlich erkennbar. Und zwischen Mutter und Sohn wie auch zwischen Vater und Sohn gibt es die jeweils sichere Bindung, eine Liebesbeziehung mit eigenen Qualitäten.

In manchen Lebensphasen ist es für den Jungen auch schmerzhaft, zu erleben, dass seine Mutter eine erotisch-sexuelle Beziehung zu ihrem Partner, zu seinem Vater, hat. Dieser Schmerz ist unvermeidlich, er ist ein Kontakt zur Wirklichkeit. Und er gibt dem Sohn letztlich die Sicherheit, dass seine Mutter nicht unversehens auf die Idee kommt, seinem Begehrenswunsch zu entsprechen – also ihn plötzlich heiraten, gar noch echten Sex mit ihm zu wollen. Im Schmerz steckt auch Entlastung für den Jungen!

In diesem speziellen Dreieck ist es zwar schön und sicherlich auch besser, wenn das Elternpaar auch ein Liebespaar ist. Das ist aber nicht unbedingt nötig. Viele wirklich (d. h. nicht nur körperlich) erwachsene Mütter und Väter schaffen es, dass sie auf eine gute Art Elternpaar bleiben, auch wenn sie sich als Beziehungspaar trennen. Leider zeigt sich gerade bei Trennungen aber auch, dass viele Frauen und Männer in diesem Sinn nicht erwachsen sind: Sie fallen im Stress und in der Dramatik von Trennungssituationen in kindliche Verhaltensmuster, ziehen sich gekränkt zurück oder agieren mit Machtspielen – und können so ihre Rolle als stabile und bezugsfähige Punkte im Familiendreieck nicht ausfüllen.

Ein weiterer Aspekt kommt mit der Einfühlung des Vaters ins Spiel: Jeder Vater war selbst ein Junge; darin besteht ein Wissensunterschied zwischen Vater und Mutter. Der Vater versteht vieles von der »männlichen Variante der Kindheit« her besser. Aus seinem Verstehen heraus ist er wichtig als Dolmetscher zwischen Junge und Mutter. Frauen begreifen es z. B. oft nicht, dass Beziehung bleibt, auch wenn nicht geredet wird. Dass dies beim Jungen vielleicht anders ist, kann der Vater auf dem Hintergrund seiner Biografie nachfühlen und seiner Partnerin erklären. Dieses Verstehen bezieht sich auf alles, bei dem die Mutter den Jungen »anders« erlebt, vor allem auf andere Formen der Kommunikation und auf die Handlungsorientierung des Jungen. (Mehr dazu siehe »Aufgabenbeziehung«, S. 83.)

Das familiäre Beziehungsdreieck ist nicht statisch. Seine Kraft und Energie, die Liebe in dieser Konstellation, fließt nicht nur »hin und her«, sondern im Kreis: Der Vater wirkt und liebt durch den Jungen hindurch zur Mutter, durch sie kommen Kraft und Energie wieder zum Vater. Die liebevolle Energie der Mutter fließt zum Jungen und weiter zum Vater, durch ihn wieder zur Mutter. Und auch der Junge lässt seine Liebe durch Mutter oder Vater hindurch zum jeweils anderen weiterfließen. Es ist eine eigene Dynamik, die durch diese Kreisläufe entsteht: ein Gefühl für das »Wir«. Selbstverständlich bleiben dabei die Zweierbeziehungen bestehen (im Fachbegriff: dyadische Beziehung: ich – du). Darüber hinaus entfaltet sich etwas Zusätzliches, Eigenes, Verbindendes, fast Magisches: ein Fluss von Energien, Liebe, Mitteilungen, das »Wir«.

Um das Dreieck erleben und nutzen zu können, muss der Junge erkennen, dass es sich bei seinem Vater und seiner Mutter um ein Paar handelt. Das sind die Feinheiten des Paaralltags: eine Umarmung. Ein liebevoller Kuss. Ein klärender Blickkontakt, wenn es etwas zu tun gibt: Bist du oder bin ich verantwortlich? Gehst du oder ich? Ein Gespräch der Eltern beim Essen oder eine kurze Absprache. Ist der Junge aus dem Kleinkindalter heraus, kommen Klärungen als Beziehungsmarken hinzu: Was hast du zu seiner Frage gesagt? Was hast du mit ihm ausgemacht? Die Eltern sind als Paar also erkennbar aufeinander bezogen. Das heißt, sie sprechen auch über Dinge, die Erwachsene bereden. Das Paar braucht dafür eigene Zeiten, der Junge muss nicht immer einbezogen sein. Wenn es nötig ist, weisen Vater und Mutter den Jungen respektvoll darauf hin: »Bitte, lass uns das fertig besprechen, gleich haben wir wieder Zeit für dich.« Das Paar nimmt damit seinen eigenen Platz ein. Das ist für den Jungen im Moment kränkend, erlaubt ihm aber, sich aus seiner Prinzenrolle heraus zu einem normalen, stabilen und kritikfähigen Jungen und später Mann zu entwickeln. Wenn sich alles nur um ihn dreht, fällt er hart auf den Boden der Wirklichkeit. Oder er lehnt es fortan ab, Wirklichkeit als solche zu akzeptieren, und bleibt dem kindlich-männlichen Größenwahn verhaftet. (Wenn er dann nicht die Möglichkeit hat, bald Vorstandsvorsitzender einer Aktiengesellschaft zu werden, hat er es schwer.)

LESETIPPS FÜRS PAAR

Dass das Leben als Paar nicht einfach ist, ist bekannt. Weniger bekannt ist, dass Paarbeziehungen von selbst schlechter werden, wenn das Paar nichts dafür tut. Ratgeber für Paare füllen Bücherregale. Ich empfehle in diesem Zusammenhang drei Bücher für entwicklungsoffene Paare: von Michael Lukas Moeller »Wahrheit beginnt zu zweit«; von Hans Jellouschek »Liebe auf Dauer« und als kleine, anregende Lektüre zwischendurch: »Lässt sich Sex verhandeln?« von Wolfgang Schmidbauer.

Was ein Paar ausmacht, ist zu einem wesentlichen Teil die Unterschiedlichkeit, auch die geschlechtliche. Für die Entwicklung des Jungen ist von Bedeutung, diese Unterschiede, diese Zweiheit in der Paar-Einheit zu sehen, also den doppelten Blick einnehmen zu können. Eine Voraussetzung für gelingendes Paarsein ist die gegenseitige Akzeptanz gerade in der Unterschiedlichkeit: Er ist sehr ordentlich – sie weniger ordentlich; er redet viel – sie eher weniger; er ist introvertierter – sie extrovertierter. Zwei Voraussetzungen braucht es für ein geschlechtlich funktionierendes Paar: einerseits die eigene Klarheit – ich bin ein solcher Mann, ich bin eine solche Frau. Und andererseits die wechselseitige Akzeptanz, auch im Geschlechtlichen: Ich liebe dich so, wie du bist als Frau bzw. als Mann – sogar dann, wenn mir das eine oder andere daran gar nicht gefällt. Es gilt, diese Aspekte als Paar hochzuhalten und immer wieder neu zu beleben.

Resonanz aufs Männliche im Dreieck

Für das Selbstbild des Jungen kommt es im Dreieck auf einen doppelten Vorgang an: nicht nur, dass der Vater des Jungen das Männliche sein, es haben und wissen muss, wie er »gut männlich« ist. Seine Frau, die Mutter des Jungen, muss es ebenfalls wahrnehmen, akzeptieren und – zumindest teilweise – auch mögen und lieben. Hier nicht in die Falle von Stereotypen zu treten ist, nebenbei gesagt, in der heutigen Zeit eine Kunst. Die frühere Selbstverständlichkeit – »Du bist der Mann«, »Du bist die Frau« – ist mittlerweile aufgebrochen. Auffällig ist: »Du bist die Frau« zu sagen fällt Männern, vor allem Vätern, viel leichter als umgekehrt. Die Frau hat das wesentliche Element ihres Weiblichseins endgültig nachgewiesen: Sie wurde Mutter (und in traditionellen Milieus kommt noch bestärkend dazu: eines Sohnes). Dass sie mütterlich-weiblich bleibt, ist in den meisten Fällen für die nächsten Jahre gewiss.

Warum ist es für Frauen oft schwerer, dem Mann das »Du bist der Mann« zu vermitteln? Die Schwierigkeit besteht darin, etwas zu identifizieren, was mit »männlich« bezeichnet und als liebenswert empfunden wird. Der Vater soll bei sich und die Mutter beim Vater etwas »gut Männliches« finden, etwas erkennen, was als positiv und männlich bewertet wird. An dieser Stelle sind wir aber eher auf Kritisches am Männlichen gepolt: Dominanz über und Abwertung von Frauen kann damit ja wohl nicht gemeint sein, der Habitus als »lonesome cowboy« auch nicht und der trottelige Typ aus der Werbung schon gar nicht. Aber was dann? (Siehe auch Gebrauchsanweisung Nr. 2: Männerbilder.)

Dafür Anhaltspunkte zu finden und Ideen zu entwickeln, nachzudenken und Definitionen männlicher Eigenschaften zu entfalten ist besonders die Aufgabe des Mannes im Dreieck. Aufgabe der Frau ist es, das Männliche zu registrieren, darauf zu reagieren, positive Resonanz zu geben und immer wieder zu äußern, dass der Mann auch deshalb geliebt wird: Ich mag dich, weil du auf deine, auf eine gute Art männlich bist! Was das ist, kann sehr unterschiedlich sein, ja sogar konträr zu Geschlechterstereotypen liegen: Ein Vater kann sehr fürsorglich und einfühlsam sein und darin männlich; die Mutter dagegen energisch, »taff« und beruflich erfolgreich und darin weiblich – das passt alles, wenn beide sich selbst so mögen und wenn die Frau ihn deshalb als Mann, wenn er sie deshalb als Frau liebt. Niemand möchte, dass das Geschlechtliche negiert oder abgewertet wird.

Die Resonanz der Frau auf das Männliche ist für den Sohn eine wichtige Botschaft. Der Junge benötigt die Außensicht auf den ersten Mann in seinem Leben. Er will erfahren, dass das Männliche des Vaters etwas Wertvolles ist und von der ersten Frau in seinem Jungenleben geachtet und geliebt wird. Damit verbindet sich im Jungen ein lustvoll positives Vaterbild mit seinem Mutterbild. Sein Fühlen und Denken erweitern sich um eine Dimension: Er kann nun aus der Einzelbeziehung heraus in die gleichzeitige Beziehung zu zwei geliebten Menschen gehen. Dieser Prozess bildet sich als Kompetenz und als Sicherheit in ihm selbst ab. Die geschlechtliche Resonanz »im Großen« spielt nun in verkleinerter Form eine Rolle in der Beziehung zwischen Mutter und Sohn.

Was der Junge modellhaft zwischen Mutter und Vater erkennt, benötigt er ebenso für sich: Auch er wünscht, dass sein Männliches von der Mutter geliebt und positiv besetzt wird. Zu diesem Männlichen gehört letztlich auch die Freude an seinem geschlechtlichen Anderssein, verbunden mit der Erlaubnis, dass der Junge verschieden von der Mutter sein und dass er sie verlassen darf, dass er andere lust- und liebevolle Beziehungen eingehen darf und dass die Mutter das wertschätzt. Dies gibt ihm die Freiheit und Sicherheit, sich in eine echte Beziehung zu begeben, weil er auch geschlechtlich gänzlich in Ordnung und sogar liebenswert ist. Ohne diese Anerkennung seines Männlichseins muss der Junge Beziehung eher abwehren, er sucht Gefühle der Abhängigkeit eher zu vermeiden, weil er nie weiß, ob er mit heiler Haut wieder herauskommt.

Sebastian ist voll berufstätig und engagiert sich in seinem Job. Er hat dort seine Position und muss einiges dafür tun, um diese zu verteidigen: »Die Konkurrenz schläft nicht.« Sicher, das gibt ihm etwas für sich, sein Selbstwertgefühl, sein Männlichsein. Nach seinem Eindruck macht er das auch, um seiner Familie Sicherheit und einen gewissen Standard zu bieten. Für seinen Einsatz hat er deshalb Wertschätzung und Anerkennung verdient. Und bei aller Kritik seiner Frau, dass er so wenig da ist, teilt sie ihm mit: »Ja, das ist gut, dass du das auch für uns machst, dafür sind wir dankbar.«

Johannes ist in Teilzeit berufstätig, seine Frau Eva und er teilen sich Erwerbs- und Erziehungsarbeit, er ist »halber Hausmann«. Manche seiner Kollegen sind irritiert, aber sein bester Freund lobt ihn: Das sei wirklich mutig. Johannes ist ein Pionier, er bringt innovative Leistung. Und er bleibt trotzdem durchsetzungsfähig gegenüber Normalmännern. Auch Eva findet das gut und ist ihm dafür dankbar.

Susanne geht ganz in ihrem Muttersein auf. Peter versucht immer wieder, sie in Stimmung zu bringen, also sie erotisch-sexuell zu erobern – Susanne platzt der Kragen: Sie findet es bescheuert, dass er immer nur an das eine denkt, er sei eben ein typischer Mann, der nur Sex im Kopf hat. Problematisch für Peter ist nicht das Ablehnen, weil sie keine Lust hat, das ist in Ordnung. Die Abwertung seines Begehrens und seiner Sexualität ist das Problem!

Dreieckserfahrung – gut für Jungen!

Im familiären Dreieck ist es aber auch wichtig, dass der Vater die Beziehung zwischen Mutter und Sohn wohlwollend sieht. Mutter und Sohn haben ein besonderes Verhältnis, dies zu ehren ist eine Aufgabe des Vaters. Ein selbstbewusster, in sich ruhender Vater kann sich daran freuen, dass sein Sohn und seine Frau in liebevoller Verbindung sind. Er kann dies als erwachsener Mann ohne Kränkung achten und ohne Angst, zu kurz zu kommen. Der Sohn spürt seine Wertschätzung. Dieses Gefühl macht ihn sicherer im heiklen Beziehungsdschungel. Umgekehrt irritiert es den Sohn, wenn der Vater das Mutter-Sohn-Verhältnis missbilligt, wenn er neidisch oder eifersüchtig ist. Dann bekommt der Junge das Gefühl, etwas falsch zu machen, und muss sich darum kümmern, dass es dem Vater nicht schlecht geht – eine Überforderung.

Umgekehrt ist es ebenso bedeutsam, welche Qualität der Blick der Mutter auf die Vater-Sohn-Beziehung hat. Auch dieses Verhältnis ist besonders, es bewegt sich in der Spannung zwischen Innigkeit und Abgrenzung, beinhaltet männliche Konkurrenz und Identifikation, ist mal gleich gestimmt und aktiv, mal ganz auf Abgrenzung und Kampf ausgerichtet und in allen diesen Facetten gut und wichtig für den Jungen. Nährend ist es, wenn die Mutter liebevoll und stolz auf ihre beiden »Männer« schaut, sie ihre Beziehung leben und gestalten lässt. Ein wenig Wehmut kann schon auch mal dabei sein, trotzdem sollte die Mutter ihren Sohn nicht in Konflikte stürzen, wenn er sich von ihr ab- und dem Vater zuwendet: So ist der Lauf der Zeit, der Junge verlässt die Mutter, aber er kommt auch immer wieder zurück. Aufgabe der Mutter ist es, die Vater-Sohn-Beziehung sich entwickeln zu lassen, sich möglichst wenig einzumischen, sondern sich einfach daran zu erfreuen (und im Übrigen die dadurch gewonnenen Freiheiten zu nutzen).

Söhne, die sich aus ihrer Beziehung mit dem Vater heraus zusätzlich um enttäuschte, gekränkte oder beleidigte Mütter kümmern müssen, können sich nicht gut entwickeln. Indem sich der Vater für den Jungen als Partner ins Spiel bringt, gibt er der Mutter Luft für ihr Eigenleben. Mütter mit starkem Fürsorglichkeitsdrang brauchen dafür bisweilen einen behutsamen Rausschmiss. Manche Mütter neigen ohne dieses Korrektiv zur Vereinnahmung des Jungen, zu einer Allgegenwart, die dem Jungen und der Sohn-Vater-Beziehung zu wenig Raum lässt. Für den Vater führt ein Weg zum Paar über sein Engagement mit dem Sohn. Wenn er hier seinen Platz einnimmt, befreit er die Mutter von ihren Dominanz- und Allmachtstendenzen. Sie gewinnt dadurch Raum für ihren Part als Partnerin.

Sicher ist an dieser Stelle auch wichtig zu betonen: Jungen sind wie ihre Eltern sehr verschieden. So kann etwa die Kränkung, dass die Mutter einen anderen Liebespartner hat oder dass der Vater nicht nur den Sohn, sondern auch noch seine Frau liebt, unterschiedlich stark wirken. In kritischen Hochphasen kann durchaus ein wenig Rücksicht auf den Jungen genommen werden. Prinzipiell ist eine starke, fühlbare Elternbeziehung für eine gesunde Entwicklung des Jungen wichtig.

So viele bedeutsame Effekte im familiären Dreieck – da sind sofort der Einwand und die Befürchtung zu hören: Was ist mit alleinerziehenden Müttern? In der Tat, viele Jungen haben es in dieser Situation schwer – ein echter Grund, den Impuls zur vorschnellen Trennung zu überdenken. Aber wenn es nun mal geschehen ist: Scheuen Sie sich nicht, dieses Dreieck so weit wie möglich erlebbar zu machen. Manche Jungenmütter oder -väter finden neue Partner, mit denen die Konstellation für den Jungen stellvertretend zu erleben ist. Manche Eltern haben nach der Trennung dennoch eine Elternbeziehung, die Teile des Dreiecks übernehmen kann. Und manche Jungen finden trotz fehlenden Dreiecks eine stabile und positive Geschlechtsidentität (so wie andere trotz der aktiven Liebesbeziehung der Eltern keine finden). Viele Jungen leiden auch, agieren ihre Defizite aus und geraten an eine gute Therapeutin oder einen guten Therapeuten, mit der bzw. dem sie dieses biografische Defizit bearbeiten und schließlich bewältigen können.

Dreieck mit Mängeln

Für viele Jungen wird gar nicht richtig erkennbar, dass ihre Eltern auch ein Paar sind. Damit »schwächelt« eine Seite im familiären Dreieck. Hier kann auch ein Grund dafür liegen, dass Jungen manchmal instabil werden und schlecht ausgestattet wirken. In vielen Familien erlebt der Sohn die Beziehung zwischen Vater und Mutter nicht oder nur schwach. Dann erfahren kleinere Jungen, dass Mutter und Vater auf ihn, den Sohn, fixiert sind; sie haben nur ihn im Blick und sind mit ihm in Beziehung. Diese Situation bildet dann kein Dreieck, sondern ein »V«. Erst dadurch, dass Vater und Mutter aufeinander bezogen sind, kann das Dreieck seine positiven Wirkungen entfalten. Wenn es nur die V-Form gibt, hält der Junge an jeder Hand ein Elternteil. So lässt sich gut »Engel flieg« spielen, aber für einen Tanz im Kreis, für das Ringelreihen, braucht es den Ringschluss, das funktionierende Dreieck.

Prinzipiell geht es dem Mädchen mit einem fehlenden Dreieck ähnlich. Möglicherweise ist das Thema bei Jungen aber verschärft: Wenn Reste alter Männlichkeitsvorstellungen aufflackern (der Kronprinz, der Stammhalter), ist eine unglückliche Dynamik in Schwung gebracht.

Für die Schwächung der Mann-Frau-Seite im Dreieck finden sich noch weitere Gründe: Auf der mütterlichen Seite kann es sein, dass sich die ganze Liebe der Frau auf den Sohn richtet und sie sich damit vom Mann entfernt. Auf der väterlichen Seite liegt eine Gefahr in Kleinfamilien darin, dass der Vater an den Rand gedrängt wird – und sich dahin schieben lässt: Er klinkt sich familiär und in Bezug auf seine Partnerin emotional aus. Eine Ursache dafür ist, dass seine Unsicherheit im emotionalen oder fürsorglichen Bereich von der Mutter schnell und leicht als Inkompetenz und Desinteresse ausgelegt wird. Er selbst hat bekanntlich seine eigenen Probleme damit, denn Unsicherheit und emotionale Fürsorglichkeit kollidieren mit den üblichen Männlichkeitsbildern. Geschickt vermeidet der Vater, was unsicher machen könnte, und zack – ist er draußen und spielt nicht mehr mit. Schlecht für den Jungen, der sich im Dreieck von allen guten männlichen Geistern verlassen fühlt.

Was geschieht mit Jungen, die so eine instabile Paarbeziehung erleben? Es entstehen Ungleichgewichte. Die Beziehung wird exklusiv-dyadisch, meist einseitig zur Mutter hin: Das ist heikel und im Nähe-Distanz-Spiel kaum auf eine gute Art zu halten. Ein Sohn, der als Mittelpunkt im Leben seiner Mutter herhalten muss, ist besonders arm dran. Bei mancher Mutter schleicht sich zudem eine Tendenz zur Verwöhnung des Sohnes ein; sie hat den Anspruch, alles zu geben und alles Fehlende auszugleichen. Damit kommt sie schnell in eine Überfürsorglichkeit, die für beide Beteiligten schädlich ist: Die Energiebilanz stimmt nicht. Sofern die Beziehung im Dreieck V-förmig wird, entsteht fast unweigerlich ein Konkurrenzverhältnis zwischen Vater und Mutter: Wer ist besser? Wer ist dem Jungen wichtiger, wen hat er lieber? Ein verführerischer Machtkonflikt zwischen »männlich« und »weiblich«; in traditionellen Konstellationen hat dabei der Vater schnell verloren, weil er im Alltag weniger präsent ist. Auf jeden Fall verliert der Sohn, denn ihm wird sein Männliches ja subtil ebenfalls madig gemacht. Die Folgen sind beim Jungen erhebliche Identitätsschwierigkeiten und Konflikte. Beide kommen im Verhalten oder in Störungen zum Ausdruck, wegen des heiklen und unsicheren Klimas oft gar nicht in der Familie selbst. Vielmehr fallen Jungen in Institutionen auf: im Kindergarten, spätestens in der Schule.

Ist die geschlechtliche Resonanz zwischen Mutter und Vater gestört, kann der Junge das familiäre Dreieck nicht oder nicht stabil genug erleben. Anstelle der klaren Mann-Frau-Kommunikation: »Ich Jane, du Tarzan« – »Ich Tarzan, du Jane«, hört er nur Ungewisses: »Bin ich vielleicht Tarzan? Könnte es sein, dass du Jane bist?« Spürt der Junge nichts von einer liebevollen Resonanz auf das Männliche des Vaters wie auf seine eigene Geschlechtlichkeit, dann wird ihm ein wesentlicher Teil einer stabilen Identität vorenthalten: die Möglichkeit, begrenzende und lustvoll besetzte, wirklich männliche Väterlichkeit zu verinnerlichen, und die Sicherheit, dass er mit seinem Männlichsein in der Welt schon richtig liegt. Solche Jungen bleiben in einer diffusen emotionalen Nähe zu ihrer Mutter. Ihre Mutter verweigert die wirkliche Ablösung, die Mutter-Sohn-Beziehung wird dadurch seltsam klebrig und oft verwöhnend. Diese ohnehin problematische Beziehung strahlt dann weit über das familiäre Dreieck hinaus. Jungen in dieser Situation vermeiden Gefühle von Abhängigkeit, weil sie nicht wissen, ob sie aus ihr wieder herauskommen. Dies wirkt sich auf alle Beziehungen aus.

Jungen können keine reife männliche Identität entwickeln, wenn sie ohne die Möglichkeit aufwachsen, das Dreieck zu erleben und zu nutzen, und wenn die Mutter das Männliche weder beim Vater noch beim Sohn liebt und positiv anerkennt. Das Ergebnis sind brave Bubis, die es der Mama (und später den Frauen) recht machen wollen; oder unprofilierte schwammige Männchen ohne Struktur und Spannung, ziemlich »unmännliche« und für Männer wie Frauen unattraktive Zeitgenossen also; oder Männer, die eine Fassade aufgesetzter Männlichkeit vor sich hertragen, an der nicht gekratzt werden darf, weil sie dahinter ziemlich schlecht ausgestattet sind.

Dass viele Jungen heute nicht richtig gruppenfähig sind, liegt auch an den gestörten Mann-Frau-Beziehungen in der Familie. Solche Jungen sind oft Meister der Abgrenzung und Abwertung anderer, markieren sich damit als scheinbar autonom, sind aber nicht fähig, sich für andere zu interessieren und sich in Beziehungen zu begeben – zu anderen Jungen, zu Lehrerinnen und Lehrern, zu Trainern, zu Mädchen. Ihre Beziehungswelt ist äußerst flüchtig. Die Jungen sind dafür nicht verantwortlich zu machen, es ist die Folge einer Schwächung des Elternpaars und der Resonanz im Dreieck auf das Männliche beim Vater und beim Jungen.

→ Eine Mutterfrage

WIE KANN ICH ALS ALLEINERZIEHENDE MUTTER DAS VERTRAUEN MEINES 14-JÄHRIGEN JUNGEN GEWINNEN?
Die Mutter wird vom Sohn gleichsam doppelt besetzt. Sie ist einerseits Elternteil; in der Jugendphase geht es darum, sich von den Eltern abzugrenzen, die elterliche Macht zu bekämpfen. Andererseits ist sie seine Mutter; mit ihr verbinden den

Sohn zwiespältige Gefühle zwischen Nähewunsch und Abgrenzungsbestrebung. Solange diese Mischung wirkt, ist eine Vertrauensbeziehung schwierig. Das kindliche Vertrauen ist überholt, aber als Erwachsene können sich die beiden noch nicht begegnen. Für den Sohn geht es zunächst um Abgrenzung und Eigenständigkeit. Die Mutter muss verkraften, dass der Junge sie nicht immer ins Vertrauen zieht – sie ist die Mutter, keine Freundin. Wenn sie dies aushält und trotz dieser kränkenden Zurückweisung mit ihm in Kontakt bleibt, sich für ihn interessiert, ihn in seinem Größerwerden wahrnimmt, wird eines Tages auch wieder Vertrautes zwischen ihnen erscheinen.

Aufgabenbeziehung – wie Jungen in Beziehung sind

Jungen kommen häufig über Aktivität oder über die Bewältigung von Aufgaben in Beziehung: Es gibt etwas zu tun, eine Aufgabe will oder muss erledigt werden; man kann es alleine bewältigen oder man macht es gemeinsam. Über das gemeinsame Tun, Bewältigen, Erledigen entstehen Verbindung und Beziehung unter den Jungen, Bezüge auf- und zueinander, sie verstehen sich, etwas Gemeinsames wächst. Die Aufgabe steht im Vordergrund, Beziehung geschieht und entwickelt sich dabei. »Aufgabenbeziehung« ist ein passender Begriff dafür. Aufgaben, in denen Beziehung entsteht, sind so vielfältig wie die Umwelt: etwas aus Spielsteinen oder aus Holzteilen bauen, ein Fußballspiel gewinnen, ein Computerspiel bewältigen, den Gegner beim Kicken, mit den Pokemonkarten oder an der Playstation besiegen.

Aus solchen Erfahrungen entwickelt sich die Aufgabenbeziehung bei vielen Jungen immer wieder aktiv als ihre Form der

Beziehungsgestaltung: Sie wird zu dem Prinzip, mit dem sie sich selbst in Beziehung setzen. Das geschieht nicht nur real, sondern auch in der Fiktion. Die Beziehung zu ihren Fernsehhelden gestalten sich Jungen beispielsweise ebenso: Sie gehen mit der Figur mit, stellen sich dabei nicht dem Helden gegenüber, gehen nicht in eine Begegnungsbeziehung auf Augenhöhe, sondern platzieren sich an seiner Seite, um gemeinsam einen Weg oder eben eine Aufgabe zu bewältigen. Aufgabenbeziehungen sind »Side-by-Side«-Beziehungen, es wird gemeinsam in eine Richtung gegangen, das Gehen ist der Träger für Beziehung.

Aufgabenbeziehungen sind Handlungsbeziehungen. Das gilt auch dann, wenn gerade nichts gemacht wird, wenn Jungen (und später Männer) miteinander reden: über Aufgaben (Schule, Sport, Beruf), über künftige Aufgaben, über bewältigte Aufgaben, über Herausforderungen, Abenteuer, Siegen und Scheitern, über Heldentaten und Missionen usw. Auf diese Weise lernen sich Jungen und Männer oft erstaunlich tief kennen. Sie erfassen und verstehen sich, sind dadurch aufeinander bezogen und miteinander verbunden.

Mädchen und Frauen haben mit dieser Form der Beziehungsgestaltung oft Probleme. Das ist kein Wunder, denn ihr Beziehungsmodell ist häufiger die einander zugewandte Redebeziehung. Eine Mädchenbeziehung besteht, wenn miteinander geredet wird; Schweigen wird bedrohlich, weil es als Beziehungsabbruch gedeutet wird. Tendenziell leben Mädchen und Frauen eher die »Beziehungsaufgabe«: Diese stellt die Beziehung selbst in den Vordergrund und Mittelpunkt; Beziehung ist die zu bewältigende Aufgabe und häufiger auch Thema (»Face-to-Face«-Beziehungen). Dieses Modell ist bei Jungen weit weniger ausgeprägt, kommt aber selbstverständlich auch vor.

Zu diesen Varianten gehört keine Bewertung: Aufgabenbeziehung wie Beziehungsaufgabe schaden niemandem, sie sind eben spezielle Formen (vielleicht tendenziell eine männliche, eine weibliche), um in Beziehung zu sein oder zu kommen. Wenn es unterschiedliche Beziehungsweisen gibt, liegen Missverständnisse jedoch nahe. Jungen muss erklärt werden, und in der Regel verstehen sie es: Für Mädchen und Frauen ist Beziehung selbst eine wesentliche Aufgabe, ihnen geht es oft mehr um die »Aufgabe Beziehung«, um Beziehungsaufgabe. Deshalb ist es gut, wenn der Junge diese Dinge nachvollziehen kann, ist er mit Mädchen in Beziehung oder möchte es sein (umgekehrt gilt das genauso für die weibliche Seite).

Im Modus der Aufgabenbeziehung hat das Reden selbst keine beziehungsstiftende Bedeutung; es ist wichtig als Informationsträger oder für Absprachen, Aufgabenbeziehung kann sogar Schweigebeziehung heißen. Es muss nicht geredet werden, damit Beziehung bestehen bleibt, die Beziehung existiert »einfach so«. So ist es Jungen häufig nicht besonders wichtig, zu reden, es genügt, einfach so zusammen zu sein – irgendwohin zu gehen, zu sitzen und zu schauen; die Beziehung bleibt. Das ist etwas Schönes, aber bekommt leicht eine einseitige Tendenz. Reden ist nicht per se gut, aber auch nicht immer schlecht. Der Gegenpol zur Aktion ist die Reflexion: Reden vor dem Handeln, während des Handelns oder nach dem Handeln trägt dazu bei, das Erlebte zu integrieren. Ohne Reden geht vieles verloren, Handeln hängt schnell im leeren Raum, weil es Selbstzweck wird. Reflexion im Reden über Aktion ist ein Entwicklungsaspekt, der in der Aufgabenbeziehung angelegt ist. (Siehe dazu den Abschnitt unten: Balancehalten als männliche Vision, S. 131.)

Aufgabenbeziehung ist eine Tendenz bei Jungen und Männern – aber kein männliches Schicksal: Bei Jungen ist deshalb eine Entwicklung in Richtung Beziehungsaufgabe möglich. Dies gilt besonders, wenn es um Freundschaft und Liebe geht, aber auch in der Berufsarbeit schadet vertiefte Beziehungskompetenz nicht. Um sich weiterzuentwickeln, können Jungen Anregungen gebrauchen, vor allem dann, wenn sie sich viel in männlichen Milieus bewegen. Manchmal hilft schon ein Tipp vom Vater oder von der Mutter weiter, eine Art »Beziehungsaufklärung«. Weitergedacht erleichtert und verbessert Beziehungskompetenz auch die Aufgabenbeziehungen, ohne dass sich der Beziehungsaspekt nun in den Vordergrund schieben müsste. Es geht beim Thema »Jungen in Beziehung« nicht um ein »Entweder-oder« (entweder Aufgabenbeziehung oder Beziehungsaufgabe). Ziel ist vielmehr das »Sowohl-als-auch«. Die Qualität der Aufgabenbeziehung kann weiterentwickelt werden, so nistet sich der Aspekt der Beziehungsaufgabe stärker ins Jungen- und Männerleben ein.

Das Männliche
im Jungenkörper

Das Geschlecht ist im Körper von der Befruchtung und der ersten Zellteilung an fest verankert, Männlichsein ist auch ein biologisch-körperliches Phänomen. Den entscheidenden Ausschlag bei der Geschlechterfrage gibt der Körper als eindeutiges Merkmal: Wenn ein Neugeborenes Penis und Hoden hat, ist es männlich. Das ist einfach und das weiß jedes Kind. Also wird nachgesehen, ob diese Merkmale erkennbar sind; spätestens bei der Geburt wollen Eltern, Hebamme und Ärztin oder Arzt es ganz genau wissen.

Ab dem Moment der Geschlechtsbestimmung ist nicht mehr zweifelsfrei zu belegen, was vom Jungesein körperlich angelegt, also wirklich vererbt, und was durch den Umgang mit dem Jungen »als Junge« beeinflusst ist. Denn sofort reagiert die Umwelt auf das Kennzeichen »Penis«. Mutter, Vater, Geschwister, Großeltern, Verwandte, Nachbarn, Freunde – alle wollen wissen, was es »geworden« ist, und meinen damit: Ist es ein Junge oder ein Mädchen? Dass dieses Körpermerkmal bedeutsam ist, zeigt sich bereits in Verbindung mit der Frage, was man zu Geburt oder Taufe schenken soll. Anfangs sind das nur Feinheiten im Umgang, aber sie wirken auf den Kleinen auch »als Körper«. Was Jungen und später Männer als Geschlecht präsentieren, ist ein Filz aus Körperlichem, Sozialem, das mit dem Jungen als Körper umgeht, und aus Psychischem, das sich auch im Körper festsetzt. Ob dieses Gemisch eher angeboren oder eher umweltbedingt ist, ist die falsche Frage. Sagen wir so: Es gibt Angeborenes, aber das ist gar nicht so wichtig, weil es enorme Entwicklungsfreiräume gibt.

Auch rein zeitlich betrachtet ist es zuerst eine körperliche Angelegenheit, dass Jungen »männlich« werden und es dann sind. Bekanntlich stellt sich im Moment der Zeugung ein biologischer Unterschied zwischen Jungen und Mädchen ein. Der Chromosomensatz männlicher Embryonen enthält ein X- und ein Y-Chromosom, das Geschlechtschromosom (bei Jungen XY, bei Mädchen XX). Genetisch betrachtet besteht nur ein kleiner Unterschied zwischen Mädchen und Jungen, immerhin gibt es noch weitere 22 Chromosomenpaare. Für die Geschlechtsentwicklung entscheidend und folgenreich sind die Geschlechtschromosomen. Dass sich ein Embryo zum Jungen entwickelt, dafür ist das SRY-Gen verantwortlich, das auf dem Y-Chromosom liegt. SRY ist die Abkürzung für »sex determining region Y«, die Region auf dem Y-Chromosom, die das Körpergeschlecht bestimmt.

Dieses Gen enthält den Bauplan für einen Stoff, der bereits früh in der Embryonalphase die Hodenentwicklung auslöst. Die Hoden wiederum bilden ab etwa der achten Woche der Schwangerschaft das Hormon Testosteron. Es steuert und organisiert dann die männliche körperliche Entwicklung, vor allem die Ausbildung der Genitalien. Und das Testosteron beeinflusst neben den Geschlechtsorganen auch die Entwicklung des Gehirns.

Testosteron – ein Stoff, der es in sich hat

Testosteron ist ein Hormon, das bei beiden Geschlechtern vorkommt; auch im weiblichen Körper wird Testosteron gebildet. Bei

Jungen und Männern wird es vor allem in den Hoden in den leydigschen Zwischenzellen produziert. Auch in der Nebennierenrinde wird in geringer Menge Testosteron gebildet. Testosteron wirkt bei Jungen und Mädchen jedoch nicht gleich und es unterscheidet sich auch in der Menge im Körper: Jungen und Männer haben mehr davon (ca. zehnmal mehr als Mädchen bzw. Frauen).

TESTOSTERON = WILD UND BRÜNSTIG?

Dass im Körper von Jungen und Männern mehr Testosteron vorhanden ist als bei Mädchen und Frauen, löst auch heute noch zum Teil abenteuerliche Spekulationen aus. Auffällig ist, dass es dabei meistens um die polarisierte Darstellung geht: »Jungen sind so, Mädchen sind so.« Kaum erwähnt wird, dass sich Jungen in ihrem Jungesein erheblich unterscheiden – nicht zuletzt im Testosteronspiegel. Testosteron ist eine Substanz, mit der fragwürdige Behauptungen zu Geschlechterfragen scheinbar wissenschaftlich belegt werden. Bewiesen ist allerdings, dass Testosteron eine psychisch aktive Substanz ist. Es wirkt schon dadurch, dass an die Wirkung des Stoffs geglaubt wird: Männer, die denken, dass sie Testosteron einnehmen, verhalten sich aggressiver und »brünstiger«, auch wenn sie in Wahrheit nur mit Placebos versorgt werden.

Die magische Wirkung des Testosterons begegnet uns heute an vielen Stellen. Vom Komiker über die Theaterfigur Caveman bis zu populärwissenschaftlichen Büchern will man uns glauben machen, dass Jungen und Männer dem Testosteron hilflos ausgeliefert sind. Das Hormon soll nach dieser Legende der Kapitän sein, der den Jungen und Mann steuere: Die Biologie diktiere dem Mann über das Testosteron, was er zu tun hat. Das ist natürlich alles ausgemachter Blödsinn. Testosteron ist vielleicht das Salz in der Suppe der Diskussionen ums Männlichsein; ohne Salz schmeckt sie fad. Zu viel davon ist jedoch schädlich. Vor diesem Hintergrund empfiehlt es sich, mit dem Testosteron eher nüchtern umzugehen.

Was Testosteron bewirkt

Ausschlaggebend für die Wirkung des Testosterons ist nicht nur die Menge, die gebildet wird und im Körper für nur kurze Zeit aktiv bleibt, sondern auch, wie die Rezeptoren darauf reagieren und wie der Körper an Testosteron gewöhnt ist. Die Hoden bilden Testosteron nicht gleichmäßig, sondern alternierend: nach Tageszyklen und in verschiedenen Lebensphasen mit erheblichen Unterschieden. Schwankungen lösen nicht jedes Mal eine Persönlichkeitsveränderung aus, mehr Testosteron haut den Jungen nicht um. Die körperliche Gewöhnung ans Testosteron reguliert mehr als die Menge des Stoffs im Blut. Dauerhaft zu wenig Testosteron kann dagegen in der Tat zu körperlichen Folgen führen, etwa zu einem nicht ausreichend entwickelten Penis (Mikropenis). Es kommt vor, dass die Hoden zu wenig Testosteron produzieren, etwa wenn eine Fehlfunktion der Hoden vorliegt oder wenn im Gehirn zu wenig Hormone produziert werden, welche die Hoden stimulieren.

> **MYTHOS: TESTOSTERON UND SEX**
>
> Ein hoher Testosteronwert im Körper eines Jungen oder Mannes bewirkt nicht, dass er Lust auf Sex hat; das ist ein falscher Mythos. Eher begünstigt Testosteron die körperlichen Voraussetzungen für die Lust und zum Teil auch die Erektionsfähigkeit. Testosteron bereitet den Boden, auf dem die Lust landen kann – die aber von woandersher kommt. So gesehen gibt es also durchaus einen Zusammenhang zwischen Testosteron und Sexualität, aber keinen zwangsläufigen.

TESTOSTERON FÜR MUSKELN, GEHIRN UND STATUS

Wo Testosteron nicht nur auf den Körper, sondern indirekt auch auf das Verhalten wirkt, wird es in Bezug auf das Jungesein besonders interessant. Einige Wirkungsweisen des Hormons sind sicher belegt: Es bewirkt Muskelaufbau und ein höheres Aktivitätsniveau; es regt Gehirn und Muskeln an, sich in Bewegung zu setzen, und es richtet die Aufmerksamkeit auf den sozialen Status, erhöht also das Statusbewusstsein. Demnach bringt Testosteron viele Jungen auf ein höheres Energielevel, es scheint im Jungen öfters »Gas geben« zu bewirken. Gleichzeitig wirkt es aufs soziale Verhalten, es macht den Status interessant und bedeutsam und führt damit zu Rangeleien. Zu Beginn des Jungenlebens kann es also sein, dass der Junge testosteronbedingt wilder spielt und sich für entsprechende Figuren interessiert – nämlich solche, mit denen er etwas erleben kann: Playmobil-, Ritter- oder Legofiguren sind seine Puppen.

Wir sollten berücksichtigen, wenn wir mit Jungen leben oder arbeiten: Ihr Bewegungsdrang, ihr Handlungs- und Wirkungswunsch, ihre Orientierung auf Statusthemen sind in gewissen Grenzen auch körperlich bedingt und wünschen Resonanz, nicht moralische Abwertung. Umgekehrt lässt sich alles, was das Testosteron bewirkt, kultivieren und sozial verträglich einbinden.

Dass kleinere Jungen kämpfen wollen, dass sie Machtsymbole suchen und finden, dass sie lustvoll klären wollen, wer der Bessere oder Stärkere ist – und das in diesem Alter nur körperlich ausdrücken können –, das alles hängt auch mit dem Testosteron zusammen. Aber dies ist längst nicht so extrem, wie es bisweilen vermittelt wird. Jungen werden durch Testosteron keine Kampfmaschinen, sie werden nicht taub und blind gegenüber ihren Mitmenschen oder ihrer Umwelt, auch das Gehirn bleibt unter Testosteroneinfluss weiterhin aktiv. Natürlich wird die Wirkung des Testosterons bei Jungen erkennbar, aber das ist alles gar nicht so spektakulär.

→ Eine Mutterfrage

DARF SICH MEIN SOHN (6) PRÜGELN?

Ja, sicher darf er das! Er muss es nicht, wenn er es nicht mag. Aber wenn er sich gern prügelt, ist es gut, wenn er es macht: Es stellt Körperkontakt unter Jungen her, legt Status und Positionen fest, macht Spaß, trainiert Muskeln und kostet nichts. Alles dies lässt sich auch ohne Prügeln erreichen, aber Kämpfen ist dafür eben eine praktische und kombinierte Form.

Voraussetzung für jede Prügelei ist ein Mindestmaß an Fairness. Das muss Jungen vor dem Prügeln und den Spaßkämpfen beigebracht werden. Im Optimalfall sorgen Jungen selbst für Fairness und regulieren Grenzen und Verstöße.

Der faire Kampf befindet sich irgendwo im Niemandsland zwischen Spaß und Ernst, im Idealfall mehr auf der Spaßseite. Mit zunehmendem Alter geht die Lust am Kampf in eine reguläre Sportart über. Ringen, Boxen, Ju-Jutsu sind wunderbare Formen, wie sich Jugendliche und auch erwachsene Männer prügeln können. Auch geregelte Massenprügeleien erfüllen diesen Zweck (Handball, Fußball, Rugby usw., das Angebot für vitales Prügeln ist glücklicherweise reichhaltig).

Durch Testosteron will der Körper aktiv werden. Testosteron fördert, dass Jungen Antrieb bekommen und Bewegung wollen, toben und rumflitzen, auch dass es ihnen oft nicht leichtfällt, ruhig zu sitzen, dass sie innere Energie spüren, die herauswill. Gleichzeitig interessiert Jungen – durch Testosteron angeregt – die eigene Position im Vergleich mit anderen; Jungen wollen sich deshalb mit anderen messen, wollen rangeln, raufen, kämpfen. Testosteron macht Jungen im Durchschnitt aktiver und an Statusfragen interessierter. Wichtig ist also, zu verstehen: Testosteron ist das Erlebnis- und Statushormon (nicht das Aggressionshormon!). Durch das Hormon sind Jungen etwas mehr aufs

Äußere gerichtet. Sie sind begierig nach Anerkennung: vom Vater, mit dem sie sich auch gerne messen, aber genauso von ihrer männlichen Bezugsgruppe der Gleichaltrigen. Jungen möchten dort eine gute Position haben und dazugehören; was sie sind, tun oder können, soll bedeutsam, wichtig, wertgeschätzt sein. Der Bewegungsdrang und das Energielevel sind bei Jungen genau wie Positions- und Statusinteressen auch hormonell bedingt.

Eine wichtige Aufgabe der Erwachsenenwelt ist es, hier entsprechende und passende Angebote zur Verfügung zu stellen: Das geht Eltern an, später auch den Kindergarten und die Schule, in der Freizeit sind Spielplätze und -räume oder Sportvereine gefragt. Den Bedürfnissen von Jungen muss einerseits entsprochen werden; andererseits geht es für Jungen auch darum, ihre Energie allmählich zu kultivieren; hierfür brauchen sie Unterstützung. Und wer bewegt und angeregt unterwegs ist, muss auch zur Ruhe kommen können; auch hier benötigen Jungen die Begleitung durch Erwachsene.

Zusammengefasst wirkt Testosteron im Jungenkörper doppelt »männlich«:

* Es entfaltet einerseits eine *organisierende* Wirkung; es bewirkt die Ausbildung von Geschlechtsorganen, beeinflusst die Gehirnentwicklung und den Muskelaufbau. In der Pubertät sorgt es für die Reifung der männlichen Genitalorgane, für Behaarung, Stimmprägung oder Samenbildung.
* Testosteron wirkt andererseits *aktivierend,* es lässt Jungen sich *nach außen* und auf den *sozialen Status* orientieren.

Es geht in der Erziehung nicht darum, Testosteronimpulse zu entfernen. Jungen kultivieren ihre Testosteronanreize, indem sie lernen, damit umzugehen. Erwachsene sollten auf die Ausgewogenheit achten. Kämpfe dürfen sein, wenn sie fair ausgetragen werden. Jungen, die gerne Waffen haben, sollen damit spielen, sich aber nicht ausschließlich mit Waffen umgeben. Erst die dauerhafte Faszination von Waffen ist bedenklich.

Testosteron ist aber keine Einbahnstraße: Es wirkt zwar im Körper und gewissermaßen aus ihm heraus; aber umgekehrt wird die Testosteronbildung durch äußere Bedingungen angeregt. Der Testosteronspiegel steigt bei Jungen zum Beispiel beim Auftreten echter männlicher Konkurrenz oder bei Beleidigungen. Dies geschieht aber nicht zwangsläufig, nicht jede Herausforderung wirkt: Wenn der Gegner in einem Wettkampf als »nicht ernst zu nehmen« eingeschätzt wird, steigt der Testosterongehalt nicht oder nur gering. Also führt nicht das Testosteron zur Kampfbereitschaft; erst ein ernsthaft erwarteter Konflikt erhöht das Testosteron. Die Lebenssituation beeinflusst also die Testosteronkonzentration im Körper. Übrigens stimuliert auch die Beschäftigung mit Gegenständen, die symbolisch eher mit »Kampf« oder Aggressivität aufgeladen sind – wie z. B. Waffen –, den Testosteronspiegel und lässt ihn steigen. Feindseligkeit und Aggressivität oder überzogene Männlichkeitssymbolik im Umfeld können die Testosteronproduktion anregen, »pushen« und befeuern – was dann wieder Wirkung im Jungenverhalten zeigt.

Allerdings gibt es bei jedem dieser Testosteronaspekte innerhalb der Gruppe der Jungen große Bandbreiten: Nicht alle Jungen sind wild, energisch, statusbezogen oder kampflustig, auch dann nicht, wenn sie beleidigt werden oder unter Rambo-Postern aufwachsen; viele interessieren Kämpfen oder Unterwegssein und eine Aneinanderreihung von Erlebnissen nicht besonders. Jungen sind nicht nur in Bezug auf den messbaren Testosteronspiegel im Körper verschieden, sondern auch darin, wie sie auf Umweltreize oder Stress-Situationen reagieren.

Wilde Jungen sollten akzeptieren (lernen), dass es auch andere Formen des Jungseins gibt. Dafür brauchen sie Aufklärung, dass nicht alle Jungen so ticken wie sie. Umgekehrt benötigen ruhige oder ängstliche Jungen die Information, dass das Energielevel bei wilden Jungen höher ist, dass diese das Ausagieren auch körperlich brauchen. Alle Jungen sollten sich und anderen erlauben, dass das Jungesein verschieden sein kann. Gefragt ist männliche Toleranz unter Jungen.

Mit ihrer durchs Testosteron befeuerten Energie und ihren Erlebniswünschen streben Jungen auch nach außen, ins Offene, Unerforschte und Unsichere. Wer so in Bewegung ist, braucht Halt. Den bekommen sie von den Eltern und anderen Erwachsenen in ihrer Umgebung, die Jungen wahrnehmen und im Auge behalten, die registrieren, was sie tun, die Jungen Resonanz geben. Sie sorgen auch für Sicherheit, geben Anregungen fürs wilde Jungenleben und setzen, wo nötig, Grenzen. Bei größeren Jungen ist dies ebenso wichtig, allerdings auf einer anderen Ebene: Hier zählen vor allem Anteilnahme, Anerkennung und echtes Interesse. (Mehr dazu in den Gebrauchsanweisungen Nr. 1: Wahrnehmen und Nr. 7: Grenzen.)

Halt bekommen Jungen nicht nur von Erwachsenen, sondern auch von Gleichaltrigen in ihrem Umfeld. Die Geschlechter sortieren sich mit zunehmendem Alter. Jungen sind dann mit anderen Jungen zusammen und halten sich. Halt entsteht am stärksten durch Dazugehören und Anerkennung, durch Körperkontakte – durchaus auch handfest beim Raufen –, durch Unterstützung und Hilfestellung, durch gemeinsame Aufgaben und durch erlebte Grenzen im Tun. Gut, wenn es anregende Räume gibt, wo Jungen sich mit ihren Interessen einklinken, oder Bahnen, in die Jungen gelenkt werden können: Wo sie ihre Kraft und Energie leben, sie aber auch immer weiter kultivieren können. Das sind Spielräume und -flächen, Abenteuerspielplätze, bewegungsfreudige Vereine (also vor allem Sportvereine) und erlebnisorientierte Jugendgruppen oder -verbände (wie z. B. Gruppen im Naturschutz oder Pfadfinder, auch manche kirchlichen Gruppen gehören dazu.

KÄMPFER-JUNGEN

Manche Jungen werden durch biografische Konstellationen, Lebensthemen, Persönlichkeitsstruktur und Testosteroneinflüsse zu »Kämpfertypen«. In ihnen verbinden sich soziale und psychische Aspekte mit den Wirkungen, die auch durch Testosteron beeinflusst werden können. Das sind Jungen, die z. B. über längere Zeit von Ritteridealen fasziniert sind, sich für Heldenfiguren und -geschichten interessieren. Für solche Jungen scheint es heute wenig Platz zu geben, Kämpfer finden kaum Akzeptanz. Bisweilen haben sie im Sport eine Chance; sportliche Wettkämpfe sind für Kämpfer oft lediglich »Als-ob-Veranstaltungen«. Kämpfern geht es um den Ernstfall.

Was können wir ihnen anbieten? Wofür lohnt es sich, zu kämpfen? »Gute Kämpfer« könnten wir angesichts der gesellschaftlichen Herausforderungen tatsächlich brauchen: Jungen und Männer, die sich für Gerechtigkeit, Frieden, Ökologie oder Freiheit einsetzen. Weil das Kämpfer-Sein wenig anerkannt ist, ist es wahrscheinlich, dass Kämpfer-Jungen keine Kämpfer-Männer werden: Der Umgang mit ihnen in Kindheit und Jugend bremst sie aus, sie werden desillusioniert. Besser wäre es, ihrer Kämpfer-Seele Anregungen zu bieten: durch Jugendgruppen mit Idealen (Naturschutz), durch »kämpferische« Vorbilder für eine gute Sache (wie z. B. bei Robin Wood) oder – als Zwischenstation, bevor es in den kämpferischen Ernst der Erwachsenenwelt geht – durch den Kontakt mit anderen Kämpfern, z. B. in der Kampfkunst oder im Kampfsport.

Die starken hormonellen Testosteronimpulse werden im Alter von vier, fünf oder sechs Jahren weniger bedeutsam. Was aus dieser Phase bleibt, ist das Gelernte: Wild sein, rumtoben, erforschen, Neues entdecken, Risiken eingehen, raufen, konkurrieren – das alles kann Spaß machen, es kann Begeisterung wecken und Erfolg zeigen, weil es Anerkennung für Leistung bringt und damit den Status festigt. Solche Erscheinungen und Effekte sind jedoch das Ergebnis eines Zusammenspiels. Auf eine einzelne Ursache – wie das Testosteron – lässt sich keine Verhaltensweise zurückführen. Testosteron funktioniert im Jungen also nicht wie ein Lichtschalter (an – aus). Die Bausteine des Lebens sind nur die eine Seite; die andere ist der Umgang damit: Es kommt nicht darauf an, was Jungen körperlich mitbringen, sondern was sie damit machen. Auch was sich im Jungengehirn bildet, entsteht im Austausch mit seiner Umgebung. Gut für den Jungen ist, wenn er sich allmählich in weiteren Kreisen ins Offene, Unbekannte wagen kann. Eine ungefährliche natürliche Umwelt ist dafür genauso ideal wie nicht zu kleine Spielplätze. Neben der räumlich-körperlichen Erfahrung im Freien geht es in diesem Zusammenhang auch um eine fantasierte oder geistige Bewegung: im Spiel, in erfundenen oder erzählten Geschichten, Bilderbüchern, Märchen.

TESTOSTERON-TIPP

Bevor Sie beschließen, dass ein bestimmtes Verhalten Ihres Jungen vom Testosteron kommt und nicht beeinflussbar ist – überlegen Sie doch mal: Durch welche Auslöser oder sozialen Einflüsse könnte das Verhalten noch erklärt werden? Oder weiter gedacht: Welches Verhalten ist durch soziale Einflüsse eigentlich nicht erklärbar?

Testosteron erhöht zwar die Sensitivität für den Status, nicht aber die Aggressivität. Erst die Verfügbarkeit von Schusswaffen erhöht die Mordrate, nicht der Testosteronspiegel. Bei manchen Tierarten drücken sich Statuswünsche durchaus in Aggressivität aus. Beim kultivierten Menschen wird der Status allerdings nicht über Aggressivität gesichert, sondern durch prosoziales Verhalten. Es ist also nicht das Testosteron, das gewalttätig macht, sondern erst das Zusammenspiel zwischen dem Hormon und einer gewalttätigen Umwelt. Ein Junge ist nicht gewalttätig wegen des Testosterons; vielmehr vermittelt ihm eine gewalttätige Umwelt, dass er über Aggressivität Status erhält. Wenn in einem sozialen Milieu rigide und feindselige Formen der Männlichkeit gelebt und verherrlicht werden, bewirkt dies bei Jungen, dass mehr Testosteron ausgeschüttet wird. Wenn Aggressivität, Feindseligkeit oder Gewalt zu Bestätigung und Bewunderung führen, dann werden diese Formen herangezogen, wenn es um die Verbesserung oder Stabilisierung des eigenen Status geht.

WENN ES ERNST WIRD: ZURÜCKSCHLAGEN?

Gut ist, wenn Jungen früh verstehen: Besser ist es, nicht zu hauen. Konflikte können auf andere Weise ausgetragen werden, es gibt andere Möglichkeiten, zu streiten. Auch das müssen Jungen lernen. Das wissen aber nicht alle Jungen, zumindest halten sie sich nicht daran. Also, was raten Sie Ihrem Sohn, wenn er von einem oder einer anderen geschlagen wird?

★ **AUFFORDERN:** Auch hier gilt zuerst das Motto: Besser ist es, nicht (gleich) zurückzuhauen. Wichtig ist es trotzdem, sich zu wehren. Das geht verbal und unterstrichen durch Lautstärke, Mimik und Gestik: »Hör auf!«, »Lass das«, »Du sollst mich nicht hauen, klar!?« (Üben Sie das, wenn nötig, ruhig ein paarmal mit ihm). Das verbale Wehren hat manchmal Erfolg, dann ist der Fall erledigt.

- ★ **DROHEN:** Wenn nicht, folgt als nächstes Level die Drohung: »Wenn du das noch mal machst, hau ich zurück!« Bei manchen Angreifern wirkt die Androhung von Sanktionen. Sie hören auf, ein Gleichgewicht des Schreckens ist hergestellt und die Deeskalation ist geglückt.
- ★ **ZURÜCKSCHLAGEN:** Aber wenn das nicht hilft? Der Gegner lacht und haut wieder zu? Dann erreichen die Kontrahenten das Level »Ernstfall«. Wer etwas androht, sollte auch dazu bereit sein, es wahr zu machen. Sonst macht er sich lächerlich. Wenn Drohen nicht fruchtet, ist Schlagen berechtigt, bis der Angreifer aufhört. In solchen Fällen, zur Wahrung der eigenen Integrität und zum eigenen Schutz, ist Schlagen erlaubt.
- ★ **GRENZEN:** Aber auch dann gibt es Grenzen, die erlebt und gelernt werden können: Wer unterliegt, gibt auf. Das markiert das sofortige Ende des Kampfes – der Verlierer ist damit geschützt (und fängt nicht noch eine zur Strafe). Friedensangebote und Anträge auf ein Unentschieden dürfen die Kontrahenten zu jeder Zeit abgeben, auch während die Kampfhandlungen noch im Gang sind. Wie jeder Konflikt kann auch die körperliche Auseinandersetzung vertagt, auf andere Disziplinen übertragen, wegen anderer Verpflichtungen oder Einbruch der Dunkelheit beendet werden.

Testosteron beeinflusst die Art, wie der Junge in der Welt ist. Die Welt ihrerseits reagiert darauf, bewirkt und bestimmt mit, wie viel Testosteron der Junge hat. Testosteron ist ein Impuls in eine bestimmte Richtung – es gibt im Jungen aber noch viele weitere Impulse. Jede biologische Wirkung ist kulturell überformbar. Der (männliche) Wettbewerb »macht« den hohen Testosteronspiegel zumindest mit. In einer sozialen Umwelt, die stark aggressiv, hierarchisch und statusbezogen organisiert ist, werden diese Eigenschaften und Wirkungen des Testosterons anders aufgenommen als in einer eher egalitären und entspannten Atmosphäre. Und gleichermaßen kann ein Junge je nach sozialer Umwelt mit diesen Eigenschaften auch mehr anfangen, er kann Nutzen daraus ziehen oder eben nicht.

Einblicke ins Jungengehirn

Bekanntlich galt lange Zeit die Größe des Gehirns als Beleg für eine angebliche männliche Überlegenheit im Denken. Mittlerweile weiß jeder, dass das Volumen unerheblich ist. Nun finden sich weitere anatomische Unterschiede zwischen männlichen und weiblichen Gehirnen. Sie wurden in den vergangenen Jahrzehnten entdeckt und können durch schnittbildgebende Verfahren sichtbar gemacht werden (Computertomografie). Allerdings sagen solche Unterschiede in den Gehirnarealen – wie ja auch die Größe des Gehirns – nichts über die unterschiedliche Funktion aus. Bilder von Gehirnarealen zeigen nicht, was im Jungengehirn passiert, so wie die Hardware eines Computers nichts darüber aussagt, welche Software verwendet wird. Sicher ist im Durchschnitt das Jungengehirn »anders« als das Mädchengehirn. Immer gibt es dabei aber große Bandbreiten innerhalb eines Geschlechtes. So sind zwar bei Männern die Scheitellappen größer, die für das räumliche Sehen gut sind – aber die untersuchten Männer unterscheiden sich untereinander mehr als Männern von Frauen. Für den einzelnen Jungen und das Leben mit ihm sind solche Mittelwerte ohnehin unerheblich: Wenn Sie nicht wissen, wo der einzelne Junge steht, hilft Ihnen die Information nichts, dass das räumliche Denken im Durchschnitt bei

Jungen etwas besser ausgebildet ist als bei Mädchen – der Junge vor Ihnen kann in seiner visuellen Denkkompetenz genial, aber auch ziemlich eingeschränkt sein.

Die Erklärungskraft von körperlichen Gehirnunterschieden ist auch deshalb bescheiden, weil das Gehirn nicht aus sich heraus und autonom wirkt. Es ist eingebunden in Wechselwirkungen mit Psyche und sozialer Umwelt (das Hardware-Software-Problem). Gehirne von Jungen und Mädchen sind zwar leicht verschieden. Gehirnunterschiede zwischen Mädchen und Jungen gibt es schon wegen der Gehirnentwicklung unter dem Einfluss von Testosteron während der Embryonalentwicklung. Im Durchschnitt hat dies zur Folge, dass das Jungengehirn im Vergleich zu dem von Mädchen etwas weniger gleichmäßig abgestimmt ist. Es harmonisiert weniger und geht leichter ins Extrem. Vielleicht sind Jungen auch deshalb bisweilen impulsiv.

Geschlechtshormone wirken auch auf das Denken von Jungen ein: Testosteron pointiert das Denken. Es trägt dazu bei, es auf situativ wesentliche Kategorien zu reduzieren. Testosteron vermindert gewissermaßen das Rauschen. Interessant im Jungengehirn ist dann aber wieder die Wechselwirkung: Durch Testosteron können sich Denken und Verhalten in Verbindung mit der Umwelt wechselseitig anregen und »aufschaukeln«. Wie bereits erwähnt, führt beispielsweise eine gewalttätige Umgebung zur Erhöhung des Testosteronspiegels; dadurch kann das Verhalten aggressiver werden. Gerade im Zusammenhang mit dem Männlichen kann das »normale« Lernen verschärft werden durch hormonelle Effekte – etwa in der Koppelung von »männlich« mit »aggressiv«. Durch Üben und Erfahrung (auch in Konflikt und Kampf!) lernt das Jungengehirn, dass dies keine zwangsläufige Eigendynamik entwickeln muss, sondern dass Jungen aus ihren »Testosteronkreisläufen« jederzeit und bewusst aussteigen können.

Wichtiger als der Testosteroneinfluss ist aber: Das Gehirn ist ein sehr formbares Organ. Geschlechtsunterschiede entwickeln sich vor allem auch deshalb, weil sich Jungen mit anderen Dingen beschäftigen als Mädchen. Die Aufgabe des Gehirns besteht darin, zu lernen, Gelerntes zu organisieren und damit zu denken. Wenn nun etwas häufig gemacht oder gedacht wird, wenn es dazu noch positiv besetzt und mit Begeisterung geübt wird, dann bilden sich im Gehirn stärkere Vernetzungen heraus, Pfade und Kanäle, die allmählich immer kräftiger werden. Jede Gehirnaktivität – auch und gerade einseitige – bildet feste Bahnen, die wachsen, sich anreichern und stabilisiert werden. In der Fachsprache wird dies »Bahnungseffekte« genannt. Das Jungengehirn ist ein sehr leistungsfähiger, flexibler Lernspeicher. Es entwickelt sich über Jahre und organisiert sich immer weiter. *Wie* es sich entwickelt, hängt stark von äußeren Einflüssen ab – auch deshalb, weil diese die Hormonproduktion anregen können! Die komplexen und vielfältigen Netzwerke im Gehirn werden insbesondere in der Hirnrinde (Cortex) aufgebaut, stabilisiert, wieder ab- und umgebaut. Was dabei geschieht, ist maßgeblich abhängig von den Erfahrungen und den Informationen, die das Gehirn erreichen. Von Bedeutung sind dabei auch die emotionalen Zustände, die mit den Erfahrungen in Zusammenhang stehen, also wie sich etwas »anfühlt«, was erlebt wird. Kurz: Es geht darum, was ins Gehirn hineinkommt, welche Gefühle mitschwingen und was damit gemacht wird.

Jede Form der Einseitigkeit und Reduktion ist fürs Jungengehirn in der Tendenz schädlich. Für seine ausgewogene Entwicklung ist es wichtig, dass Eltern – lange vor der Pubertät! – für
die Vielfalt von Anregungen und Erfahrungen sorgen. Sie setzen Kontrapunkte, wenn Einseitigkeit droht. Sehr wichtig und
vorteilhaft ist es fürs Jungengehirn, ein (für den Jungen at-
traktives) Musikinstrument zu lernen und regelmäßig zu üben.
Bestehen Sie darauf, dass der Junge das aktive Musikmachen
auch über die Pubertät hinaus beibehält.

MEDIENSPIELE GEFALLEN DEM JUNGENGEHIRN!

Das Jungengehirn entwickelt sich so, wie es gefordert und benutzt wird. Was oft gemacht wird, wird besser gelernt, verstärkt
sich und bildet Strukturen. Das bezieht sich nicht nur auf das
bewusste Lernen und Üben, bei dem die emotionale Beteiligung
bei Jungen oft eher niedrig bleibt (z. B. Schönschreiben oder Englischvokabeln lernen). Fürs Männlichsein des Jungen sind die
Betätigungen wirksamer, bei denen das Männliche mit Faszination und Begeisterung daherkommt: Das sind vor allem die
Spiel- und Medienwelten der Jungen. Was dabei meist subtil als
»männlich« vermittelt und suggeriert wird, das sitzt allmählich
auch im Gehirn. Computer- und Konsolenspiele (Gameboy, Playstation & Co) werden von Jungen sehr oft mit positiven Gefühlen
besetzt: mit Spannung, Begeisterung, Befriedigung. Wenn Jungen Medienfiguren dabei als Stellvertreter für sich selbst durch
Spielwelten jagen, geht es um Herausforderung, Aktivität, um
Spannung und Begeisterung. Gleichzeitig locken immer auch
Statuskämpfe: mit sich, mit dem Gegner Computer, mit anderen Jungen. Kein Wunder, dass solche Spiele für Jungen attraktiv
sind. Sie machen Spaß, bringen Spannung, eine eigene Art des

Erlebens und helfen dabei, Männlichsein zu produzieren. Wie alle faszinierenden und lustbesetzten Beschäftigungen bergen auch solche Spiele Gefahren: einseitiges Fordern des Gehirns, einseitiges Lernen, auch von Geschlechterthemen, was langfristig zu beschränktem Männlichsein führen kann.

→ Eine Vaterfrage

DARF MEIN SOHN MIT WAFFEN SPIELEN?

Mit echten nicht. Mit Attrappen auch nicht, die Verwechslungsgefahr ist zu groß. Mit Spielzeugwaffen darf er spielen. Spielzeugwaffen sind solche, aus denen nichts Hartes herauskommt, außer vielleicht Geräusche (Wasserpistolen sind z. B. Spielzeugwaffen). Viele kleinere Jungen mögen es einfach, wenn es knallt. Andere bannen ihre Ängste, indem sie mit dem Lärm andere erschrecken. Wieder andere halten sich an Waffen fest, weil diese sie in aufregende Spielwelten beamen. Dagegen ist nichts einzuwenden. Gewehr, Pfeil und Bogen, Schwert und Pistolen sind für Kinder Symbole männlicher Erlebniswelten und manchmal auch der Macht. Wenn es Ihren Sohn zu solchen Spielen hinzieht: Lassen Sie ihn damit spielen. Mögliche Verletzungsgefahren muss er einschätzen können und im Blick haben (Trommelfell! Augen!). Vielleicht brauchen Sie zusätzlich Regeln, durch die Ihre Bedürfnisse gewahrt werden: »Keine Platzpatronen in der Wohnung« oder »Nicht auf mich zielen«.

Normalerweise gibt sich das mit den Waffen irgendwann, meist vor der Pubertät. Wenn nicht: Vielleicht sollte Ihr Sohn über Zen-Bogenschießen, eine Mitgliedschaft im Schützenverein oder die Bewerbung bei der Bundeswehr nachdenken?

Übrigens besteht kein Zusammenhang zwischen Spielzeugwaffen und späterer ethischer Karriere des Mannes: Es gibt Mörder, die als Jungen niemals mit Waffen gespielt haben, dasselbe gilt für viele Verbrecher aus Wirtschaft und Politik. Umgekehrt haben aber viele spätere Kriegsdienstverweigerer in ihrer Kindheit ausgiebig Ritter, Cowboy oder Soldaten gespielt. Natürlich bewaffnet.

Spiegelneuronen – klare oder blinde Spiegel?

Stellen Sie sich kurz einmal die folgende Szene vor: Ihr Freund kocht mit Ihnen in der Küche und schneidet Gemüse mit einem großen Fleischmesser. Nun ist er für einen kurzen Augenblick nicht aufmerksam und schneidet sich mit dem scharfen Messer in den Finger – was geschieht jetzt im Moment mit Ihnen, wenn Sie sich das vorstellen? Eine häufige Reaktion auf diese Vorstellung vollzieht sich körperlich und mental, wir empfinden etwas. Seltsam: Ihr Freund hat sich nicht verletzt – aber allein die Vorstellung eines solchen Vorgangs lässt Sie reagieren. Verantwortlich für Einfühlung und Mitgefühl sind die Spiegelneuronen im Gehirn. Es ist angeboren, dass diese Nervenzellen funktionieren, dass also Menschen Mitgefühl empfinden können. Aber wie andere Fähigkeiten auch muss diese angeborene Kompetenz geübt und weiterentwickelt werden. Alle Kinder brauchen es deshalb, dass andere sich in sie einfühlen; sie benötigen das Gefühl, selbst verstanden zu werden.

In dieser Hinsicht werden Jungen wahrscheinlich schlechter versorgt als Mädchen. Das Entwickeln und Üben der Einfühlung kann für sie erschwert werden, wenn das Männliche im Jungen nicht verstanden und anerkannt wird. Das kann der Fall sein, wenn es generell nur wenige Männer gibt, die mit Jungen in Beziehung stehen; aber auch wenn Väter in der Beziehung zu ihren Jungen auf Distanz gehen, weil sie Homosexualität wittern. Die geschlechtliche Distanz von Müttern, Frauen im Umfeld und Erzieherinnen kann hier ebenfalls irritierend wirken: Indem Frauen das körperliche »Anderssein« auf das Wesen des Jungen übertragen, ist ihr Einfühlen in Jungen erschwert. Das kann das Einüben und Entwickeln der Fähigkeit zum Mitgefühl, das Training der Spiegelneuronen, behindern. Für Eltern und Erziehende bedeutet das, ihr Mitfühlen mit Jungen bewusst aufrechtzuerhalten auch an den Stellen, an denen sie den Impuls verspüren, aus dem Mitgefühl herauszugehen. (Mehr dazu in der Gebrauchsanweisung Nr. 1: Wahrnehmen.)

Die Fähigkeit zum Mitgefühl erwerben Jungen allmählich. Das bedeutet aber nicht, dass sie ihnen für immer erhalten bleibt. Denn das Einfühlen kann sich auch wieder verringern: Es kann »verlernt« oder abtrainiert werden. Die Spiegelneuronen verlieren dann an Sensibilität. Chirurgen haben z. B. die Schmerz-Mitgefühl-Empfindung nicht, die andere allein bei der Vorstellung bekommen, jemand schneide sich mit einem Messer. Bei ihnen ist die Spiegelreaktion vermindert, weil es Gewöhnungseffekte gibt. Im Prozess des Männlichwerdens von Jungen werden diese Effekte bedeutsam: Einfühlung kann durch Nicht-Üben »einrosten« und das Mitgefühl kann abtrainiert werden. In jeder Form des Wettkampfs, in jedem Konkurrenzkampf hemmt Mitgefühl den Erfolg; wo Wettbewerb fürs Männlichsein eine hohe Bedeutung hat, steht Mitgefühl dem Männlichen im Weg.

Manche Männlichkeitskulturen verlangen deshalb ausdrücklich, nicht mitfühlend zu sein. Vor allem gleichaltrige Jungen transportieren die dazugehörigen Männlichkeitsideale ungeschminkt und direkt, während sie in den Medien teils offen, teils eher unterschwellig vermittelt werden. Über Männlichkeitsvorstellungen und über das Einüben von hartem männlichem Verhalten sollen Jungen ihr Mitfühlen verlernen. Wenn Jungen andere entwerten, treten sie aktiv aus dem Mitfühlen heraus. Im Extrem ist Gewalt der Beleg dafür, auf diese Art »männlich«, nämlich nicht mitfühlend zu sein. In früheren Zeiten noch mehr, aber auch heute noch, ist dieser Schritt des Nicht-Mitfühlens in Männern zugeschriebenen Bereichen sogar sinnvoll. Ein Soldat könnte im Mitfühlen einen Angreifer, seinen Feind, nicht töten.

Ein Polizist könnte dem Einbrecher nicht ins Bein schießen, um ihn wehrlos zu machen. Ein Vorgesetzter könnte den Mitarbeiter nicht entlassen, der dem Unternehmen durch Diebstahl schadet. Einfühlung kann beim Männlichsein also erheblich stören.

Spiegelneuronen hin oder her: Wettkämpfe interessieren Jungen, sie sind für sie von Bedeutung und auch eine Form des Kontakts. Deshalb ist es wichtig, Wettkämpfe zu qualifizieren, besonders durch vorbildliches Verhalten, Rückmeldung und Anregung. Die Botschaft: In jedem guten Wettkampf bleiben die Beteiligten in Verbindung – bis zum Schluss. Auch am Ende des Kampfes geht es nicht um Entwertung des bzw. der Unterlegenen!

Kämpfen mit Mitgefühl verlangt Fairness. Regeln werden abgesprochen und eingehalten, eindeutige Überlegenheiten – z. B. durch mehr Erfahrung, Gewicht oder Körpergröße – müssen vor dem Kämpfen kompensiert werden (mittels Ausgleich durch einen Vorsprung oder mehr Spieler auf der einen Seite usw.). Eine Faustregel, die auch den Spaß am Kämpfen erhöht: Jede Seite sollte wirklich siegen können. Viele Jungen neigen dazu, nach dem Siegen in Größenwahn zu verfallen; sie versuchen dann, unterlegene Gegner »fertigzumachen«. Hier ist es die Aufgabe anderer Jungen und Erwachsener, etwas dagegenzuhalten. Selbstverständlich geht es bei Siegerehrungen um den Stolz des Siegers und den Genuss des Siegs – aber auch um Wertschätzung und Mitgefühl für den Verlierer: Ein guter Sieger ist dem Gegner dankbar für einen guten Kampf. Diese Wertschätzung können Erwachsene gut ausdrücken: »Gekämpft bis zum Schluss, obwohl es bald klar war, dass der Kampf nicht mehr gewonnen werden konnte!« oder »Besonders fair und elegant gespielt!« – solches Lob lässt das Verlieren verschmerzen.

Schließlich ist noch von Belang, dass nicht jeder Kampf von Jungen gegeneinander stattfinden muss. Es gibt auch den Kampf gegen die Zeit oder für eine Verbesserung! (Siehe Gebrauchsanweisung Nr. 6: Arenen der Konkurrenz.)

Besonders spannend und gefährlich ist das Mitgefühl-Thema bei Jungen und Männern in Bezug auf Gewalt. Vor allem Abwertungs- und Ausgrenzungsgefühle stimulieren Aggressivität. Die Kombination von sozialer Isolation (Abwertung) und Übung des Ohne-Mitgefühl-Seins, der Abtrennung, produziert einen brisanten Sprengstoff: Der Schritt zur tatsächlichen Gewalt liegt näher, wenn Aggressivität mit Desensibilisierung und Verminderung des Mitgefühls oder der aktiven Abtrennung von anderen Menschen zusammentrifft. Überdies kann der exzessive Konsum von Gewaltfilmen und gewaltorientierten Computer- und Konsolenspielen dazu beitragen, dass das Mitfühlen verringert wird. Das aktive Ausüben von Gewalt liegt dann näher. Insbesondere gewaltagierende Computer- und Konsolenspiele können eine Form der Einübung und der allmählichen Desensibilisierung darstellen. Dies sind keine zwangsläufigen Zusammenhänge (nach dem Muster: »Wer Ballerspiele spielt, wird ein Schläger«), aber dennoch gibt es Wirkungen in Jungen. Die Prozesse der Abstumpfung laufen unbewusst ab. Sie gehören zum verdeckten Programm solcher Spiele – auch dann, wenn im Vordergrund eine moralisch »gute« Aktion steht (wie z. B., eine Bedrohung durch Entführer, Rebellen oder Nazis zu bekämpfen). Vor dem Hintergrund der Spiegelneuronen liegt eine Rezeptur für weniger Jungengewalt auf der Hand: Einerseits brauchen Jungen mehr Unterstützung beim Üben von Mitgefühl, andererseits müssen sie beim »Verlernen der Einfühlung« durch klare Regelungen gebremst werden.

MITGEFÜHL UND ENERGIE: GESTALTUNGSTIPPS FÜRS JUNGEN-KÖRPER-LEBEN

★ Jungen benötigen in allen Bereichen der Erziehung Bedingungen, in denen sie ihre Potenziale entfalten können – damit viele Vernetzungen im Gehirn hergestellt werden.

* Jungen brauchen Möglichkeiten, um Mitgefühl zu üben: z.B. indem sie Verantwortung für andere übernehmen und selbst männliche Fürsorglichkeit erleben.
* Viele Jungen brauchen Bewegung und die Möglichkeit zur gezielten Beschäftigung.
* Unterschiede zwischen Mädchen und Jungen sollen akzeptiert werden. Der »Jungenstil« in Kindergarten oder Schule darf kein Grund für Benachteiligung sein.
* Ein wichtiges Ziel für Jungen ist es, ihre Energien und Impulse zu kultivieren, ihre Energien zu kanalisieren, sie in guter Weise zum Ausdruck zu bringen. Dazu gehört auch, ihre Aggression in sozial verträgliche Formen münden zu lassen und zu lernen, mit Impulsen umzugehen.
* Viele Jungen sind statusorientiert. Ziel ist es, lustvoll und fair in Konkurrenz zu sein, es soll sich gut anfühlen.
* Gute Konkurrenz braucht Gegengewichte, eine Balance: Teamgeist, Fairness, Kontakt, Beziehung zueinander, auch zum »Gegner«. Feindseligkeiten und Aggressivität als Einstellung oder Ideologie müssen vermieden bzw. abgebaut und entschärft werden.
* Eine jungenförderliche Umgebung oder Atmosphäre ist auf Gemeinschaft und Wertschätzung, nicht auf ständige Konkurrenz ausgerichtet. Hilfreich dabei: keine oder wenige Symbole der Aggressivität.

Jungen und Gefühle

Wie Jungen in Kontakt mit Gefühlen sind, ob und wie sie Zugang zu ihrem emotionalen Bereich haben, ist verschieden. Ihre emotionale Kompetenz hängt davon ab, ob es Möglichkeiten gab und gibt, diese Fähigkeit zu entwickeln und zu üben. Wenn Sie

Jungen verstehen, können Sie sich besser in sie einfühlen, Sie haben Mitgefühl und helfen Jungen damit, ihre Gefühlskompetenz zu entwickeln. Das ist auch eine Voraussetzung dafür, dass Ihr Junge sich angenommen und verstanden fühlt. Gefühle und der Umgang mit ihnen sind entscheidend dafür, wie geliebt und wie lebendig sich Jungen fühlen.

Einfühlung und Mitgefühl sind Schlüssel zur Gefühlskompetenz von Jungen. Gefühlskompetenz meint, dass sich Ihr Junge in seinen Gefühlen daheim fühlt, dass er mit seinen Gefühlen umgehen und sie auch vermitteln kann. Für dieses Vermitteln muss der Junge Worte für die Gefühlslagen kennen und einen passenden Ausdruck finden: in Mimik, Gestik, Körperhaltung, Stimmlage, Lautstärke usw. Für den Erwerb ihrer Gefühlskompetenz ist entscheidend, ob und wie ihre Umwelt Jungen dabei hilft. Vor allem Eltern sind hier gefragt. Anerkennung, Respekt und Mitfühlen sind elementare Voraussetzungen. Es kommt also darauf an, wie die Kompetenzen in emotionalen Dingen bei ihren erwachsenen Gegenüber entwickelt sind.

So wird erklärbar, warum viele Jungen ihre Gefühlskompetenz noch verbessern können. Es liegt nicht daran, dass Jungen das »nicht können«, nicht am Jungesein an sich. Der Grund findet sich vielmehr im oft eingeschränkten Mitgefühl der Menschen um Jungen herum. Geschlechtsdenken wirkt dabei mehrfach:

* Das Spiegeln der Gefühle des Jungen ist für die MUTTER des Jungen und andere Frauen dann schwierig, wenn sie sich vom Jungen abtrennen. Die Annahme, Jungen seien »anders«, verhindert Mitfühlen. Natürlich weiß eine Frau nicht ganz genau, wie sich Angst, Ungeduld, Neid, Wut oder Trauer des Jungen anfühlen (genauso wie bei Mädchen oder beim Partner). Gefühle sind aber menschlich, für Frauen ist es grundsätzlich möglich, sich in Jungen einzufühlen, seine Gefühle

zu verstehen und sie ihm zu spiegeln. Was dies ausbremst oder blockiert, ist die Annahme, Jungen seien »anders«.

* Dem VATER stehen beim Mitfühlen veraltete Jungen- und Männerbilder im Weg. Er möchte, dass der Sohn kein Schwächling oder kein Opfer wird. Väter und andere Männer sind zudem aufgrund eigener biografischer Erfahrung oft selbst nicht so sehr mit ihrer eigenen Gefühlswelt vertraut. Mitgefühl wird mit dieser Hypothek schwierig. Bilder von Männlichkeit besetzen zudem nur einen kleinen Teil des großen Gefühlsspektrums, z. B. Wut, Größegefühle oder Ärger. Andere Gefühle sind unerwünscht oder nicht vorgesehen, z. B. Scham, Angst, Trauer oder Hilflosigkeit. Das Einfühlen in Jungen und das Benennen seiner Gefühle sind damit für viele Männer schwieriger.

* Wenn GLEICHALTRIGE JUNGEN mit wenig emotionaler Kompetenz ausgestattet sind und sich an beschränkten Männlichkeitsbildern orientieren, wirkt dies auf die Jungen wechselseitig zurück. Weil Jungen sich gegenseitig in ihrem Männlichsein bestätigen, kann es sein, dass sie sich den Umgang mit sensiblen Gefühlen abgewöhnen. So entsteht ein Kreislauf, den die späteren Männer wieder in Jungen einspeisen – sofern sie ihre Gefühlskompetenz auf ihrem Lebensweg nicht weiterentwickeln können.

COOL

Cool ist ein positiv eingefärbter Begriff, der anfangs jugendsprachlich verwendet wurde, mittlerweile aber in den allgemeinen Sprachgebrauch eingegangen ist.

Der Begriff meint eine betont lässige oder gelassene, entspannte, souveräne oder kontrollierte Gefühlslage und Einstellung. Falls es Sie ärgert oder aufregt, dass Jungen den Begriff verwenden: Einfach cool bleiben.

In manchen Situationen und Stimmungen wären Jungen auf liebendes Mitgefühl besonders angewiesen: Wo sie sich als klein empfinden, jämmerlich fühlen oder sich schämen, wo sie etwas peinlich finden, Angst haben, traurig oder weinerlich sind. Ausgerechnet hier machen sie häufig die Erfahrung, dass ihnen das Mitgefühl verwehrt wird. Denn diese Gefühle passen nicht zu den Bildern, die ihr Gegenüber vom Jungesein und von Männlichkeit hat. Dadurch, dass Jungen solche Gefühle haben, kommen Jungen oder Männer im Umfeld in Kontakt mit ihren eigenen abgewehrten Gefühlen. Das ist unangenehm – also besser weg damit und schon gar nicht mitfühlen! Aber auch Frauen mögen diese Emotionen bei Jungen häufig nicht, weil sie andere Größenfantasien für den Jungen bereithalten. Aus ihrem Abwehrreflex werten Männer und Frauen die entsprechenden Gefühle bei den Jungen ab: »Du musst dich deshalb nicht schämen!« Sie machen sich lustig darüber: »Ach, wie nett, der Kleine schämt sich«, oder: »Dir guckt schon keiner was weg!« Solche Reaktionen schneiden Jungen von ihren Gefühlen ab. Sie sind Teil derjenigen Prozesse, die ihre Gefühlskompetenz vermindern. Insofern ist es von besonderem Interesse, dass sich Eltern mit ihren Männlichkeitsbildern auseinandersetzen, um die Gefühlswelt von Jungen nicht unbewusst einzuschränken (Mehr zu diesem Aspekt in der Gebrauchsanweisung Nr. 2: Männlichkeitsbilder.)

Einfach mitfühlen!

Der erste Schritt zum Mitgefühl mit Jungen ist leicht: Wünschen Sie sich, dass Sie Mitgefühl haben möchten! Der zweite Schritt ist getan, wenn Männer die Vorstellungen von Männlichkeit abschalten und Frauen die Idee außen vor lassen, sie seien anders als Jungen und von ihnen getrennt. Ansonsten müssen Sie erst einmal nichts tun, denn eine wichtige Voraussetzung fürs Mitfühlen ist Ihre Präsenz: Einfach da sein und Wertungen, Urteile und Moral beiseitelassen. Schalten Sie auch den Reflex aus, dem Jungen helfen zu wollen, Ratschläge oder Vorschläge zu machen – nein: einfach da sein und mitfühlen. Geht es in der Situation um Sie selbst? Dann versuchen Sie, Gegenangriffe, Schuldgefühle, Kränkungen ganz herauszuhalten.

Nun versuchen Sie, möglichst oft den »Gefühlsteil« von Botschaften zu erfassen und das, was Sie mitfühlen, dem Jungen mitzuteilen, ihm zu spiegeln: als Feststellung oder auch als Frage, wenn Sie sich nicht sicher sind. Das Ausdrücken der Gefühle des Jungen ist nicht immer einfach und hört sich manchmal auch etwas gestelzt an. Wir sind das nicht gewohnt und selbst oft nicht richtig in den Genuss dieses Mitfühlens gekommen. Finden Sie die Form, die zu Ihnen passt. Trockenübungen helfen, bevor es an den spontanen Ernstfall geht.

Für ihre Gefühle ist eine Person selbst verantwortlich, nicht andere: Ein Junge im Kindergarten weint vielleicht, wenn sein Vater weggeht, der ihn hingebracht hat. Ursache dafür, dass der Junge weint, ist nicht der sich entfernende Vater – sondern das Bedürfnis des Jungen, dass er bleibt, weil er sich noch unsicher fühlt und Angst hat. Der Beweis: Zwei Tage später geht der Vater wieder, nachdem er seinen Sohn in den Kindergarten gebracht hat. Der Vater entfernt sich auf dieselbe Weise, aber der Junge weint nicht. Nun fühlt er sich sicher und hat nicht das Bedürfnis, dass sein Vater bleibt. Heute weint er, weil ein anderer Junge ihm ein Spielzeug nicht geben will. Der Grund ist wieder bei ihm selbst zu finden: Es ist sein Wunsch, das Spielzeug zu bekommen.

Unsere Gefühle hängen eng mit eigenen Bedürfnissen zusammen. Es fühlt sich gut an, wenn Bedürfnisse erfüllt werden. Negativ empfinden wir es, wenn dies nicht der Fall ist. Die Kunst der Einfühlung besteht darin, diese Verknüpfung zu erkennen und aussprechen zu können: Der Satz »Du bist wütend (Gefühl), weil ich dir verboten habe, noch mal rauszugehen« geht an der Enttäuschung des Bedürfnisses vorbei – die Verantwortung für das Gefühl wäre nicht beim Jungen, sondern bei der verbietenden Person. »Weil du noch mal mit Max draußen spielen wolltest« trifft die Sache besser. Die Verknüpfung mit dem Bedürfnis verortet das Gefühl beim Jungen, lässt ihm die Verantwortung für seine Gefühle – ebenfalls ein entscheidendes Element von Gefühlskompetenz. Versuchen Sie (gar nicht so einfach, ohne künstlich zu wirken!) immer wieder, diese beiden Aspekte im Blick zu behalten und anzusprechen: das Gefühl und das Bedürfnis, das mit dem Gefühl zusammenhängt. Bringen Sie Ihr Mitgefühl in den Kontakt und in die Gespräche mit Jungen ein.

DIALOGE OHNE MITGEFÜHL

Junge: »Ist das Essen immer noch nicht fertig?«
Vater: »Jetzt stehe ich schon seit halb zwölf in der Küche. Es dauert noch ein paar Minuten. Das ist kein Grund, sich so aufzuregen und so mit mir zu reden!«

Junge: »Frau Weber ist eine dumme Kuh!«
Mutter: »Na, na, so spricht man aber nicht über seine Lehrerin!«

MITFÜHLENDE DIALOGE

Junge: »Ist das Essen immer noch nicht fertig?«
Vater: »Bist du so ärgerlich, weil du großen Hunger hast und erwartet hast, dass du sofort essen könntest?«

Junge: »Frau Weber ist eine dumme Kuh!«
Mutter: »Bist du sauer auf Frau Weber, weil du möchtest, dass sie dich wirklich ernst nimmt? Ist das so?«

DIALOGE OHNE MITGEFÜHL

Junge: »Heute haben wir die vom SV03 aber voll fertiggemacht.«

Vater: »Du sollst nicht so abwertend über die andere Mannschaft reden. Pass nur auf, dass sie nicht bald euch fertigmachen!«

Junge: »Sebastian ist so blöd!«

Mutter: »Ruf doch Moritz an, der ist doch auch ganz nett!«

Junge: »Physik ist doch echt scheiße!«

Vater: »Nicht solche Kraftausdrücke, bitte! Außerdem brauchst du später Physik im Beruf.«

MITFÜHLENDE DIALOGE

Junge: »Heute haben wir die vom SV03 aber voll fertiggemacht.«

Vater: »Hei, du bist ja richtig glücklich über euren Sieg! Du scheinst zufrieden zu sein, weil du mit dem Training Erfolg hast, oder?«

Junge: »Sebastian ist so blöd!«

Mutter: »Bist du wütend, weil du willst, dass er eure Absprachen auch einhält und du dich auf ihn verlassen kannst?«

Junge: »Physik ist doch echt Scheiße!«

Vater: »Du bist enttäuscht, weil du Physik gern besser verstehen würdest?«

Junge: »Nein, ich bin sauer, weil ich Sachen lernen muss, die mich überhaupt nicht interessieren!«

Vater: »Ah, dich ärgert es, wenn du gezwungen wirst, langweilige Sachen zu lernen!«

Junge: »Ja, und der Herr Bofel kümmert sich nicht drum, dass sein Unterricht interessant wird.«

Vater: »Dich macht es wütend, dass er dich nicht so respektiert, wie du das gern hättest?«

Männlichkeit und Jungesein – eine gesellschaftliche Perspektive

Weil Menschen soziale Wesen sind, mischt bei ihnen auch in Geschlechterdingen immer die Gesellschaft mit: durch Vorstellungen, Bilder, Regeln, Ideale. Dementsprechend ist die dritte Komponente des Männlichen sozial und kulturell bestimmt. Dabei stehen gesellschaftliche Fragen im Mittelpunkt: Was hält die Gesellschaft, in der ein Junge lebt und aufwächst, für »männlich«? Wie kommt das Männliche in den Jungen, wie wird er männlich? Geschlecht ist in unserer Gesellschaft sehr wichtig. Jungen müssen sich dem anpassen: Sie sollen »männlich« werden. Nur dann kann der Junge von anderen Menschen akzeptiert und als vollwertig betrachtet werden. Nur so wird er als Junge und später als Mann gesellschaftlich handlungsfähig sein.

Dass ein Junge in die männliche Schublade gesteckt wird, wird zuerst mit dem Körper begründet. Weil ein Junge einen Jungenkörper hat, so die Annahme, wird er auch vom Verhalten her »männlich« sein. Jungen werden bereits durch diese Bestimmung auf die Bahn des Männlichen geführt, der sie dann zu folgen versuchen.

Jungen suchen im sozialen Prozess des Männlichwerdens

aktiv nach dem Männlichen. Sie lernen, nehmen auf und orientieren sich dabei selbst. Gleichzeitig werden sie geprägt und mit beeinflusst: zunächst von den Menschen im nahen Umfeld, besonders von ihrer Mutter und ihrem Vater. Dabei sind deren Männlichkeitsbilder, aber auch die Formen, wie diese ihre Geschlechtlichkeit leben, von Belang. Hinzu kommen Geschwister, Verwandte, andere Menschen im Umfeld, später dann gleichaltrige Jungen und Mädchen im Kindergarten, Freunde, Freundinnen und Spielkameraden. In den Bildungsinstitutionen sind es die Erzieherin und der (seltene) Erzieher, später Lehrerin oder Lehrer mit ihren jeweiligen Vorstellungen von Geschlecht, die Jungen beeinflussen.

Viele Spielsachen, die Jungen angeboten und geschenkt werden oder die sie sich wünschen, haben ebenfalls oft einen deutlichen Männlichkeitsgehalt. Auch in Büchern werden Geschlechter dargestellt. Immer früher und immer stärker spielen daneben das Fernsehen und andere elektronische Medien eine Rolle. Ab der Jugendphase kommen neben den Gleichaltrigen und den Freunden, der Clique, auch der Kommerz, die Musik- und Jugendkulturen hinzu; auch der Sport, Vereine oder die Jugendarbeit transportieren Männlichkeitsbotschaften. Diesem Chor der gesellschaftlichen Männlichkeitseinflüsse kann sich kein Junge entziehen.

Was ist Männlichkeit?

Der Begriff »Männlichkeit« ist im alltäglichen Sprachgebrauch ungenau und schillernd. Deshalb ist es hilfreich, zu klären, was darunter verstanden wird:

EINIGE BEGRIFFLICHKEITEN

Der Begriff »**MÄNNLICHKEIT**« bezieht sich auf gesellschaftliche Idealvorstellungen des männlichen Geschlechts: Ziele, die Jungen erreichen müssen, gewissermaßen die Messlatte, an der sich Jungen in ihrem Jungesein zu orientieren haben. Männlichkeit wird verdeckt vermittelt: Sie ist zwischen den Zeilen des Alltags versteckt und deshalb nicht leicht zu fassen. Abbilder von Männlichkeitsvorstellungen finden sich in alltäglichen Lebenswelten im Überfluss: in kulturellen Produktionen (Märchen, Mythen, Sagen, Literatur, Filme, Musik) und ihren Figuren (der König, der Vater, der Held); in kommerziellen Medien (Filme, Zeitschriften, Werbung). Ebenso sind solche Vorstellungen in gesellschaftlichen Strukturen verfestigt, vor allem in Machtstrukturen und Umgangsformen. Allerdings: Was unter »männlich« oder »Männlichkeit« verstanden wird, ist keineswegs festgeschrieben, sondern ständig im Wandel. Was vor fünfzig Jahren noch als männlich galt, ist heute an vielen Stellen überholt. Und es gibt stets viele Männlichkeiten: verschieden etwa nach dem kulturellen Hintergrund, vor dem ein Junge aufwächst, nach sozialen Milieus, nach Bildung, nach Einkommen der Eltern oder nach der regionalen Herkunft (»Ruhrpott-Männlichkeit« ist anders als »bayerische Dorf-Männlichkeit«). Dies alles zeigt, dass Männlichkeit etwas gesellschaftlich Gemachtes ist, eine Konstruktion. Was Männlichkeit aktuell ist, ist gar nicht genau zu bestimmen. Ein wichtiges Strukturelement der Männlichkeit ist jedoch die Konkurrenz mit dem Ziel der Überlegenheit; Männlichkeit bedeutet deshalb oft Autonomie, Wettkampf und Auseinandersetzung. Ein anderer Modus, durch den Männlichkeit hergestellt werden soll, sind die Abwertung anderer und die Ausgrenzung von Lebensweisen, die als »nicht männlich« gesehen werden, insbesondere Homosexualität.

Das »**MÄNNLICHE STEREOTYP**« setzt sich aus geschlechtlichen Zuschreibungen zusammen mit der Botschaft: »So sind Männer«, und: »Darin unterscheiden sich Männer von Frauen«; es benennt dazu Eigenschaften, Bereiche und Eigenarten, z.B. Unabhängigkeit, Aktivität, Entscheidungskraft, Durchhaltevermögen, Belastbarkeit. Geschlechtsstereotype sind immer auf das jeweils andere Geschlecht bezogen, indem sie hart polarisieren. Sie markieren das Grundverständnis der Geschlechter.

»**MÄNNERROLLE**« dagegen umfasst Erwartungen, die an Jungen (oder Männer) »als Jungen« (oder »als Männer«) gestellt werden. »Die« Männerrolle gibt es nicht; die Erwartungen sind vielfältig und unterschiedlich angelegt: Jungen mit einem hohen Status können sich z.B. mehr erlauben als solche, die unten oder am Rand stehen.

»**JUNGESEIN**« schließlich ist die gelebte Form des Geschlechtlichen bei Jungen: wie Jungen sind, wie sie sich als Jungen verstehen und ausdrücken. Jungesein ist die individuelle und subjektive Seite ihrer Geschlechtlichkeit, die jeweils persönliche Variante des Männlichseins eines oder vieler Jungen. Das kann zum Teil auch Männlichkeitsbildern entsprechen, oft ist das aber nicht der Fall.

Jungen nehmen Leitbilder der Männlichkeit auf und spitzen sie manchmal noch zu. Deshalb treten Phänomene wie Abwertung anderer, Konkurrenz oder Großspurigkeit mehr bei Jungen als bei Mädchen auf, die eher integrierenden Weiblichkeitskonzepten folgen. Auch wenn Männlichkeitsdemonstrationen von Jungen nerven, geben sie uns wichtige Hinweise: Nicht (nur) bei den Jungen läuft etwas schief, sondern zuerst in der Wirtschaft, auf die hin Jungen und Männer zugerichtet werden sollen. Jungen spiegeln lediglich Facetten einer Unmenschlichkeit, die von ihnen erwartet wird. Denn nach wie vor ist die Wirtschaft auf traditionelle Männlichkeit angewiesen. Sie braucht die (familiäre) Unabhängigkeit ihrer Beschäftigten, ihre Verfügbarkeit, den ganzen Einsatz, den Durchsetzungswillen, Konkurrenzkämpfe, unbedingten Erfolg und Statuswünsche als Anreiz. Von Jungen wird Großartiges erwartet; sie sollen erfolgreich werden, weil das später vom Mann so gewünscht wird. Das gilt ähnlich zwar auch für Mädchen, der Druck ist aber geringer, weil Mädchen mehrere Lebensoptionen offenstehen: moderne (Beruf) und traditionelle (Hausfrau und Mutter). Hausmann zu sein oder als Vater lange Erziehungszeiten in Anspruch zu nehmen ist dagegen von der Normalität noch weit entfernt – und für Jungen deshalb keine Option.

Gleichzeitig können »männliche« Eigenschaften prinzipiell auch von Frauen übernommen werden. So gesehen hat sich Männlichkeit vom Körpergeschlecht gelöst, was die Lage noch unübersichtlicher macht. Damit keine »Leerstellen« entstehen, werden männliche Geschlechterbilder an manchen Stellen noch überzogener platziert: in der Werbung, in Zeitschriften, Fernsehshows, Filmen, Computerspielen. Männlichkeit wird immer wieder neu aufgeladen. Dem steht gegenüber, dass ein wachsender Teil der Männer anders unterwegs ist und etwas ganz anderes will: Männlichkeitsbilder und Mannsein klaffen immer weiter auseinander. In dieser verwirrenden Situation wird heute viel von einer »Krise der Männlichkeit« gesprochen – eine falsche Bezeichnung für den Wandel männlicher Geschlechterbilder. Natürlich gibt es Unsicherheiten und Suchbewegungen, wie soll sonst etwas Neues entstehen? In dieser Zeit mit Jungen zusammenzuleben ist spannend, weil Jungen als Seismografen für Männlichkeitsentwicklungen wirken und dabei Verdecktes an den Tag bringen.

Zur Männlichkeit, mit der sich Jungen auseinandersetzen müssen, gehört ein spezieller Mythos: nämlich der, dass das Männliche nicht einfach da ist; Männlichkeit müsse erst hergestellt und stets bewiesen werden. Mit diesem Mythos wird einem Jungen die Angst eingeredet, sein Geschlecht könne verschwinden, er könne nicht »männlich« sein. Das verunsichert Jungen und Männer, spornt sie aber auch an und drängt sie dazu, sich anzustrengen, um immer wieder nachzuweisen, dass sie wirklich männlich sind. Natürlich ist dieser Mythos falsch. Aber auch heute noch wird er Jungen unhinterfragt vermittelt. Mit diesem Mythos verknüpft sich stets die interessante Frage: Was ist denn »männlich«? Dass es einen Kern des Männlichen gäbe, ist Teil des Mythos, verknüpft mit der Sehnsucht, das »Ur-Männliche« aus der Suppe der Wirklichkeit herausdestillieren zu können. Die Wahrheit ist: Das Extrakt, wonach hier gesucht wird, gibt es nicht. Wer es sucht, findet kulturelle Phantome. Die Suche selbst ist Ausdruck einer Sehnsucht danach, etwas Fließendes und Komplexes festzuhalten.

Wenn nun alle davon ausgehen, dass das Männliche erst produziert werden muss, dann braucht man sich nicht zu wundern, wenn Jungen das auch tun. Ihnen werden ihre Versuche, das Männliche zu beweisen, gern vorgeworfen. Kritik an Männlichkeitsvorstellungen und -verhalten setzt viel zu spät ein: nämlich dort, wo Jungen und Männer das tun, was von ihnen verlangt wird. Der Mythos, der solches Verhalten auslöst, besteht demgegenüber unreflektiert weiter.

Die Chancen stehen gut, dass es gelingt, den Mythos aufzudecken und unschädlich zu machen. Denn wenn vermittelt werden kann, dass das Junge- und Mannsein einfach »da« ist, entlastet dies nicht nur Jungen, sondern auch Erziehende. Im Gegenzug braucht es Ideen dafür, *wie* das Junge- und Mannsein in einer positiven Weise gesehen, bewältigt und gefördert werden kann, ohne in traditionelle Mythen zurückzufallen. Merkwürdig ist, dass umgekehrt auf der Mädchen- und Frauenseite diese Frage kaum gestellt wird. »Männlichkeit« wird viel häufiger thematisiert und hinterfragt als Weiblichkeit. Das alte neue Ergebnis: Mädchen und Frauen wird ihre Geschlechtlichkeit unhinterfragt zugestanden – Jungen und Männern nicht. Ihnen wird das selbstverständliche, unbemühte Geschlechtlich-Sein vorenthalten.

Geschlechter sind in unserer Kultur einfach vorhanden: psychisch, sozial, kulturell und auch biologisch bedingt. Weil das so ist, braucht es keinen Ausweis als Junge: Etwas, was ohnehin vorhanden ist, muss nicht besonders hergestellt werden. Das Junge- und Mannsein ist grundsätzlich einfach da. Es erneuert und entwickelt sich, entsteht ständig neu, ist ein Prozess – aber es ist immer vorhanden. Um männlich zu sein, muss also nichts gemacht werden. Eine besondere Qualität des Männlichen zu entwickeln oder männliche Ziele zu erreichen ist mühsam, das bekommt der Junge nicht geschenkt. Die entscheidende Tatsache bleibt aber: Das Männliche geht nicht weg, wenn man nichts tut. Hinter dieser Erkenntnis verbirgt sich eine Entlastung für Jungen: »Dein Junge-, dein Männlichsein ist da und bleibt da. Keiner kann es dir wegnehmen« – eine wichtige Selbstverständlichkeit, die verantwortliche Eltern im Interesse ihres Jungen übernehmen und vertreten.

Sie sind sicher, dass Ihr Junge ein Junge ist? Dann ist er männlich. Keine Frage: Die Art, die Qualität, wie er männlich ist, kann gleich bleiben oder sich verändern und sich weiterentwickeln. Dennoch bleibt er in jedem Fall männlich. Halten Sie sich immer wieder vor Augen: Er ist männlich, er muss nichts dafür tun, um männlich zu sein. Versuchen Sie, ihm diese Einstellung zu vermitteln: »Dein Männliches ist einfach so da. Und das bleibt auch. Du musst nichts dafür tun, um männlich zu sein!«

Jungen lernen das Männliche

Selbstverständlich denkt kein Junge in den ersten Lebensmonaten über Geschlecht oder Männlichkeit nach; weder Jungen noch Mädchen sind sich am Beginn ihres Lebens ihres Geschlechts bewusst. Sie *sind* einfach, ohne dass darüber reflektiert werden müsste. Irgendwann aber beginnt das Kind sich zu orientieren und die Welt zu unterscheiden. Sein Gehirn verfügt über eine dafür wichtige Eigenschaft: Es kann Strukturen erkennen und sucht gezielt nach Mustern. Schon im ersten und zweiten Lebensjahr erkennen Kinder erste Muster der Geschlechter. Jungen, die früh sprechen, benennen zum Beispiel bei einer Begegnung auf der Straße auch »Mann« oder »Frau«. Der Junge bemerkt, dass Geschlechter wirklich wichtig sind. Schließlich lautet eine der ersten Fragen, wenn wir von einer Geburt erfahren oder beim Blick in den Kinderwagen: Ist es ein Mädchen oder ein Junge? Schnell prägt sich ihm ein, dass Geschlecht genau »zwei« bedeutet.

Mädchen oder Junge? Hellblau oder rosa?

Bald bemerken Kinder darin einen versteckten Auftrag: Jeder Mensch hat ein Geschlecht, alle müssen geschlechtlich sein. Die unausgesprochene Anweisung lautet: »Sei Geschlecht!« Die hohe Bedeutung von Geschlecht wird durch die auffällige Zuteilung der Geschlechter unterstrichen. Im Schwimmbad finden sich unterschiedliche Umkleide- und Duschbereiche mit dem Zwang zur Aufteilung, genauso bei Toiletten, in Spielzeugläden und beim Kleidungskauf. Diese Aufteilung bestätigt die Wahrnehmung des Jungen immer wieder aufs Neue. So entsteht ein Lernkreislauf, bei dem sich Geschlechterwissen allmählich anreichert. Auch in der Sprache ist Geschlechterstruktur verborgen. Mit dem Sprechenlernen eignen sich Jungen auch Geschlechtervorstellungen an – zwischen den Zeilen verbergen sich Informationen: Wie wird über Jungen oder über Männer geredet? Wie sprechen Jungen oder Männer? Wie unterscheidet sich das davon, wie Mädchen oder Frauen sprechen?

Bald können sich Jungen selbst zuordnen: Ich gehöre zu den männlichen Wesen. Dann fahnden sie nach den Mustern des Männlichen, die für sie ja besonders interessant sind. Sie suchen nach Grundformen und Zusammenhängen des Geschlechtlichen. Solche Muster bilden sich am deutlichsten in Gegensätzen (wie schwarz – weiß, hell – dunkel, ja – nein usw.). Dieser Kontrast funktioniert auch zwischen männlich und weiblich, Junge und Mädchen. Erst allmählich und abhängig von Anregungen, Lernen, Bildung können Jungen diese Gegensätzlichkeit erweitern, sie verwerfen und neue Formen bilden – oder nicht, wenn dafür Impulse, Entwicklungsmöglichkeiten und die innere Sicherheit fehlen.

Die Sichtweise auf Jungen ist im Zusammenhang mit Geschlechterstrukturen etwas Wichtiges. Denn hier wirkt das Prinzip: Man wird so, wie man gesehen wird. Was in Jungen »hineingesehen« wird, ist selbstverständlich männlich. Wie mit Kindern umgegangen, wie auf sie reagiert wird, richtet sich nach dem Geschlecht. Geschlechterstrukturen liegen wie ein dichtes Netz über den Erfahrungen und Beziehungen, in denen Jungen größer werden. Es gibt einen aufschlussreichen Versuch aus der Reihe der Baby-X-Studien, bei dem Erwachsene sich mit einem Baby beschäftigen. Beiläufig lässt der Versuchsleiter in der einen Versuchsgruppe die Bemerkung fallen, dass das Kind ein Mädchen sei. In der anderen Versuchsgruppe erwähnt er dagegen, es handle sich um einen Jungen. Tatsächlich unterscheiden sich die Interaktionen und das Spielzeug, das die Teilnehmer dem Baby anbieten, danach, ob gedacht wird, das Baby sei ein Junge oder ein Mädchen. Verhalten sich die Erwachsenen beim »Mädchen« fürsorglicher und zugewandter, setzen sie beim »Jungen« – es ist genau dasselbe Baby – mehr auf körperliche Stimulation und ermuntern ihn zu Aktivität.

Werden Jungen eher in Richtung traditioneller Männlichkeit gesehen, gräbt sich eine solche Sichtweise in sie ein. Sie werden dann tatsächlich (eher) durchsetzungsfähig, dominant oder kämpferisch – immer in Wechselwirkung mit ihren psychischen Themen und ihren körperlichen Voraussetzungen. Der Geschlechterblick hat in der neueren Zeit eine zusätzliche Einfärbung erhalten. Jungen werden ja zunehmend als »Problemgruppe« bezeichnet, die ständig auffällt, Mädchen unterliegt und von Natur aus schlecht ausgestattet ist; denken wir nur an Verhaltensauffälligkeiten, Leseschwäche oder an die Krankheitsstatistiken, die Jungen allesamt anführen. Diese Haltung kommt beim Jungen im Zusammenhang mit seinem Männlichsein ebenfalls an. Wenn man so wird, wie man gesehen wird, heißt das auch, dass Jungen diese Problemperspektive übernehmen. Es ist eine leichte Übung für Jungen, auch so zu werden, wenn sie als arm, benachteiligt oder durchweg schwierig bezeichnet werden. (Mehr dazu in der Gebrauchsanweisung Nr. 2: Männlichkeitsbilder.)

> Ihr Junge wird so, wie er gesehen wird! Und wie sehen Sie ihn?

Immer wieder durchlaufen Jungen Phasen der Orientierung, in denen ihnen Formen des reduzierten und eindeutig Männlichen wichtig sind. Sie müssen gleichsam erst die »reine Lehre« erkennen, sie wollen Schwarz und Weiß trennen, bevor sie Ausnahmen zulassen und die Grauwerte im Männlichen akzeptieren können. Bei vielen Jungen ist dies zuerst im Kindergartenalter der Fall. Dann verstehen sie, dass ihr Geschlecht bleibt und nicht austauschbar ist. In dieser Phase der Fixierung brauchen sie Konzepte für ihr Männlichsein. Weil es sich um eine gesellschaftliche Aufgabe handelt, sind Jungen in diesem Alter für soziale Einflüsse offen – vor allem für solche, die von gleichaltrigen Jungen kommen, die ja mit demselben Thema unterwegs sind. Jungen interessieren sich in dieser Phase besonders für Männlichkeitsideologien und -inszenierungen in ihren Spielen: Seeräuber, Ritter, Cowboys, Feuerwehr, Polizei …

SIND JUNGEN MACHOS?

Wenn sich Jungen betont männlich präsentieren, fällt bei Erwachsenen schnell der Begriff »Macho« oder »machohaft«. Umgangssprachlich meint »Macho« einen Jungen oder Mann, der ein überzogenes Männlichkeitsverhalten an den Tag legt. Der Begriff bezieht sich abwertend auf jegliche Art des Männlichen: Wenn Jungen Lärm machen, kämpfen oder toben, gelten sie als Machos, wenn sie aggressiv sind, wenn sie sich gegenüber anderen durchsetzen, wenn sie Mädchen umwerben, sich über ihre Mütter ärgern oder lautstark protestieren, weil Mädchen bevorzugt werden – schnell werden sie als machohaft bezeichnet. Zusätzlich wird »Macho« gern als Abgrenzung gegenüber Jungen aus Migrationsfamilien verwendet. Also Vorsicht mit diesem Begriff! Problematisch am Machobegriff ist auch, dass Jungen nicht verständlich wird, was eigentlich kritisiert wird. »Du bist ein Macho«, »dein Machoverhalten«, »kleine Machos« – solche Zuschreibungen beziehen sich auf den Jungen als Ganzes, nicht auf ein bestimmtes Verhalten.

Das hat bisweilen einen unerwünschten Nebeneffekt, denn Jungen können »Macho« durchaus positiv bewerten: »Prima«, denkt der Junge, »jetzt weiß ich, was ich bin: ein Macho.« Hier erhalten sie eine Facette ihrer Identität, mit der sie sich von Erwachsenen abgrenzen.

Mit der Bezeichnung »Macho« und der dahinterstehenden Kritik kommen Jungen nicht weiter. Natürlich müssen Jungen auch kritisiert werden, etwa wenn sie andere abwerten. Das sollte aber so präzise geschehen, dass Jungen etwas damit anfangen können. Also nicht: »Dein Machoverhalten gefällt mir nicht«, sondern: »Ich will von dir nicht so abgewertet werden!«, oder: »Mich ärgert es, wenn du das Mädchen beschimpfst – das will ich nicht hören!«

Aus der Machodiskussion können wir jedenfalls ein schlichtes Ziel ableiten: Es geht um ein Männlichsein ohne Abwertung! Das bedeutet: ohne Abwertung von Frauen (nach dem traditionell patriarchalen Muster) und auch ohne Abwertung von anderen Formen des Männlichen (wie ethnische, nationale, religiöse, sexuelle Orientierung). Damit verknüpft darf umgekehrt der Wunsch an Frauen geäußert werden, das Männliche zu sehen und sein zu lassen, auch wenn es nicht immer verstanden wird – jedenfalls ohne es reflexhaft entwerten zu wollen; denn darum geht es bei der Verwendung des Begriffs »Macho«.

Etwas Ähnliches erleben Jungen in der frühen Jugendphase wieder. Ihre Geschlechtsidentität entwickelt sich weiter; das alte, vertraute Männliche löst sich auf, in dem sich Jungen doch sicher gefühlt haben. Die Orientierung richtet sich eher nach außen, Gleichaltrige werden noch wichtiger. Wieder suchen Jungen in dieser Offenheit nach Haltegriffen im Geschlechtlichen – und können sie in reduzierten und oft auch traditionellen Männlichkeitsbildern finden: bei ihren Freunden und im Fernsehen, in

Comics, der Werbung oder in elektronischen Computerspielen. Jungen beginnen, im Ausprobieren ihre Männlichkeitskonzepte umzusetzen, sie auszuleben. Erst später können sie diese verfeinern oder sich sogar in Kontrast dazu setzen. Allmählich stabilisiert sich ihr Männliches auf eine gute Art: Sie »fangen sich wieder« und entfalten die Bandbreite ihrer männlichen Persönlichkeit.

SCHWUL IST NORMAL

Mindestens jeder zwanzigste Junge ist homosexuell. Schwul zu sein ist also normal. Dass Ihr Sohn schwul ist, kann durchaus sein. Machen Sie es ihm (und allen anderen) leicht: Versuchen Sie, Heterosexualität nicht als einzige Wirklichkeit darzustellen. Das geschieht unterschwellig schnell, etwa in dem Satz: »Wenn du später mal eine Frau hast.« Lassen Sie einfließen, dass es auch schwule Paare gibt (schwule Minister, Bürgermeister, Cowboys und Künstler sowieso). In Orientierungsphasen werden viele Jungen gegenüber Homosexualität rigide. Die Unterstellung, schwul zu sein, dient als Abwertung und Ausgrenzung. Lassen Sie das nicht zu. Vermitteln Sie dagegen: Schwul zu sein ist normal und gesund.

Wichtig ist, wie Eltern und andere Erziehende mit Männlichkeitsexperimenten der Jungen umgehen. Wenn Jungen etwas Männliches präsentieren, ist das gut. Sie zeigen sich, und das ist auch eine Art Vertrauensbeweis: Schau her, das beschäftigt mich gerade, und so versuche ich, mein Männlichsein zu bewältigen. Sie erwarten dabei Resonanz von Erwachsenen mit ihrer Frage: »Wie wirkt das denn auf dich? Siehst du mich in meinem Männlichsein?« Allerdings wünschen sie hier keine kränkende Entwertung, sondern Rückmeldungen, mit denen sie etwas anfangen können.

Das Junge- und Mannsein darf – und muss – heute zunehmend individuell gefüllt, bewältigt und gestaltet werden. Die diffusen männlichen Anforderungen und Widersprüche lassen sich mit einer starken Persönlichkeit gut lösen. Glücklicherweise verschwindet dabei das Männliche nicht, im Gegenteil: Jungen mit entwickelter Persönlichkeit werden und wirken auf eine stabile und ausgewogene Art auch »gut männlich«. Sie sind ausgewogener und nicht so auf Stereotypen ausgerichtet, verfügen über Eigenschaften wie Selbstsicherheit oder Durchsetzungsfähigkeit, ohne sich darauf versteifen zu müssen; gleichzeitig sind sie mitfühlend und reflektierend. Wir können sagen: Mehr Persönlichkeit macht beim Jungen mehr Mann! Hilfreich sind dabei Männer, besonders wichtig ist der Vater. Auch andere männliche Personen braucht es: Es kommt auch auf die Mehrzahl an, weil dadurch eine Vielfalt an entwickelten gelebten Männermodellen gezeigt wird; das stützt die Erlaubnis, das Männliche verschieden zu leben. Damit wird die Vielfalt des Junge- und Mannseins möglich, die individuelle Erlaubnis, das Männliche so zu gestalten, wie es zur Person passt. Nicht jeder Junge kann das aus sich heraus. Jungen sind auf Unterstützung, Anregung, Bestätigung und Anerkennung angewiesen. Diese Vielfalt aktiv zu erlauben, zu betonen und zu ermöglichen ist eine Daueraufgabe aller, die mit Jungen leben oder arbeiten.

MÄNNLICH SEIN: (K)EIN PROBLEM?

Woran liegt es, dass Männlichsein für viele Jungen ein Problem darstellt?

* Es liegt an der »Versorgung« mit Männern. Im Jungenleben sind Männer häufig Mangelware. Jungen fehlen damit Gegenstücke zu den idealisierten Bildern des Männlichen. Sie haben wenig Möglichkeit, solche Bilder mit wirklichen Männern zu vergleichen und zu sehen: Na, so wichtig scheint es ja doch nicht zu sein, dem Ideal zu entsprechen. Jungen fehlt also das relativierende Gegengewicht zu überhöhten Männlichkeitsidealen. Ideale der Männlichkeit werden zum Problem. Jungen sind fasziniert von Männlichkeit vor allem in den Medien, in denen die Idealisierungen der Männlichkeit meist zu hoch angelegt sind: Sie sind niemals zu erreichen. Solche Bilder wirken als Überforderung.

* Es gibt nicht nur ein Männlichkeitsideal, sondern viele verschiedene. Das sind nicht nur Varianten einer Richtung (z. B. »Mut und Durchsetzungskraft«), sondern widersprüchliche Erwartungen. Jungen sollen »richtige Jungs« sein: stark, aktiv, durchsetzungsfähig, konkurrenzfähig und leistungsbereit; andere Bilder verlangen, dass sie gar nicht »traditionell männlich« sind, sondern immer sozial, kooperativ, einfühlsam und kommunikativ. Jungen müssen sich entscheiden und fragen sich: Was stimmt denn nun?

* Über allem schwebt die veränderte Einstellung in der Gesellschaft dem Männlichen gegenüber. Das überhöhte

Männliche ist in manchen Bereichen demontiert (z. B. in der Schule), in anderen werden Männlichkeitsideale hofiert (in Politik und Wirtschaft). Schattenseiten des Männlichen (Herrschaftsformen, Machtmissbrauch, Gewalt) stehen gleichermaßen im Rampenlicht wie Hochglanz-Männlichkeit – eine für Jungen undurchschaubare Mischung.

Ausblick: Balancehalten als männliche Vision

Ein Teil der Verunsicherung von Jungen in ihrem Männlichsein geht aufs Konto der Veränderungen im Verständnis des Männlichen. Nicht nur ein Junge selbst, auch wer Jungen erzieht, braucht Vorstellungen davon, wohin Erziehung und Entwicklung gehen sollen: auch in Bezug auf das Männlichsein. Bejahende, positive und anerkennende Einstellungen dem Jungesein gegenüber sind rar. Es fehlt schon an Begriffen, die dabei helfen, »gelingendes« Jungesein zeitgemäß zu erkennen oder zu beschreiben. Vorstellungen über ein »gutes« Jungesein sollen wertschätzend und auf das Gelingende ausgerichtet sein, aber nicht männlichkeitsfanatisch werden. Ein »natürliches«, von Männlichkeit unbeeinträchtigtes Jungesein gibt es nicht. Weil und wenn Jungen männlich sind und das auch sein wollen, müssen sie sich zur Männlichkeit in Position bringen, mit ihr umgehen. Sie suchen und benötigen Orientierungskoordinaten fürs Männliche. Offenheit und Beliebigkeit helfen ihnen dabei wenig. Oft liegt dann der Griff zu traditionellen Männlichkeitsbildern nahe. Aber auch nicht wenige Erwachsene sehen heute den Rückgriff aufs Altbekannte als Lösung für fehlende Männlichkeitsorientierung. Wo Veränderungen stattfinden, haben Traditionalisten Konjunktur.

Das Aufwärmen von Althergebrachtem ist ein einfacher Weg – aber der falsche. Hilfreicher als Wiederbelebungsversuche alter Männlichkeitsmythen sind Vorstellungen vom gelingenden und modernen Männlichen. Solche sind allerdings selten zu finden. Wenn das Junge- oder Mannsein in der Erziehung zum Thema wird, dann meistens in Form von Kritik, als Problem.

Ein Denkfehler bei der Suche nach dem »gelingenden Jungesein« ist die Idee, dass weniger »Männlichkeit« heißen könnte, sich an Weiblichkeit zu orientieren. Jungen sollen dann ihre »weiblichen Anteile« entdecken. Das Problem: Die Geschlechterwelt bleibt damit nach wie vor in traditionelle Begriffe zweigeteilt. Es gibt »männliche« und »weibliche« Eigenschaften, die zwar integriert werden sollen, aber dennoch etwas zum anderen Geschlecht Gehörendes bleiben. Solange traditionell weibliche Eigenschaften weiterhin als weiblich gedacht werden, auch wenn Jungen oder Männer sie sich aneignen sollen, ist keine echte Inklusion ins eigene Geschlecht möglich.

Das Missverständnis liegt hier: Wenn ein Junge trauert, Angst hat oder sich schämt, tut er das als Junge; wenn ein Mann zärtlich ist, ist er zärtlich als Mann. Weichheit, Verletztsein, Angst, Scham, Trauer, Verlieren, Sichunterwerfen, Genuss, Lust oder eine breite Vielfalt von Sexualität: Das alles sind keine genuin weiblichen, sondern (auch) *männliche Seiten* – dann, wenn sie von Jungen und Männern gelebt werden. Jungen fragen sich, wie sie diese leben können. Immer dann, wenn eine Eigenschaft als »weiblich« bezeichnet wird, gibt es eine kleine Irritation. Deshalb sollten solche Zuschreibungen am besten unterlassen werden.

Weil weder das traditionell Männliche noch der Blick auf herkömmliche Weiblichkeit hilft, könnte das Verorten in der Moderne eine Lösung aufzeigen. Jungen wie Erziehende fragen sich ja, wie das moderne Männliche ausgerichtet werden könnte. In der Moderne ist Balancehalten generell eine wichtige Leitidee, um nicht im Chaos unterzugehen. Eine Zielrichtung könnte das Prinzip der Ausgewogenheit vorgeben, das sich im Balancehalten auf das Männlichsein übertragen lässt. Damit arbeitet das »Variablenmodell gelingendes Jungesein«. Es entstand im Rahmen einer Studie meines Kollegen Gunter Neubauer und von mir (siehe »Zum Weiterlesen«, S.272), bei der zunächst Erwachsene befragt wurden, die mit Jungen arbeiten. Aus deren Beschreibungen von Jungen wurden Kompetenzfelder herausgefiltert. In einem weiteren Schritt wurden diese Bereiche um die Sichtweise von Jungen ergänzt, wie diese sich selbst sehen und beschreiben. Das Ergebnis dieses Verfahrens sind acht Begriffspaare:

KONZENTRATION	–	INTEGRATION
AKTIVITÄT	–	REFLEXION
PRÄSENTATION	–	SELBSTBEZUG
(KULTURELLE) LÖSUNG	–	(KULTURELLE) BINDUNG
LEISTUNG	–	ENTSPANNUNG
HETEROSOZIALER BEZUG	–	HOMOSOZIALER BEZUG
KONFLIKT	–	SCHUTZ
STÄRKE	–	GRENZEN/BEGRENZUNG

Die sechzehn Aspekte beziehen sich auf Bündel männlicher Kompetenzen und Potenziale. Sie verhalten sich wie Gegenspieler: z. B. Konzentration als Fähigkeit, auf den Punkt zu kommen, und Integration als die Kompetenz, in die Weite zu gehen. Was bedeuten diese Aspekte?

★ KONZENTRATION ist die Fähigkeit, sich zu bündeln, zu fokussieren auf das Wesentliche, auf ein Thema, auf sich selbst.

Sie beinhaltet Scharfblick und Trennschärfe, eine Art »Tele-zoom«; INTEGRATION bezieht dagegen anderes und andere ein, sie meint den weiten Blick und erlaubt, sich mit anderen zu verbinden – das Weitwinkelobjektiv.

* AKTIVITÄT bedeutet, etwas zu unternehmen, gilt dem Machen, heißt Initiative ergreifen und rangehen, bewirkt, zum Handeln zu kommen und aktiv zu sein; REFLEXION dagegen meint das Nachdenken, ein Überlegen vor oder nach dem Handeln, auch das Innehalten im Tun.

* PRÄSENTATION ist die Fähigkeit, sich anderen zu zeigen, darstellen zu können, wer man ist – also keine Fassade, sondern authentisch, echt zu sein; SELBSTBEZUG heißt, sich selbst zu kennen, sich zu spüren, bei sich zu sein, sich auf sich beziehen zu können, die Kompetenz, in sich hineinzuhorchen.

* LÖSUNG meint, sich von Regeln, Kultur, Traditionen zu lösen, in Entwicklung, in einen Prozess zu kommen oder darin zu sein, Altes hinter sich zu lassen, auszubrechen, die Fähigkeit zum Chaos; BINDUNG oder Struktur dagegen bedeutet, sich an Regeln halten zu können, sich in eine Kultur, in Traditionen einfinden und einbinden zu können, Absprachen und Gesetze zu achten, die Fähigkeit, sich einzufügen und einzuordnen.

* LEISTUNG bezieht sich darauf, leistungsfähig zu sein, also etwas leisten können, etwas hinzubekommen, Fähigkeiten zu entwickeln und gut sein (zu wollen); ENTSPANNUNG ist die Kompetenz des Loslassens, sich entspannen zu können, sich Raum und Zeit dafür zu nehmen, entspannende Aktivitäten zu finden – also aktives (!) Nichtstun.

* HETEROSOZIALER BEZUG meint das andere Geschlecht: Beziehungen und Kontakte zu Frauen, Mädchen, zur Partnerin oder der eigenen Mutter und gegengeschlechtliche Freund-

schaften; der HOMOSOZIALE BEZUG ist der zum eigenen Geschlecht, also Beziehungen und Kontakte zu Männern, Jungen, zum Vater und gleichgeschlechtliche Freundschaften.

* KONFLIKT ist die Fähigkeit zum Streiten und Kämpfen, auch Differenzen und Konflikte wahrnehmen, Streit durchstehen und Differenz aushalten zu können; SCHUTZ ist die Kompetenz, sich selbst zu schützen, also auf den eigenen Schutz achten, aber auch andere schützen zu können und Verantwortung für Schutz zu übernehmen.

* Die Kompetenz der STÄRKE bedeutet, körperlich und mental stabil und kraftvoll zu sein, das heißt, in Körper und Charakter Energie und Spannkraft zu haben und bei Bedarf auch zu zeigen; GRENZEN, BEGRENZUNG zu spüren ist die Fähigkeit, bei sich und anderen Grenzen wahrzunehmen und zu respektieren – etwa deren Integrität, Körpergrenzen, Nähe- und Verletzungsgrenzen, aber auch selbst sich der eigenen Begrenzung bewusst zu sein, Risiken und Lebensgrenzen zu kennen und zu akzeptieren.

Das Schöne an diesem Modell ist, dass es keinen Kontrast zwischen männlich und weiblich herstellt, im Gegenteil: Alles in dieser Aufstellung ist »männlich«. Ein weiterer Vorteil liegt darin, dass es nicht entwertend angelegt ist, es geht nicht darum, etwas »wegzumachen«. Sobald ein Aspekt erkennbar wird, ist das gut, weil sich darin eine männliche Kompetenz zeigt. Allerdings kommen die Aspekte nur richtig zur Geltung, wenn der jeweilige Gegenspieler ebenfalls entwickelt ist. Es ist ja nicht besonders sinnvoll, nur über die Fähigkeit zur Fokussierung, also den Aspekt der Konzentration zu verfügen, weil etwa die sozialen oder fürsorglichen Seiten nur dann funktionieren können, wenn ich auch auf andere bezogen bin, wenn ich sie wahrnehme und mich im Kontakt befinde. So gesehen braucht Konzentration eine Kompetenz auf der anderen Seite: den Aspekt Integration.

Das Ansetzen am Gelingenden bedeutet nicht, schwierige Seiten auszublenden. Es geht mehr darum, sie zu verstehen und für adäquate männliche Äquivalente zu sorgen: Jungen bekommen dabei etwas, was ihnen bislang vorenthalten wurde. »Gelingendes Jungesein« als Ziel meint, dass die Aspekte jeweils auf beiden Seiten entwickelt sind. Bildlich gesprochen arbeitet das Modell mehr mit dem Käse und weniger mit den Löchern. Mit dem Modell wird aber kein neues »Leitbild« für Männer entworfen. Es soll vielmehr wegführen von Verallgemeinerungen. Ohne auf Stereotype zurückzufallen, öffnet es die Qualität von Bandbreiten. Es ist deshalb wie die Moderne selbst: variabel, schillernd und entwicklungsoffen.

Es ist nicht nur die Aufgabe von Jungen, sich auf beiden Seiten zu entwickeln, sondern die aller Erwachsenen, die Jungen erziehen. Wer z. B. Leistung verlangt, sollte Jungen auch die Möglichkeit zur Entspannung vermitteln. Mit dieser Sichtweise können Eltern und andere Erziehende wahrnehmen, worüber Jungen an Männlichem bereits verfügen, und dies anerkennen; gleichzeitig fällt es leichter, die noch nicht so entwickelten Bereiche zu identifizieren und Jungen dafür Entwicklungsanregungen und -räume anzubieten.

Jungen in der Schule

Die Schule hat ein Problem mit Jungen, und Eltern stehen meistens dazwischen. Deshalb ist es für Eltern wichtig, eine Ahnung davon zu bekommen, was Jungen in der Schule erleben. Denn sie sind Anwalt der Jungen gegenüber der Schule: Sie können einfordern, teilweise mitgestalten, dass sich Schule auf Jungen einstellt. Eltern tragen Jungen gegenüber aber auch Entwicklungsverantwortung. Ihre Aufgabe ist es nicht, Unlust bei Jungen zu fördern oder die Autorität von Lehrerinnen und Lehrern zu untergraben, sondern Jungen zu motivieren und zu unterstützen.

In der Schule werden Jungen erstens oft als anstrengend erlebt und bezeichnet, zweitens strengen sie sich im Bereich schulischer Leistungen häufig recht wenig an. Diese beiden Aussagen bringen auf den Punkt, warum das Image von Jungen in der Schule belastet ist. Auch die großen Vergleichsstudien zum Bildungsstand (PISA, IGLU) bestätigen: Wenn es um Noten und Leistung geht, sind Jungen in der Schule die Verlierer, sie schneiden im Durchschnitt schlechter ab. Jungen und Schule, das ist eine vielschichtige Angelegenheit. Verantwortlich für Jungen-Schul-Probleme ist ein Bündel von Gründen, von denen im Folgenden nur ein kleiner Teil aufgezeigt und holzschnittartig angesprochen wird. Gemeinsam ist die Frage, was eine soziale Situation mit Jungen macht, wie Jungen sie erleben. Schule ist in den Augen vieler Jungen eine extreme soziale Situation, der sie ungefragt ausgesetzt sind.

Mädchen sind mit ihrem Prinzip der »Beziehungsaufgabe« in der Schule zwar auch gut gefordert; aber sie bringen ihre einschlägigen Beziehungskompetenzen aus ihren Spielwelten, aus Familie und Kindergarten mit ein und können auf diese bereits in der Grundschule gut aufbauen. Aus der Beziehung heraus verhalten sich Mädchen eher kooperativ, sie versuchen den Erwartungen der Lehrerinnen (und der wenigen Lehrer) zu genügen. Mädchen sind auch an Statusfragen und Positionsklärungen nicht so stark interessiert. Umgekehrt korrespondieren Freundlichkeit, Fleiß und Anpassung mit Weiblichkeitsbildern.

Schule mit Jungenproblemen

Mit dem Seitenblick auf Mädchen geraten Lehrerinnen und Lehrer bei der Jungenfrage schnell in eine Vergleichsfalle: Bei Mädchen geht es doch auch! Verdeckt bedeutet dies: Jungen sollen doch gefälligst wie Mädchen sein und sich den schulischen Anforderungen anpassen. Das fällt aber vielen Jungen schwer, allein schon deshalb, weil für sie ihr Prinzip Aufgabenbeziehung wichtiger ist. Diese Qualität von Beziehung ist in der Schule kaum gefragt: Schule wünscht die gegenüberstehende Beziehung, von Angesicht zu Angesicht, nicht die nebeneinandergehende Beziehung, wie sie in einer Aufgabe entsteht. Und zudem entsteht keine Beziehung über unwichtige banale Aufgaben, wie Jungen die schulischen Trockenübungen erleben. Sie äußern dabei ihre Kritik pointierter, direkter, kämpferischer und statusorientierter als Mädchen. Viele Jungen setzen auch in ihrer Freizeitgestaltung andere Prioritäten. Angesichts der mageren Lebensqualität in der Schule ist es durchaus begrüßenswert, wenn sich Jungen lieber mit Freunden und im Freien bewegen, anstatt am späten Nachmittag auch noch Vokabeln zu üben oder auf die Geschichtsarbeit zu lernen. Für die soziale und körperliche Gesundheit ist diese Priorität förderlich, für die Leistungen und die Akzeptanz als braver, guter Schüler natürlich nicht. Das Jungenimage im Mädchenvergleich leidet darunter.

Jungen sind Seismografen für Situationen, in denen etwas nicht gut läuft. Schlechte Schule, mangelhafter Unterricht machen Jungen unruhig und widerspenstig, und das ist gut so! So sind Unterrichtsinhalte für Jungen bisweilen einfach uninteressant; die Frage, was Jungen interessiert und fasziniert, wird in der Schule zu wenig gestellt. Hier geht es nicht um ein kurzgeschlossenes Bedienen von Stereotypen nach dem Muster: »Alle

Jungen mögen Fußball – also muss jede Matheaufgabe mit Fußball in Verbindung gebracht werden.« Aber Jungen registrieren das Bemühen, sie auch über Inhalte ernst zu nehmen.

> Oft genügen bereits kleine Korrekturen, um Schule jungenfreundlicher zu gestalten. Im Deutschunterricht sollte Jungen Lektüre angeboten werden, die sie von den Themen her anspricht. Viele kleinere Jungen mögen auch Comics, eine optimale Leseanimation – diese Kunstgattung wird im Unterricht bei uns aber nur ganz selten eingesetzt.

Auch viele kognitive Lernformen in der Schule erreichen Jungen nur wenig. Den Bedürfnissen von Jungen nach Handeln, Bewegung und motorischen Anstrengungen wird zu wenig entsprochen. Auch hier geht es um ein Verschieben von Gewichtungen (mehr Handeln, mehr Bewegung), nicht um extreme Polarisierung (nur noch Handeln). Da ihnen zu wenig gemacht und bewegt wird, ist Schule in den Augen vieler Jungen nur Spielwiese, kein Ernstfall. Das soziale Geschehen in der Schule dagegen, die Statuskämpfe mit Jungen oder Konflikte mit Lehrerinnen, das ist echt und birgt Erlebnisqualitäten! Wenn Jungen darauf ausweichen, ist dies ein verständlicher Schritt aus der Enttäuschung ihres Bedürfnisses nach Handeln.

Meistens missfällt Lehrerinnen und Lehrern bereits die Form, in der Jungen Kritik äußern. Deshalb nehmen sie diese nicht an und verstehen Jungen falsch: Provokationen, Reibungen, Widerstand und Konflikte sind bei einem Teil der Jungen auch eine Form des Kontakts oder der Beziehungsaufnahme – häufig sicher eine wenig entwickelte (es sind ja Kinder oder Jugendliche). Durchschauen Lehrerinnen oder Lehrer das nicht, entsteht eine Beziehungsstörung: Sie verweigern in den Augen des Jungen den Kontakt, sein Bedürfnis nach Verbindung mit der Autorität wird abgelehnt. Ärger und Frustration beim Jungen sind die Folge.

In der Jungenperspektive verspricht das Nichtanpassen an schulische Erwartungen weitere Vorteile: in der Situation selbst, wenn Schule emotional, lebendig und zum Ernstfall wird. Jungen lernen darin viel für später. Sie provozieren, begeben sich in Autoritätskonflikte und versuchen, sich zu behaupten. Daran wachsen sie und erwerben Fähigkeiten, die ihnen im späteren beruflichen Leben nützlich sind – zumindest, sofern es ihnen noch gelingt, einen akzeptablen Abschluss zu erreichen. Der Lernerfolg dabei ist nicht zu unterschätzen, möglicherweise profitieren Jungen dadurch mehr, als sie durch bessere Noten gewinnen würden. Sie erwerben Kompetenzen, die ihnen im Berufsleben tatsächlich nützen: Selbstvertrauen, Positionierung, Durchsetzungsfähigkeit, Eigensinn, Kreativität (und hier bleiben Frauen dann oft »sitzen«). Jungen können dies jedoch später nur dann verwenden, wenn sie schulisch nicht »abgehängt« werden. Die Wahrscheinlichkeit, dass die provozierenden Jungen auf der Strecke bleiben, ist allerdings hoch. Denn für ihr unangepasstes Verhalten werden sie abgestraft. Die »bösen Buben« werden für gleiche Leistungen schlechter benotet als Mädchen und erhalten weniger Empfehlungen auf weiterführende Schulen – die späte Rache der Schule.

Vieles in der Jungenproblematik der Schule hängt am Personal, an der Qualität der Lehrerinnen und Lehrer und ihrem Unterricht. In der Schule werden deshalb Lehrerinnen und Lehrer gebraucht, die über Jungen im jeweiligen Alter Bescheid wissen. Sie sollten in der Lage sein, auf die Interessen von Jungen (*und* Mädchen!) im Unterricht einzugehen. Das heißt nicht, alle Jungen gleich zu behandeln – es gibt ja nicht nur laute Jungen oder solche, die stören; unauffällige, leise, zurückhaltende oder schüchterne Jungen müssen im Unterricht genauso zu ihrem Recht kommen können. Jungen erwarten von den Lehrpersonen Eindeutigkeit, Konsequenz, gerechte Strenge und Struktur: eine stabile Leitplanke in der Person der Lehrkraft. Zugespitzt brauchen Jungen keine Weichspülpädagogen, die gemocht werden wollen, sondern Personen mit Haltung und Struktur. Diese Lehrerinnen und Lehrer agieren in Beziehung und mit Zuneigung zu Jungen. Sie strahlen Halt, Perspektive und Souveränität aus. Solche Lehrerinnen und Lehrer werden von den Schülern akzeptiert, manchmal sogar geliebt – gerade weil sie davon unabhängig sind, gemocht oder geliebt zu werden.

Gruppendynamik als Stressfaktor

Soziales Leben mit anderen ist kompliziert und anstrengend. Die Herausforderung an Jungen wächst mit der Größe und der Zusammensetzung einer Gruppe. Nicht wenige Jungen sind durch große Gruppen überfordert, zumal, wenn sich diese in engen Räumen aufhalten müssen. Überforderung bedeutet Stress, den Jungen aktiv ausagieren und abbauen müssen. Bei vielen, vor allem jüngeren Jungen entstehen dadurch Spannungen, die auch körperlich abreagiert werden wollen. Im Klassenraum gibt es keine Chance, diesem Stress auszuweichen. Für einen Teil der Jungen (und der Unterrichtenden) bedeutet Schule deshalb eine permanente Grenzerfahrung. Viele Jungen agieren ihren Stress nach außen. Dann entsteht zuerst Unruhe, später Chaos und nicht selten der soziale Kollaps, wenn Situationen entgleiten. Wichtig ist es, anzuerkennen, dass es Gründe für den Stress gibt, für den Jungen nicht verantwortlich sind, und Bedürfnisse, die aus dieser Lage resultieren.

Je größer eine Gruppe, desto schwieriger ist es für Jungen, Positionen zu klären, einen angemessenen Status zu erhalten und ihn zu behaupten. Jungen, die auf solche Resonanz angewiesen sind, um sich zu spüren, müssen in großen Gruppen ständig auffallen, sich ständig markieren. Durch die enorme Zahl möglicher Beziehungen entstehen Beziehungsdiffusion, ständiges Beziehungsrauschen und Beziehungsanstrengungen, die bewältigt werden müssen. Schule ist für Jungen ein solch anstrengender Dauerzustand.

Jungen deuten und interpretieren die Situation als Arena für Behauptung, Konflikte und Kampf um Status und (oft nicht vorhandene) Rückzugsmöglichkeiten und Überlebensnischen. Ganz anders die Deutung der Lehrpersonen; sie verstehen oft nicht, was mit Jungen los ist, und erwarten, dass sie sich gefälligst anpassen und einfügen sollen. Aber eine größere Zahl von Schülern steigert nicht nur das Stresspotenzial. Mehr andere Jungen heißt auch eine Vergrößerung der Arena, in der Status- und Generationenkonfliktkämpfe ausgetragen werden. Ungestillte Erwartungen explodieren in einer Kultur der Urhorde. Hier gelten das Gesetz der Stärke, Machtdurchsetzung und Selbstbehauptung. Es bilden sich heftige Hierarchiekonflikte. Über Abwertung und Unterdrückung werden Positionen markiert. Keine schöne Situation, aber sie ist die Notlösung von Jungen in sozial und kulturell zu offenen Konstellationen.

Diese Probleme bringen eine besondere Spannung in den Zirkus Schulklasse – die deshalb häufig wie die Inszenierung von Kämpfen zwischen Lehrkräften als Dompteuren und Schülern als Raubtieren erlebt wird. Je mehr Zuschauer es gibt, desto mehr Spaß macht es zudem, Blödsinn anzustellen.

Statusverlust unter den Jungen ist von der Wirkung her bedrohlich, oft sogar dramatisch. Ein moralisches Statement
eines Erwachsenen hilft deshalb wenig (»Du könntest mehr,
wenn du nur wolltest!«). Auch das besorgte Jammern der Eltern bleibt wirkungslos (»Junge, ich mache mir wirklich Sorgen
um deine Zukunft ...«). Beides tut dem Jungen nicht weh und
kann billigend in Kauf genommen werden – wenn nur der Status bleibt.

Ein weiterer Stressfaktor für Jungen liegt in den Anforderungen
durch die geschlechtsgemischte Konstellation der Schule, die
Koedukation. Bei Mädchen setzt der pubertäre Schub körperlich und mental früher ein als bei Jungen. Ab der dritten oder
vierten Schulklasse sind Jungen im Durchschnitt den Mädchen
unterlegen; sie sind ein bis zwei Jahre »hinterher«. Das ist in diesem Alter eine enorme Differenz, die ebenfalls zu Gefühlen der
Überforderung führt. Denn der dauerhaft wirksame Entwick-
lungsnachsprung von Jungen gegenüber Mädchen wirkt. Wenn
Mädchen im Durchschnitt immer schon weiter sind – mental
und körperlich – dann ist das Ergebnis für Jungen ein ständiges
Gefühl der Unterlegenheit. Das demotiviert die Jungen, macht
sie aggressiv oder animiert sie, durch Abwertung von Mädchen
für einen Ausgleich zu sorgen. Hinzu kommt, dass vor allem
selbstunsichere Jungen dazu neigen, ihr Geschlecht über Abgrenzung herzustellen. Was liegt näher, als das Männlichsein in
einem Negativbild zu angepassten, fleißigen und kommunikati-
ven Mädchen zu bilden? Wenn männlich als Abgrenzung von
weiblich produziert wird, müssen Jungen rebellisch, aufsässig,
unkommunikativ und faul werden, um »männlich« zu sein.

Für viele dieser Jungen ist es ein weiter Weg, bis sie sich in diesem schwierigen und stressigen Rahmen selbst regulieren und kontrollieren können. Es dauert bis weit in die Pubertät. Deshalb brauchen solche Jungen Kompetenz und Sicherheit. Sie herzustellen ist Aufgabe der Lehrerin und des Lehrers: durch Klarheit in den Anforderungen, Auswahl der Inhalte und gute Vorbereitung, durch das Ausstrahlen von Sicherheit und Autorität, durch gültige Regeln und Konsequenz. Dazu gehört es auch, Jungen phasenweise von der Koedukation zu entlasten: Geschlechtertrennung tut Jungen gut. Es geht hier ausdrücklich nicht um einen autoritären Erziehungsstil oder Sekundärtugenden, nicht um Macht, Unterordnung, Fleiß, Disziplin! Sondern um das Herstellen einer lern- und entwicklungsförderlichen Situation für Jungen.

Leistung, Schule, Männlichkeit

Das Thema »Jungen und Schule« sollte nicht auf Leistungsfragen reduziert werden. Dennoch geht es in der Schule naturgemäß auch um Leistung. Schulischer Erfolg, also »gut zu sein« in der Schule, zählt bei vielen Jungen derzeit wenig. Ein interessantes Phänomen, das bei den Leistungsergebnissen, bei Notendurchschnitten und Schulabschlüssen Folgen zeigt. Viele Jungen entwickeln wenig Motivation, sich anzustrengen. Dafür gibt es eine ganze Reihe von Gründen:

* Anstrengung und Leistung sind zunächst mit wenig Lustvollem gekoppelt. *Leisten wollen heißt zuerst verzichten.* Das gilt im Kleinen, im Moment des Unterrichts, wenn die Aufmerksamkeit es erfordert, auf den Spaß mit dem Nachbarn oder auf Statuspunkte durch eine gelungene Störaktion zu verzich-

ten. Es gilt noch mehr in einer größeren Perspektive: Dort, wo die Zukunft unsicher ist, entscheiden sich viele Jungen für die Orientierung an der Gegenwart. Warum sollten sie jetzt auf Spaß und lustvolle Momente verzichten, wenn es ohnehin unklar ist, ob sie mit dem Verzicht wirklich weiterkommen? Niemand kann ihnen seriös das Versprechen geben, dass sie durch Anstrengung tatsächlich weiterkommen werden.

* Die *Konsumgesellschaft* vermittelt den Jungen, dass Männlichkeit, Ansehen oder Status nicht als Lohn für Leistung erworben werden, sondern viel einfacher zu bekommen sind: über Konsum und durch den Besitz von Produkten. Ein Teil der Jungen glaubt gern an dieses Credo. Ihr Lebensziel ist es dann, konsumieren zu können – und nicht, die eigenen Potenziale zu entwickeln, sozial aufzusteigen oder für eine Sache zu kämpfen.

* Unter Jungen angesehen ist nicht der Weg, der durch Anstrengung, Fleiß, Konzentration, Mühsal und Plage zum Erfolg führt, sondern die Idee, dies durch *Genialität* zu erreichen oder auf dem unteren Niveau zu glänzen. Jungen glauben gern an das Prinzip »Leistung durch Inspiration« – nicht an »Leistung durch Transpiration«. Für diese Einstellung gibt es eine interessante Entsprechung bei den Fernsehhelden der Jungen: Derzeit sind die »lustigen Loser« – allen voran Bart Simpson – bei Jungen viel attraktiver als hochleistungsfähige »Kämpferhelden« oder fleißige, intelligente »Problemlöser«.

* Wer sich als Junge anstrengt und Leistung zeigt, ist oft bei seinen gleichaltrigen »Kollegen« unten durch. Bei einem Teil der Jungen ist diese Art der Coolness wichtiger als Fleiß und Disziplin. Es gibt keinen Grund dafür, Coolness abzuwerten, Schule muss sich darauf einstellen. Jungen sind bereit, zu leisten, wenn es mit den Positionen der Gleichaltrigen überein-

stimmt. Schule sollte dies als Quelle und Motivation nutzen. Es kann durchaus »cool« sein, gute Noten zu haben. Dieser Aspekt müsste also in der Schule »cooltiviert« werden, statt ihn abzuwerten.

★ Vielen Jungen ist es wichtig, sich als selbstständig zu markieren. Sie bauen um sich herum einen *Nimbus männlicher Autonomie* auf, nach dem sie demonstrativ nicht auf Erwachsene angewiesen sind. Zu dieser Aura kann es gehören, kein angepasster, erwachsenenorientierter Streber zu sein. Dies sind nicht nur die Themen besonders aufsässiger Jungen, auch eher »brave« Jungen haben Spaß daran, zu sehen, wie Rebellen in den Ring steigen und versuchen, die Lehrer herauszufordern oder zu demontieren. Hier spielen das Generationen- und Autoritätsthema mit hinein, denn bei vielen Jungen stellen sich in der späteren Pubertät – wenn diese Fragen geklärt sind – Leistungswille und Motivation fast wie von selbst ein.

★ In ihrem Leistungsverhalten spiegeln Jungen immer auch aktuelle Männlichkeitsbilder wieder. *Erfolg und hoher Status* werden durchaus als männliche Merkmale gesehen. In Medien und auch im Wirtschaftsleben wird demonstriert, dass sich Erfolg und öffentliche Anerkennung durch Zufälle, Glück oder Gerissenheit einstellen – auch indem andere »abgezockt« werden. Erfolg und individuelle Leistung haben sich bei vielen öffentlichen Männern entkoppelt: Das Einkommen von Topmanagern oder Fußballstars ist rational nicht mit Leistung begründbar oder mit anderen Leistungen nicht real vergleichbar. Insgeheim setzen manche Jungen darauf, zu jenem Männertyp zu gehören, dem Erfolg und Reichtum ohne tatsächliche Leistung zufliegen werden – wenn nicht durch Glück oder noch nicht entdeckte eigene Genialität, dann notfalls auch durch krumme Touren.

* Reale berufliche *Perspektivlosigkeit* registrieren viele Jungen besonders, weil ihnen nur ein eindimensionales Lebensmodell angeboten wird (die Variante »Dann heirate ich eben reich« gilt für Jungen nicht). Männliche Größenfantasien von Stärke, Erfolg, Reichtum oder Macht sind nicht in der Wirklichkeit zu verankern, wenn realistische Perspektiven fehlen. Dies verschärft bei vielen Jungen den ohnehin schon großen Leistungsdruck. Manche entlasten sich, indem sie sich dem Druck entziehen und schulische Leistung ablehnen. Andere versuchen, betont großspurig oder martialisch aufzutreten und damit eine Stärke zu zeigen, die ihr Kleinsein, ihr reales Ausgeliefertsein und ihre Unterlegenheit verdecken soll.

* Jugendkulturelle Vorbilder, an denen Jungen sich orientieren, repräsentieren ebenfalls einen bestimmten Typus von Männlichkeit. Bei Jungen kommen diese nicht selten mit einem »*Gangsterimage*« daher, z. B. Rapper oder andere harte Jungs, die rebellieren und ständig mit kriminellen Dingen beschäftigt sind. Es liegt auf der Hand: Solche Figuren setzen sich doch nicht nachmittags hin und lernen Vokabeln!

* Ein anderes Männlichkeitsproblem findet sich darin, dass die Gesellschaft und ihre Institutionen Jungen nicht mehr vermitteln können, dass und warum sie *als Männer gebraucht werden*. Die Selbstverständlichkeit, dass (auch) Männer wichtig sind, dass sie »als Männer« benötigt werden, scheint abhandengekommen zu sein, zumindest im Halbbewussten von Jungen. Wenn Jungen untergründig das Gefühl haben, sie würden als Jungen und später als Männer gar nicht gebraucht, dann ist völlig unerheblich, ob sie Leistung bringen oder nicht. Aussichtslosigkeit ist ein starker demotivierender Faktor.

* Mit leistungsförderndem Verhalten konkurrieren ständig alternative und sehr attraktive Angebote. Angesichts immer

enger werdender Frei-Zeiten (Ganztagsschule, Hausaufgaben...) verschärft sich die Konkurrenz um die Zeit der Jungen. Diesen Kampf gewinnen häufig *Medien*, das Fernsehen, aber mit besonderer Faszination auch Konsolen- und Computerspiele. Solche Geräte im Jungenzimmer sind regelrechte Lernverhinderer. Jungen brauchen hier klare Regeln und Grenzen. (Siehe Gebrauchsanweisung Nr. 7: Grenzen.)

★ Bei anderen Jungen wiederum kann die geringe Leistungsbereitschaft eher individuell mit *Vermeidungsverhalten* begründet werden. Männlichkeitsvorstellungen setzen Leistungserwartungen hoch; fehlende Erfahrungen mit realen Männern verhindern es, dass solche Vorstellungen auf ein realistisches Maß reduziert, also »gepuffert« werden. Übrig bleibt der Anspruch, als Junge und Mann besonders toll sein zu müssen. Hier setzt das Vermeidungsverhalten von Jungen ein: Vermieden wird die Enttäuschung, solchen eigenen oder angenommenen fremden Leistungserwartungen nicht genügen zu können. Es kann schmerzhaft sein, wenn man feststellen muss, dass auch mit Anstrengung nur das Mittelmaß erreicht wird. »Wenn ich mich nicht anstrenge, wenn ich mir nicht das Ziel setze, gut zu sein, dann kann ich auch nicht enttäuscht werden, wenn ich es nicht erreiche.« Dahinter verbirgt sich eine verdeckte Form der Selbstidealisierung oder zugespitzter: des Größenwahns. Diese Jungen halten die Illusion aufrecht, dass sie eigentlich gut wären, wenn sie sich nur bemühen würden: »Wenn ich wollte, wenn ich mich anstrengen würde, dann wäre ich natürlich ein genialer Schüler!« Sie verweigern es aber, sich der Realität und der Nachprüfung zu stellen. Neben psychischen Faktoren ist ein Hintergrund dieser Haltung, dass traditionelle Männlichkeitsbilder mit Großartigkeit gekoppelt sind. Im Größenwahn steckt damit auch ein Stück Sich-männlich-Machen dieser Jungen. Ein verkanntes Genie ist im Selbstbild allemal besser als ein nachgewiesener Mittelmaß-Junge. So ist das Vermeiden zwar verständlich, aber eine traurige Angelegenheit. Denn auch die Erfahrung der Freude an der eigenen Leistungsfähigkeit oder der Stolz auf etwas gut Gemachtes stellen sich nicht ein.

★ Schließlich ist es auch die *Erfahrung mit Leistung und Bewertung* in der Schule, die Jungen resignieren lassen kann. Wenn Leistungsbemühungen – auch im Vergleich mit Mädchen – nur zu Misserfolgen und Enttäuschungen führen, entwickeln Jungen daraus nicht selten eine fatalistische Haltung: »Ich habe ja sowieso keine Chance, Anerkennung zu bekommen und gut zu sein.« Manche Jungen wandeln diese Misserfolgserfahrung um in ein – in ihren Augen – erfolgreiches Gegenteil. Sie versuchen, die Messlatte umzukehren und demonstrativ schlechte Ergebnisse vorzuweisen: »Wenn ich keine Chance auf Gutsein habe, dann könnte ich doch der Beste im Schlechtsein werden!«

Aus der Jungenperspektive gibt es zahlreiche gute Gründe, Leistungserwartungen nicht zu entsprechen. Umgekehrt gibt es keinen einfachen Trick, Jungen zu mehr Leistung zu motivieren. Damit sich bei Jungen keine negative Grundhaltung entwickelt, ist der Blick auf ihre Bedürfnisse vor allem in der Grundschule und bis zum Beginn der Pubertät besonders bedeutsam. Erfolge und die Erfahrung, dass Leistungsbemühungen Wirkung zeigen, sind dabei eine Voraussetzung. Eltern und die Schule müssen sich deshalb gemeinsam und intensiver der Thematik »Jungen und Schule« stellen.

Wenn Ihr Junge keine Lust auf Leistung hat, ist das in einem gewissen Rahmen normal – besonders dann, wenn es zeitlich in Richtung Pubertät geht. Oft gibt es aber handfeste Gründe, die Leistung verhindern. Versuchen Sie, gemeinsam mit ihm die Hindernisse aus dem Weg zu räumen, die es Ihrem Jungen schwer machen, sich aus eigenem Willen für Leistung zu entscheiden (oder auch bewusst dagegen). Ihre Haltung sollte klar und nicht zu mütterlich-fürsorglich sein: Aufgabe des Jungen in der Schule ist, sich anzustrengen, zu zeigen, was er kann, und Leistungserwartungen zu genügen. Ihre Aufgabe als Mutter oder Vater ist es nicht, die Unlust des Jungen zu legitimieren! Bedenken Sie auch: Sie können Ihren Jungen nicht zu einem Verhalten zwingen. Es ist seine Entscheidung, etwas zu tun. Druck und Strafen sind wie Lob, Belohnung oder finanzielle Anreize meist nur kurzfristige Entscheidungshilfen für ihn. Eine gute Begleitung, Interesse an ihm und seinem Befinden, Unterstützung beim Strukturieren sind wirkungsvoller. Wo Sie den Eindruck haben, es liege an der Schule, mischen Sie sich dort ein. Bisweilen haben Schulen Entwicklungsbedarf in Bezug auf die Unterstützung von Jungen. Rechnen Sie aber auch damit, dass sich Ihr Junge in der Schule von einer anderen Seite zeigt als zu Hause – meistens nicht von der fleißigeren.

2 Zehn Tipps zum Umgang mit Jungen

Im zweiten Teil des Buchs wechseln wir nun den Blickwinkel. Es geht um die Frage, wie Sie in der Jungenerziehung Ihre Impulse setzen, welche Haltung Sie und Ihren Jungen unterstützt und wie Sie den Alltag mit Jungen konkret anpacken können. Jetzt wird es also praktisch.

Die GEBRAUCHSANWEISUNG für die GEBRAUCHSANWEISUNG

Die Gebrauchsanweisung besteht aus zehn Ratschlägen für das Zusammenleben mit Jungen. Wenn Sie diese befolgen, wird aus Ihrem Sohn schon was werden. Einiges davon machen Sie wahrscheinlich ohnehin; anderes können Sie leicht übernehmen – gut so. Die zehn Gebrauchsanweisungen stellen das aus meiner Sicht Wesentliche dar. Ohne Weiteres wäre es möglich, zwanzig solcher Regeln aufzustellen – was gibt es nicht alles an auch noch Wichtigem! Vielleicht haben Sie noch eine weitere ganz wichtige Gebrauchsanweisung für sich? Das ist natürlich genau richtig so! Diese zehn Ratschläge bedeuten nicht, dass Sie stets alle im Blick haben müssten. Das wäre auch gar nicht möglich. Lassen Sie sich anregen und wählen Sie aus: die Regeln, die Sie ansprechen oder von denen Sie denken, sie würden Ihrem Sohn oder Ihnen besonders guttun. Vielleicht entscheiden Sie sich auch für diejenigen Aspekte, die Sie bisher am wenigsten bedient und umgesetzt haben, oder jene, bei denen Sie denken, da fällt es Ihnen eher schwer.

In diesem Buch wird nach dem gesucht, was Jungen brauchen. Gerade deshalb ist es wichtig, die andere Seite nicht aus dem Blick zu verlieren. Eine ebenfalls legitime Frage lautet: Was brauchen *Sie* eigentlich? Väter, Mütter, Erziehende haben auch ihre Bedürfnisse. Erschöpfte, überlastete oder genervte Eltern sind Jungen kein gutes Gegenüber. Sorgen Sie auch für sich. Die zehn Gebrauchsanweisungen sollen Väter und Mütter nicht überfordern, sondern unterstützen. Hängen Sie die Latte nicht zu hoch. Machen Sie es so gut wie möglich – das ist gut genug.

GEBRAUCHSANWEISUNG NR. 1:
Nehmen Sie wahr, was für ein Junge dieser Junge ist

Eine gute Voraussetzung für die Begleitung von Jungen ist Ihre aufmerksame und liebevolle Offenheit. Wachheit und Achtsamkeit im Wahrnehmen sind bei Jungen besonders wichtig. Denn unsere Bilder und Vorstellungen des Männlichen sind an vielen Stellen deutlich enger und beschränkter als die des Weiblichen. In der modernisierten Geschlechtervorstellung ist im Weiblichen »alles möglich«. Das Männliche dagegen orientiert sich stärker an traditionellen Vorstellungen, am männlichen Stereotyp. Symbolisch ist das z.B. in der Kleiderordnung erkennbar: Hose, Rock oder Kleid für die Frau – Hose für den Mann.

Indem Sie zuerst wahrnehmen und den Jungen in seinem Einfach-so-Sein achten, öffnen Sie die Möglichkeiten, wie das Junge- und das Männlichsein gehen. Damit sprengen Sie die Begrenzungen veralteter Männlichkeitsbilder. Sie erteilen die Erlaubnis für die Vielfalt des Jungeseins. Jungen unterscheiden sich voneinander. Und auch jeder einzelne Junge ist in sich vielfältig, facetten- und variantenreich. Ihre Offenheit dem Jungen gegenüber ermöglicht es Ihnen, dies tatsächlich wahrzunehmen und ihm sein eigenes Jungesein zu erlauben.

Das offene Wahrnehmen erleichtert es Ihnen, den Jungen ohne Erwartungen und Vorbehalt anzunehmen. Daraus entsteht – bei ihm und bei Ihnen – ein Gefühl der Verbundenheit. Diese Verbundenheit ist bedingungslos. Vergessen Sie Ihre offenen und Ihre geheimen Wünsche, was aus diesem Junge alles werden soll oder könnte. Er ist es schon. Versuchen Sie, nichts aus ihm machen zu wollen, nehmen Sie auf, was er bereits ist. Und lieben Sie ihn einfach so und deshalb.

Jeder Junge bringt von Anfang an etwas sehr Wertvolles mit: sich selbst. Sicher entwickelt er sich, er nimmt etwas an und fügt in sich ein, was um ihn herum geschieht. Aber zuerst und immer wieder ist bedeutsam, was er bereits hat und wer er ist: als Person, als männliche Person, als Junge. Selbstverständlich ist wichtig, was er bekommt, was ihm angeboten wird, welche Räume ihm offen stehen, um sich zu entwickeln, oder ganz konkret: Was Sie ihm geben und was er davon mitnehmen möchte – all das ist von hoher Bedeutung. Nur braucht Ihr Junge davor und daneben immer wieder die unbedingte Akzeptanz seiner selbst: damit er werden kann, der er ist, als Individuum, als Junge und als männliche Person.

Als soziale Wesen sind Menschen anpassungsfähig und -willig. Jeder Mensch wird (auch) so, wie er gesehen wird. Damit gewinnen Menschen ein Stück ihrer Identität, sie verlieren aber jeweils auch einen Teil des Eigenen. Jede Zuschreibung ist für den Jungen ein kleines Stück »Gemachtwerden«. Bevor Sie in den Jungen etwas hineinsehen, ist es für Sie und ihn entscheidend, dass sein Mitgebrachtes – vielleicht sein Wesen oder seine Gaben – akzeptiert ist. Damit geben Sie ihm Anerkennung, Sie nehmen ihn ernst und vermitteln ihm die Grundlage Ihrer Beziehung zu ihm: liebevollen Respekt. Das gibt ihm den Halt im Äußeren, den er braucht.

Diese Wahrnehmung des Jungen ist wohlwollend und liebevoll, nicht kontrollierend oder disziplinierend. Sie besetzen ihn auch nicht, nichts wird übergestülpt, keine Eigenschaften, keine Bilder. Es geht in Ihrer Betrachtung einfach darum, wie der Junge jetzt ist; nicht um Leistungserwartungen, kritische Vergleiche, Misstrauen oder Skepsis.

Die leitende und zentrale Frage dabei lautet: Was bist denn du für einer? (Nebenbei gesagt: Diese Frage zu stellen empfiehlt sich bei allen Menschen immer wieder – bevorzugt bei denen, die Sie zu kennen glauben, weil Sie mit ihnen zusammenleben.) Glauben Sie nicht, dass Sie immer wissen, wer oder wie der Junge ist. Er verändert sich ständig. Sie selbst, Ihr Wissen, Ihre Haltung und Ihr Wahrnehmen verändern sich ebenfalls. Jedes frische Wahrnehmen des Jungen ermöglicht eine neue Erkenntnis und eine Antwort: Ah, so einer bist du! Das Wahrnehmen führt Sie zu immer wieder neuen Entdeckungen. Lassen Sie sich von Ihrem Jungen überraschen. Fragen Sie sich im Wahrnehmen des Jungen immer wieder: Was zeigt er mir im Moment von sich? Wie sehe ich ihn?

Neugierig sein!

Die fundamentale Eigenschaft für diese offene, wahrnehmende Einstellung ist Ihre Neugier: Sie möchten den Jungen und seine Welten kennenlernen! Sie wollen verstehen, wie er die Welt sieht, wie er sich in ihr bewegt und befindet, was er in die Welt bringt, wie er sie mitgestaltet, was er von der Welt in sich aufnimmt. Versuchen Sie, dieses Wahrnehmen möglichst lange zu belassen, ohne das Wahrgenommene in feste Begriffe zu fassen oder gar zu bewerten: »Ich sehe, dass Max sein Polizeiauto auf dem Boden hin- und herschiebt, ich höre ihn Motorengeräusche nachmachen, er fährt das Auto in die Garage.« Also nicht: »Max spielt mit Autos«, und schon gar nicht: »Max spielt schon wieder nur mit seinen blöden Autos.« Oder: »Ich sehe Max auf seinem Bett sitzen, er schaut in ein Comicheft. Es riecht ein bisschen muffig, ich sehe seine Turnschuhe auf dem Boden liegen. Max lächelt, ich höre ihn ›boing‹ sagen, jetzt lacht er leise, er blättert um, das Heft rutscht dabei weg, er nimmt es wieder auf.« Also nicht: »Max liest«, ganz falsch wäre: »Max hängt mal wieder faul rum und macht nichts.«

Indem Sie ihn mit sämtlichen Sinnen einfach wahrnehmen, werden Sie den Jungen besser verstehen lernen – so weit, wie das eben zwischen Menschen möglich ist. Auch wenn Sie ihn bereits länger oder schon ganz gut kennen: In der rasanten Entwicklungsdynamik von Kindheit und Jugend ist Ihr Junge jeden Tag ein anderer, er ist gewissermaßen als ein neuer Junge unterwegs.

Dieser Blick ist immer wieder wichtig. Fragen Sie, solange Sie mit dem Jungen leben, einfach immer wieder aufs Neue: Was bist denn du für einer? Damit machen Sie sich und den Jungen frei(er) von einengenden, gerade auch männlich beengenden Zuschreibungen. Er ist »einer« – das ist keine Frage: Der Junge ist also männlich. Aber *was für einer* der Junge ist, das ist hochinteressant! Sie öffnen damit die Möglichkeit, dass sich der Junge in die Vielfalt des männlich Möglichen hineinentwickelt. So wird aus dem Jungen ein männlicher Typ, aber kein Stereotyp, ein durch seine Persönlichkeit gefüllter Mann, kein Klischee, kein Abziehbild. Den Jungen wahrnehmen bedeutet, ihn gleichzeitig im Geschlechtlichen und im Persönlichen zu sehen: in seinem männlichen Jungesein und in seiner Individualität. Kennen Sie zwei Menschen, die exakt gleich aussehen? Das gibt es nicht. Genauso wenig gibt es zwei Jungen, die identisch sind. Auch wenn Jungen Gemeinsamkeiten haben: Jeder Junge ist einzigartig. Im Kontakt mit Jungen ist es wichtig, ihnen diese Einzigartigkeit zu lassen und zuzugestehen.

Aus dieser offenen, wahrnehmenden Haltung entspringt eine wichtige Erlaubnis für den Jungen: Du darfst so sein, wie du bist! Du darfst auf die Art »männlich« sein, wie du bist. Du bist zuerst und grundlegend richtig. Das gilt selbstverständlich für alle Menschen, doch aufgrund der problematisierenden Sichtweise aufs Männliche ist eine solche Haltung für Jungen besonders wichtig. Indem Sie den Jungen wahrnehmen und sein lassen, kann er seine Art, sein Männliches zu leben und zu entfalten, leicht annehmen. Sie helfen ihm damit, sich selbst als Junge und später als Mann kennenzulernen und zu akzeptieren.

Freuen Sie sich, wenn Sie Liebenswertes, Neues, Schönes, Entwickeltes, Persönliches wahrnehmen. Aber akzeptieren Sie es auch, dass der Junge sich von Ihnen unterscheidet und dass er oft auch anders ist, als Sie ihn vielleicht gerne hätten. Selbstverständlich hat er dennoch Entwicklungspotenziale, Räume, in die er sich noch hineinentwickeln kann. Und immer wieder gibt es Verhaltensweisen, die uns nicht gefallen oder die wir begrenzen müssen. Wie seine Bedürfnisse, die es einfach gibt, ist auch sein Wesen, sein In-der-Welt-Sein einfach da und deshalb in Ordnung. Was der Junge daraus macht, das darf uns durchaus missfallen. Oft ist dabei ein anderes Angebot, eine Korrektur oder ein Eingreifen notwendig. Das beeinträchtigt aber die Grundhaltung nicht: Der Junge darf so sein, wie er ist.

Ein Junge, der lustlos und bequem ist, darf so sein – und muss dennoch die Aufgaben erfüllen, die ihm aufgetragen werden. Ein Junge, der viel Aggression in sich hat, darf so aggressiv sein, wie er ist, seine Aggression ist in Ordnung; wenn Ihnen die Art missfällt, wie er die Aggression ausagiert, ist das ein Grund, Grenzen zu setzen und nach Alternativen zu suchen. Hier geht es um die Kultivierung der Aggression, nicht darum, dass das Aggressive am Jungen »schlecht« ist und »weggemacht« werden muss.

Mit dieser Einstellung lernen Sie den Jungen immer wieder kennen und bleiben damit in Kontakt zu ihm. Sie bekommen etwas von seinen Gedanken und Empfindungen mit, auch wenn er sie nicht immer äußert; Sie können leichter einschätzen, wo er steht, wie es ihm geht, aber auch, wenn er irgendwo »hängt«. Denn zum Wahrnehmen des Jungen kann es auch gehören, Anzeichen für Probleme zu erkennen. Meistens wird es spürbar, wenn etwas nicht stimmt. Jungen senden Signale aus, oft lange, bevor sie benennen können, dass es Schwierigkeiten gibt. Solche Signale sind etwa Niedergeschlagenheit, Rückzug, schlechte Leistungen in der Schule, provokatives oder dominantes Auftreten, Zerstörungslust, Sachbeschädigung oder Gewaltanwendung.

Was Ihre Wahrnehmung über
Sie selbst verrät

Während Sie Ihren Jungen wahrnehmen, lernen Sie nebenbei auch manches über sich selbst. Sie nehmen damit auch sich selbst wahr. Was Sie mögen, was Ihnen gefällt, sagt Ihnen etwas über sich; Sie stehen in einer positiven Verbindung damit und können es bei Ihrem Jungen mit liebevoller Akzeptanz registrieren. Auch das, was Sie am Jungen stört oder ärgert, ist sehr interessant. Denn oft sind dies Dinge, mit denen Erwachsene im Unreinen sind, die sie an sich selbst nicht mögen oder mit denen sie selbst Schwierigkeiten haben. Im Bereich des Geschlechtlichen hat das bei Jungen mit dem Männlichen zu tun. Durch das Wahrnehmen des Jungen kommen Sie in Kontakt mit Ihren Erfahrungen, mit Ihren Bildern und Vorstellungen des Männlichen. Die große Chance ist, dass Sie damit arbeiten, sie anpassen, modernisieren oder weiterentwickeln können. Ihr Junge bringt Sie somit in Verbindung mit verdeckten Facetten Ihrer selbst.

Bei Vätern stellt sich dabei ein Bezug zur eigenen Geschlechtlichkeit her, bei Müttern zu ihrer Perspektive aufs andere Geschlecht. Besonders gut springen Männer und Frauen auf solche Aspekte an, die ihnen selbst als Frauen oder Männer vorenthalten wurden. Solche Dinge sollten Sie aber nicht an Ihrem Sohn abarbeiten oder »herauslassen«. Es ist ja Ihre Geschichte, die mit Ihrem Sohn nichts zu tun hat – er bringt Sie nur in Verbindung damit. Vor allem für die Männer gilt: Es ist schwer, Ihrem Sohn etwas zu erlauben, was Sie sich selbst verbieten. Versuchen Sie es dennoch. Denn die Haltung, die Sie Ihrem Jungen gegenüber einnehmen, gilt grundsätzlich auch für Sie selbst: So wie ich bin, darf ich als Mann bzw. als Frau sein, ich darf mich akzeptieren.

Jonathan wird wütend, wenn er aufräumen soll. Martin, sein Vater, kann das kaum aushalten. Sofort wird er ärgerlich, will Jonathan Strafen androhen oder die Spielsachen wütend selbst wegräumen. Bei der nächsten Gelegenheit, als es ans Aufräumen geht, beobachtet Martin seinen Sohn aufmerksam: Jonathan wird wütend und schimpft darüber, dass er seine Spielwelt wegräumen soll, die er so schön aufgebaut hat, und hätte es lieber, wenn alle Sachen so praktisch unordentlich rumliegen könnten. Martin fällt auf, dass für ihn selbst das chaotische Durcheinander überhaupt nicht »männlich« ist: Männlich ist doch Struktur, Ordnung halten, alles an seinem Platz einsortieren – wie bei seiner Arbeit. Im Nachdenken darüber kann Martin allmählich akzeptieren, dass Jonathan sich von ihm unterscheidet und dass Männlichsein mal ordentlich, mal chaotisch sein kann.

Anerkennung

Die Haltung Ihrem Jungen gegenüber sollte durch eine grundlegende Akzeptanz gekennzeichnet sein; das ist das Ziel. Die Botschaft lautet: »Du bist willkommen, du bist geliebt – so, wie du bist: mit allem, was du bist und mitbringst.« Diese Haltung bezeichnet der Begriff »Anerkennung«. Sie geht weit über das Loben hinaus. Es ist diese Ur-Akzeptanz, aus der heraus ein Mensch empfindet: Es ist gut, dass es mich gibt. Anerkennung ist eine Sehnsucht aller Menschen. Alle brauchen in der Umgebung, in der sie leben, Anerkennung. Sie zu spüren ist schön, macht attraktiv und stark, spornt an. Ohne sie fehlen die Sicherheit, geliebt zu werden, und die Fähigkeit, sich ganz selbst zu lieben.

Diese Anerkennung braucht der Junge auch fürs Geschlechtliche. Was er erfahren möchte, sind die unbedingte Liebe und Anerkennung, also das »Einfach so«. Die Realität vieler Jungen ist dagegen eine bedingte Liebe: »Ich liebe dich, wenn du auf die Art männlich bist, wie es mir gefällt und wie es mir keine Angst macht.« Oder umgekehrt, also bedingt negativ: »Mir gefällt es gar nicht, dass (oder wie) du männlich bist!«

Nicht zuletzt aufgrund der feministischen Kritik am Männlichen ist die jetzige Elterngeneration – die Frauen wie die Männer – irritiert, was das männliche Geschlecht angeht. Die Anerkennung des Geschlechts wird schwierig oder verweigert. Das Ergebnis hört sich dann so an: »Du bist grundsätzlich ja schon in Ordnung, ich liebe dich ja auch – aber dein Männliches ist schwierig.« Im Hinterkopf vieler Erwachsener lauert die fantasierte Gefahr, da könnte ein Unterdrücker, ein Sexist oder gar ein Sexualstraftäter oder Gewalttäter entstehen.

Jungen, die zu wenig oder nur bedingte Anerkennung bekommen, sind immer unterwegs auf der Suche nach Aufmerksamkeit. Oft laufen sie ausgerechnet denen hinterher, die ihnen die Anerkennung verweigern. Deshalb können sie nicht offen sein für neue Impulse, für das, was es in der Welt zu entdecken gibt. Anerkennung hilft dem Jungen, zu wachsen und sich in der Welt zurechtzufinden. Wo zu wenig Anerkennung ist, tendiert seine Einstellung ebenfalls nach außen in Richtung Abwertung, Missachtung, Gleichgültigkeit. Dies scheint Jungen und Männern in gewisser Weise näherzuliegen: Es gibt Männlichkeitskulturen, in denen die gezielte Nichtanerkennung, also Abwertung und Ausgrenzung, zum Programm gehört. Ständig werden andere abgewertet und ausgeschlossen, eine ausgeprägte Mobbingkultur wird zelebriert. (Ein prominenter Vertreter ist Dieter Bohlen.)

Ständiger Mangel an Anerkennung löst beim Betroffenen Alarm aus. Im Gehirn wird ein »Notprogramm« abgespult. Ein Junge, der aus einer Gemeinschaft ausgegrenzt wird, zu der er eigentlich gehören will, aktiviert im Gehirn die gleichen Areale, die auch dann eingeschaltet werden, wenn ihm körperlicher Schmerz zugefügt wird. Fehlende Anerkennung aktiviert die »frühen« Hirnbereiche – dort, wo Kultivierung ausgeschaltet ist. Dabei gibt es drei Formen des Notfalls: Flucht, Erstarrung (Totstellreflex) oder Angriff. In diesem Programm-Modus kann der Junge blind um sich schlagen, ohne ethische oder moralische Begrenzungen. Fehlende Anerkennung erklärt also manche Reaktionen abgelehnter Jungen. Umgekehrt liegt in der echten Anerkennung die Lösung für viele Probleme, die Jungen uns heute machen.

GEBRAUCHSANWEISUNG NR. 2:
Machen Sie sich Ihre Jungen- und Männerbilder klar

Dass wir über die Geschlechter Bilder im Kopf haben, ist unvermeidlich. Sie setzen sich in uns fest, ohne dass wir es registrieren oder groß darüber nachdenken. Das geschieht das ganze Leben lang und beginnt sehr früh. Dementsprechend stabil sind solche Vorstellungen verankert. Wenn Sie für sich selbst irgendwelche Jungen- und Männerbilder haben, ist das normal. Schwierig wird es, wenn Sie mit Ihren Jungenbildern als Vater oder Mutter, als Erzieherin oder Erzieher Jungen gegenübertreten. Denn Ihre Vorstellungen tragen dazu bei, dass in Ihrem Jungen wieder Bilder des Männlichen entstehen. Sie selbst sind also unausweichlich daran beteiligt, bei ihm »Geschlecht zu machen«. Dies wirkt durchaus nicht nur in Richtung traditionelle Männlichkeit, sondern Sie beeinflussen es auch mit, dass Ihr Junge erweiterte, ausbalancierte Vorstellungen des Männlichen entwickeln kann. Oder Sie tragen dazu bei, dass der Junge im Männlichen verunsichert ist, wenn Sie sich das Jungesein als besonders problematisch und gefährlich ausmalen oder wenn Sie selbst in Bezug aufs Männliche irritiert und verunsichert sind.

In Phasen der Orientierung brauchen und wünschen Jungen Vorstellungen des Männlichen. Sie hören den Auftrag »Sei Geschlecht« und »Sei männlich«, also wollen sie etwas dazu erfahren. Negative Männlichkeitsbilder wie »Alles Männliche ist schlecht« helfen Jungen dabei nicht; ebenso taugen Idealisierungen wie »Alles Männliche ist fantastisch« nichts. Und auch enge Vorstellungen können problematisch werden, z. B.: »Du bist doch ein Junge, du musst Fußball spielen – richtige Jungen spielen Fußball!«

Ihre Männlichkeitsbilder sind zwar von Bedeutung, sind aber nur ein Faktor unter vielen – Sie können sich etwas entspannen: Ab dem Kindergartenalter geben meist die Gleichaltrigen die Akkorde des Männlichen vor. Und dennoch: Fragen wir heute erwachsene Männer nach den Wurzeln ihres Männlichseins, dann landen wir immer bei den Vätern und Müttern. Sie legen bei Jungen das Fundament der Geschlechtsidentität.

Wenn es nun unausweichlich so ist, dass Sie das Männliche Ihres Jungen mitbestimmen, dann ist es allemal besser, wenn dies achtsam geschieht. Dabei hilft es, dass Sie sich Ihre Männlichkeitsvorstellungen bewusst machen. So können Sie dazu beitragen, dass Ihr Junge Orientierung bekommt: Männlichkeitsbilder sind im Optimalfall eine Landkarte, auf der er seinen männlichen Weg im Leben findet. Unreflektierte Bilder des idealisierten Männlichen bergen die Gefahr, dass Sie Ihrem Jungen dabei im Weg stehen. Oder Sie schwindeln ihm etwas vor, was es in Wirklichkeit gar nicht gibt.

Jungen nehmen mit feinen Antennen Ihre Reaktionen auf ihr Männlichsein wahr und in sich auf. Immer dann, wenn er etwas Positives feststellt, bestätigt das den Jungen in seinem Verhalten: Dann programmiert er sich auf »richtig« und »mehr davon«. Denn das freut die Mutter oder den Vater, so mögen sie ihn, damit hat er Erfolg. Aber er läuft auch Gefahr, dieses Verhalten zu überziehen, um ihnen zu gefallen. Dadurch entsteht Distanz zu dem, was er selbst empfindet. Wenn Jungen dagegen etwas Missbilligendes spüren, geschieht eine innere Korrektur. Jungen registrieren Ablehnung als Verbot, so zu sein, wie sie sind. Bei vielen Jungen entsteht auf diese Weise eine Art Fassade. Sie lösen sich von ihrem »Einfach-so-Sein« und spielen etwas, weil sie es richtig machen wollen. Ihre Eigenheit, ihre Person und ihr wahres Selbst werden dahinter verborgen. Die verdeckte Botschaft der Eltern lautet: Werde auf die Art männlich, wie ich es gern hätte – oder anders gesagt: Du darfst nicht so sein, wie du bist; verbiege dich gefälligst so, wie ich es mir vorstelle. Das ist keine stabile Grundlage für eine gute männliche Entwicklung.

FRAGEN AUF DER SUCHE NACH DEM IDEALISIERTEN MANN
* Was mag ich an Männern, mit denen ich zu tun habe?
* Welche Männer gefallen mir »als Männer«?
* Was genau gefällt mir an diesem, was an jenem Mann?
* Welche sind die drei wichtigsten Eigenschaften, die ein erwachsener Mann unbedingt haben sollte?

Männlichkeitsbilder ins Bewusstsein holen

Es geht also darum, die eigenen Männlichkeitsbilder ins Bewusstsein zu holen. Dafür braucht es eine gute Prise Achtsamkeit und etwas Zeit für Reflexion. Halten Sie sich beim Nachdenken über Ihre Männlichkeitsbilder nicht lange mit Stereotypen auf. Stereotype sind Vorgaben, die unsere Bilder beeinflussen und die immer die Abgrenzung vom anderen brauchen. Das, was wir selbst als Männlichkeit idealisieren, kann aber konträr zum Stereotyp stehen: Nach dem Stereotyp redet ein Mann nicht viel, und wenn, dann sachlich; Ihr Bild idealer Männlichkeit könnte aber sein, dass der Mann gerne Geschichten erzählt oder mitteilt, was ihn beschäftigt. Nach dem Stereotyp lacht ein Mann auch nicht viel, schon gar nicht über sich; Humor ist aber genau das, was viele bei ihren Männlichkeitsbildern für unverzichtbar erachten. Männlichkeit meint: männlich und ideal.

MÄNNLICHE VORBILDER SUCHEN

Am Vorbildthema können Sie gut erkennen, was in Ihren Augen »gut männlich« ist! Nehmen Sie einfach mal an, Sie dürften männliche Vorbilder für Ihren Jungen auswählen: Wer fällt Ihnen dazu ein? Wählen Sie keine Medienfiguren aus (das sind nur Figuren, sie zeigen Ausschnitte oder spiegeln sie vor). Wen würden Sie sich als Vorbild für Ihren Jungen wünschen: welche Männer aus Ihrem unmittelbaren Umfeld oder andere Männer, die Sie kennen? Was ist an diesem Mann oder an diesen Männern »gut männlich«? Versuchen Sie, die in Ihren Augen vorbildlichen Eigenschaften auf Begriffe zu bringen.

Häufig erschließen sich Idealisierungen aus einem Gegensatz: »Ich mag Männer, die nicht sexistisch sind.« Wenn bei Ihnen Negationen auftauchen, ist die Frage nach der Substanz wichtig: Was oder wie sind Männer denn dann, wenn sie so nicht sind, also wenn sie sich zum Beispiel nicht sexistisch verhalten? Vielleicht denken Sie dann: Solche Männer reden wertschätzend über Mädchen und Frauen! Diese Substanz ist dann die Eigenschaft der Männlichkeit, auf die es Ihnen ankommt: die Wertschätzung!

Machen Sie sich nun auf die Suche. Das geht nicht in einer Viertelstunde zwischendurch, es ist ein längeres Projekt. Versuchen Sie, sich ans Erforschen Ihrer Männlichkeitsbilder zu machen. Ihre Partnerin oder Ihr Partner kann dabei übrigens ein gutes Gegenüber sein. Gehen Sie möglichst ungeschminkt und offen vor. Manches wird Ihnen peinlich sein, anderes belustigend. Für jede Facette des idealen Männlichen gibt es bei Ihnen einen Erfahrungshintergrund und damit eine Erklärung. Wenn es Sie einmal beschämt hat, als Ihr Vater weinte, ist es vielleicht naheliegend, dass das Bild eines weinenden Mannes nicht zu Ihren Idealen zählt.

Männlichkeitsbilder aufzustöbern und bewusst zu machen muss auch nicht stets eine ernste Angelegenheit sein. Es kann ganz witzig sein, wenn etwas Verborgenes aufgedeckt wird: als ins Gehirn gemeißelte Merksätze, die als verstaubte Marmortafeln ans Licht geholt werden. Und dann stellen sich Fragen: Würden Sie allen Ernstes Ihrem Sohn diesen oder jenen Leitsatz als Zielrichtung vermitteln?

In jedem Lebensbereich gibt es Anlässe, die Männlichkeitsbilder mobilisieren. Vor allem dort, wo Sie das Jungenverhalten und die dazugehörigen Bilder mit Ihren Gefühlen verknüpfen, sind Sie auf der richtigen Spur: Freude, Stolz, Angst, Ärger, Liebe, Scham – das sind im Zusammenhang mit dem Verhalten von Jungen und Männern die richtigen Wegweiser zu Ihren Männlichkeitsbildern. Der Alltag mit Jungen bietet dazu reichlich Gelegenheit. Wenn Sie aufmerksam sind, können Sie feststellen, dass vielen Situationen Männlichkeitsthemen und -fragen angegliedert sind:

* Der pausbackige Junge im Hochstuhl? Ja, Männlichkeit heißt gesund, wohlgenährt zu sein und gut im Saft zu stehen! Bilder männlicher Gesundheit.

* Wenn sie den Penis ihres Jungen anschauen, denken Eltern manchmal: Ob der wohl noch groß genug wird? Das dahin-

terliegende Männlichkeitsbild: sexuelle Potenz, körperliche Ausstattung. Mein Sohn kann im Vergleichswettbewerb mit anderen Jungen mithalten.

★ Ein Junge mit schmutzigen Hosen und blutigem Knie ist ein »richtiger« Junge: Er ist wild und begibt sich in Gefahren; gleichzeitig stellt sich vielleicht Angst vor zu vielen männlichen Risikoerfahrungen ein.

★ Bei einem Jungen, der gut auf sich aufpasst, fragt man sich: Na, was ist das für eine Mimose? Was aus dem wohl wird? Ist das noch männlich?

★ Und wenn der Junge ein Hänfling ist, weckt das ganz schnell die Befürchtung, dass sich der kleine Junge nicht behaupten kann, dass er sich nicht durchsetzt, dass er von Jungen ausgegrenzt oder gequält wird, kurz: dass er keinen stabilen Status bekommt, sondern von den anderen Jungen dominiert wird.

★ Vielleicht spüren Sie Stolz auf den kleinen Racker, den Draufgänger, der richtig rangeht, sich wild gebärdet und sich schmutzig macht, mit dem Fahrrad rumrast, Kunststücke mit dem Skateboard oder Snowboard vorführt?

★ Und wo finden wir das Männliche bei einem Jungen, der eher nachdenklich ist, gerne im Lexikon blättert oder seine Zeit vor dem Fernseher vertrödelt?

★ Was löst es aus, wenn Ihr Junge lieber alleine ist als inmitten eines Pulks anderer Jungen? Oder wenn er gern mit Mädchen spielt?

Solche Szenen zeigen Ihnen Ihre Bilder auf, Ihre Vorstellungen darüber, wie Jungen oder Männer sein sollen, Ihre Bewertungen, ob Verhaltensweisen oder Eigenschaften Ihres Jungen zu seinem Männlichsein passen oder nicht.

VATER-MÄNNLICHKEITS-BILDER

Männerbilder entstehen in Kindern, Mädchen wie Jungen, bereits früh. Sie hängen oft eng mit den eigenen Vätern zusammen. Selbst dann, wenn der Vater nicht da ist – getrennt, unbekannt, gestorben –, machen sich Jungen Bilder von ihm.

Wenn Sie sich Ihre eigenen Männerbilder klarmachen wollen, ist Ihr Vater für Sie wichtig: vielleicht als positives Modell, als Muster für das »richtig Männliche«, als Negativbeispiel? Oder auch – wie in den meisten Fällen – als eine Mischung von mehreren männlichen Seiten.

In jedem Fall ist es nützlich, seinen Vater mit der Männlichkeitsbrille zu betrachten:

* Was ist oder war er für ein Mann?
* Welche unterschiedlichen männlichen Seiten hatte er in Ihrer Kindheit?
* Wofür haben Sie Ihren Vater bewundert?
* Welche Botschaften hat er Ihnen darüber vermittelt, wie »die« Männer sind?
* Wo hat er selbst nach Ihrer Wahrnehmung solchen Bildern entsprochen?
* Und wo hat er sich ausdrücklich von Männlichkeitsentwürfen abgesetzt?
* Welche ausgesprochenen und unausgesprochenen Männlichkeitsprinzipien sind oder waren ihm wichtig?
* In welcher Beziehung stand er »als Mann« zu Ihrer Mutter »als Frau«?
* In welcher zu Ihnen als Kind?

Gutes Männlichsein

Nehmen Sie sich dann die Bilder und Sätze vor und betrachten Sie diese kritisch. Entscheiden Sie, ob ihr Gehalt wirklich so wichtig für das glückliche Junge- und Mannsein ist. Wenn ja, dann gestatten Sie es sich, dieses Bild als Leitvorstellung in sich zu tragen. Im anderen Fall begraben Sie es würdig. Sobald Sie sich bewusst sind, dass Ihre Bilder vor allem in Ihrem Kopf Bedeutung haben, werden sie vom absoluten Sockel der Wahrheit und der Notwendigkeit geholt. Damit können Sie Ihren inneren Korridor der Normalität verbreitern: Männlich ist dieses und jenes und das auch noch.

Im Umgang und in der Bewertung dieser Männlichkeitsbilder sollten Sie sich zwei Dinge klarmachen: zum einen, dass es *Bilder* sind. Es sind Vorstellungen, Wunschbilder, vielleicht auch Typisierungen. Mit der Realität haben solche Bilder oft nur wenig zu tun: Ein Bild einer Landschaft ist ein Bild und nicht die Landschaft selbst. Zum anderen ist wichtig, dass es *Ihre* Bilder sind: Ihr Junge wächst in einer anderen Generation auf, er spielt mit anderen Spielsachen, hört andere Musik, hat andere Freunde, lebt vielleicht an einem anderen Ort, in anderen finanziellen Verhältnissen als Sie früher, bildet sich anders und wird mit anderen Bildungsinhalten versorgt. Wie könnte er dieselben Jungen- und Männerbilder haben wie Sie? Sie haben Ihre, er hat seine. Beides sind Bilder, die entstanden sind. Wieso sollten Ihre Bilder richtig und seine falsch sein? Im bewussten Umgang mit Ihren Männlichkeitsbildern können Sie dem Jungen die Erlaubnis erteilen: Er darf als Junge, in seinem Männlichsein, so sein, wie er ist. Sie können ihm dabei mit auf den Weg geben: Werde der Mann, der du bist.

Positive Alternativen

Um beim Blick aufs Männliche nicht in Klischees und Stereotypen hängen zu bleiben, ist es wichtig, positive Alternativen zur

Hand zu haben. Wie könnte gutes Männlichsein heute beschrieben werden? Hier ein paar Angebote – keine Stereotype, aber positive männliche Eigenschaften und Kompetenzen, die nicht dem traditionellen Dominanzbezug anhaften:

* Verlässlichkeit – man kann sich auf ihn verlassen;
* Fürsorge – er kümmert sich um andere und um mich;
* Humor – er kann lachen, mag Spaß, er nimmt sich selbst nicht zu ernst, sondern lacht auch mal über sich;
* Ernsthaftigkeit – er spürt und weiß, wann es wichtig ist, Dinge ernst zu nehmen, auch eigene Konflikte und Probleme oder Sorgen seiner Mitmenschen;
* Durchsetzungsfähigkeit und -willigkeit – er weiß, was er will, und setzt sich dafür ein;
* Selbstfürsorge – er kümmert sich um sich selbst, um seinen Körper, seine Freundschaften, er pflegt sich, kleidet sich geschmackvoll und macht was aus seinem Typ;
* Herzlichkeit – er ist mit dem Herzen dabei, er liebt, er empfindet Mitgefühl;
* Beharrlichkeit – er bleibt dran, wenn etwas wichtig ist, und zeigt Disziplin im Verfolgen seiner Ziele;
* Bescheidenheit – er ist demütig, macht sich nicht wichtig und ist sich für nichts zu schade, akzeptiert auch seine Beschränktheiten – und damit z. B. auch die Kompetenzen von Mädchen und Frauen;
* Eindeutigkeit – er kommt auf den Punkt, macht klare Ansagen und Aussagen;
* Stärke und Belastbarkeit – er hat innere Kraft, Stärke und Stabilität, er kann was aushalten, ist keine Mimose, steckt auch mal eine Kränkung weg;
* Selbstkontrolle – er hat sich im Griff, rastet nicht aus, bleibt auch in hoher Beanspruchung bei sich;

* Ausgeglichenheit – er hält Balance zwischen dem Bezug auf sich selbst und sozialen Bezügen zu anderen, er lebt einen gesunden Egoismus;
* Selbsteinschätzung – er weiß, was er kann, und weiß auch, was er nicht kann, er kennt seine Schwächen und Ängste;
* Forschergeist – er interessiert sich, geht den Dingen auf den Grund;
* Pioniergeist – er geht voran, wenn es Neues zu entdecken oder zu erproben gibt;
* Tatkraft – er nimmt sich etwas vor, packt es an und bringt es auch fertig (und dieses Zupacken hört bei Hausarbeit nicht auf);
* Aufnahmefähigkeit, Wahrnehmung – er nimmt wahr, er kann zuhören;
* Kontaktfähigkeit – er geht in Beziehung, er nimmt und gibt dabei etwas.

GEBRAUCHSANWEISUNG NR. 3:
Nehmen Sie sich Zeit für Ihren Jungen

Keine Frage: Alle Kinder brauchen die Zeit ihrer Eltern. Warum ist das ein Jungenthema, ein Stichwort für eine »Jungen-Gebrauchsanweisung«? Jungen brauchen vermeintlich weniger Zeit von Erwachsenen. Das liegt zum einen an den Klischees, die wir Jungen in Verbindung mit Männlichkeitsbildern zuschreiben: Der allein auf sich gestellte Kämpfer, der geniale Erfinder, der einsame Cowboy – keiner hat seine Eltern dabei! Auch das Bitten um Zuwendung, Hilfe oder Unterstützung passt schlecht in männliche Muster. Und je älter Jungen werden, desto mehr müssen sie wegen der Männlichkeitsvorgaben dieses Bitten »verlernen«. Die Art, wie Jungen oft spielen, verstärkt den Eindruck, dass sie Ihre Zeit nicht nötig hätten – Jungen scheinen sich leichter mit sich selbst bzw. mit Spielsachen beschäftigen zu können. Manchmal meiden sie Beziehungen, wenn gerade mal wieder das Thema der Beziehungsambivalenz aktuell ist. Und wenn sie in die Schule kommen und älter werden, weckt das Verhalten von Jungen oft den Anschein, sie bräuchten jetzt noch weniger Zeit der Eltern: Mit ihrer Außenorientierung, ihrem Freiheitsdrang oder ihrer Cliquenpräferenz demonstrieren Jungen ihre Autonomie.

So entsteht leicht der Eindruck, der Junge würde die Zeit seiner Mutter oder seines Vaters nicht mehr oder nicht so stark benötigen. Das stimmt aber nicht und täuscht über die Zeitbedürfnisse von Jungen hinweg! Deshalb ist es wichtig, Ihre dem Jungen gewidmete Zeit im Blick zu behalten. Achten Sie aber auch hier auf die Balance: Jungen brauchen Ihre Zeit – sie brauchen aber auch Zeiten, in denen sie sich selbst überlassen sind, in denen sich nicht ständig alles um sie dreht.

Sobald Sie Zeit mit Ihrem Jungen verbringen, entsteht etwas Besonderes: Raum für Aktionen und Aktivitäten, für Aufgaben, für Austausch und Beziehung. Nicht nur in Aktionen, auch durch entspannte, unverplante, verträumte, trödelige oder »Einfach-so-rumhängen«-Zeit; Qualitäten, die wir z. B. im Urlaub so genießen. Nehmen Sie sich auch bewusst Zeit für das kleine Gespräch, für die Frage »Na, wie geht's so gerade?« oder für ein »Ich mag dich mal kurz drücken«.

Eine andere wichtige Zeit, solange der Junge noch nicht lesen kann, ist die Zeit fürs Vorlesen. Nehmen Sie sich viel Zeit dafür! Bei der Vorlesezeit ist es besonders wichtig, dass auch Väter mitmachen. Sie sind das männliche Lesevorbild für den Jungen. Und nach einem langen Tag der Trennung entstehen durch das gemeinsame Leseerlebnis schnell Nähe, Austausch, Intimität. Wenn nicht vorgelesen werden kann, beispielsweise bei längeren Autofahrten, dann ist es schön, die gemeinsame Zeit mit Geschichtenerzählen zu bereichern. Viele Jungen haben Spaß an erfundenen Geschichten und fantasieren auch gerne mit. Wenn sie älter werden, interessieren sie sich aber auch für echte Erlebnisse, Erfahrungen und biografische Ereignisse, vor allem von und über Männer: »Was hat Papa alles schon erlebt? Welche Abenteuer hat er bestanden?« Dies sollen nicht nur Heldensagen sein (wozu manche Väter neigen), obwohl das auch schon mal sein darf – sondern Ihre Erfahrungen, die Sie geprägt haben.

Alltagszeiten und besondere Zeiten

Sich Zeit zu nehmen wird in der heutigen Zeit oft als Luxus erlebt. Gerade in unseren Konsumzeiten ist es ein Geschenk, das Sie Ihrem Jungen machen, wenn Sie ihm Ihre Zeit widmen. Was dabei auch für Sie das Besondere ausmacht ist, dass es – anders als bei materiellen Geschenken – nicht mit einem kurzen Akt der Übergabe getan ist. Zeit schenken braucht Zeit, und das ist wohl auch der Haken an der Sache. Denn Zeit ist bei den meisten knapp. Das gilt allerdings auch umgekehrt: Ihr Sohn wird nur ein paar Jahre bei Ihnen sein. Diese Zeit vergeht schnell. Er wird Ihre Zeit in Anspruch nehmen und dann allmählich seine eigenen Wege gehen – und weniger Zeit für Sie und Ihre Angebote haben. Wenn Sie es dann nicht bedauern wollen, sich »damals« Ihre Zeit nicht für ihn genommen zu haben, dann gibt es nur eines: Nehmen Sie sich jetzt, sofort, heute möglichst viel Zeit für Ihren Jungen. Jammern Sie nicht, warten Sie nicht, bis Sie unendlich viel Zeit haben werden. Gut, die Zeit ist knapp, ja und? Dann kümmern Sie sich um die Sekunden und Minuten mit Ihrem Jungen, die Sie haben. Meist kommen dann die Tage und Wochen von selbst.

Alltagszeiten und besondere Zeiten ergänzen sich und besitzen einen je eigenen Wert für Jungen. Es kommt also auf beides an:

✶ In den Alltag eingewobene Zeiten entstehen und vergehen aus der Situation. Wenn es geht: Organisieren Sie Ihren Alltag immer wieder so, dass auch spontan verbrachte Zeiten möglich sind. Verlässlichkeit vermittelt sich Ihrem Jungen durch sichere Zeiten im Alltag, die allein ihm gehören.

* Entwickeln und reservieren Sie darüber hinaus besondere Zeiten für Ihren Jungen und mit ihm. Das sind gemeinsame wiederkehrende Ereignisse, besondere Frei-Zeiten, vielleicht für Sport, Kultur, Einkauf usw. Und es gehören ganz besondere Zeiten dazu: etwa einmal im Jahr ein gemeinsames Wochenende, ein Erlebnistag oder ein Konzertbesuch – auch hier also verlässliche Zeiten in größeren Abständen.

Nehmen Sie sich die Zeiten nicht nur einmal und kurz, sondern möglichst häufig und regelmäßig. Möglichst meint: so, wie es Ihnen realistisch möglich ist. Reservieren Sie (auch) längere Zeiten mit dem Jungen. Sofern Ihr Leben mit Verpflichtungen und Terminen gefüllt ist, gelingt das am einfachsten, wenn Sie Zeit für Ihren Jungen regelrecht einplanen, auch mit dem Terminkalender. Planung ist für Sie wichtig, aber auch für Ihren Jungen. Auch er braucht zeitliche Sicherheiten und Strukturen.

ZEIT-CHECK

Ihre Zeit für den Jungen wird durch zwei Gesichtspunkte bestimmt. Die eine Seite der Zeit ist die Quantität: Wie viel Zeit nehmen Sie sich für Ihren Sohn? Die andere Seite ist die der Zeitqualität: Was passiert, wenn Sie Zeit für ihn haben? Hier einige Fragen, die Ihnen bei Ihrer Jungenzeit helfen können – versuchen Sie, die Fragen ehrlich zu beantworten:

* Wie viel Zeit haben Sie heute, gestern, die vergangene Woche mit Ihrem Jungen verbracht? Ist das nach Ihrem Eindruck ausreichend an Menge und Qualität?
* Würde Ihr Junge sagen: Ja, das war genug?
* Kann Ihr Sohn erkennen, dass er willkommen ist, dass Sie Zeit für ihn haben? Woran?
* Hat er Erfolg mit seinen Vorschlägen, Zeitanfragen und seinen Anregungen, wie die Zeit mit Ihnen zu füllen ist?

* Signalisieren Sie ihm aktiv: Ich habe Zeit für dich, ich möchte jetzt gern was mit dir tun? Wie machen Sie das?
* Wie lautet Ihre Standardantwort, wenn Ihr Junge mit Ihnen Zeit verbringen möchte? »Ja, schön!«; »Ich bin gleich so weit!«; »Jetzt nicht, später«; »Ich kann gerade nicht« – oder ...?
* Haben Sie es immer eilig, sind Sie meistens beschäftigt? Oder hat Ihr Sohn eine Chance auf kurze Zeiten zwischendurch?
* Wie sind Sie »bei der Sache«, wenn Sie Zeit mit Ihrem Sohn verbringen: Sind Sie dabei, konzentriert und präsent? Oder sind Sie mit den Gedanken oft woanders? Erledigen Sie etwas nebenher? Stehen Sie unter Stress und sind schon wieder auf dem Sprung?
* Gehen Sie ans Telefon, wenn Sie Zeit mit Ihrem Jungen verbringen?
* In welcher Stimmung erlebt Sie der Junge in der gemeinsamen Zeit: offen, ausgeglichen, freundlich, glücklich oder genervt und gestresst?
* Ihr Junge bereichert Ihre Zeit: Sind Sie begeistert und dankbar für die Zeit, die er mit Ihnen verbringt? Kann er das spüren?
* Reservieren Sie ausreichend exklusive und regelmäßige Zeiten für den Jungen?
* Und wenn Sie mal wirklich keine Zeit haben: Vertrösten Sie Ihren Sohn oder reservieren Sie echten zeitlichen Ausgleich für »Trockenzeiten«?

Nehmen Sie Ihre Antworten ernst und verändern Sie, was möglich und notwendig ist. Wenn Sie z.B. spüren, dass Sie unmittelbar nach der Arbeit in der Zeit mit Ihrem Jungen noch gestresst oder reizbar sind: Planen Sie für sich erst eine Erholungszeit ein, damit Sie wirklich »da« sein können – bei und mit Ihrem Jungen.

Sicherheit entsteht beim Jungen durch wiederkehrende Zeiten, zeitlich fixierte Rituale und Rhythmen: die für ihn reservierte Zeit während Ihrer Mittagpause; wenn Sie von der Arbeit nach Hause kommen; oder die halbe Stunde, bevor Ihr Junge ins Bett geht; die Erzählzeit auf der Bettkante nach dem Vorlesen; eine Stunde an jedem freien Freitagnachmittag. Verlässlich zu sein ist dabei Ihr Job. Setzen Sie alles daran, Absprachen und zeitliche Regelmäßigkeiten auch einzuhalten. Es ist ein Beweis dafür, dass Ihnen Ihr Sohn wichtig ist. Und wenn es wirklich mal nicht anders geht – das kommt vor, darf aber nicht die Regel werden –, reden Sie mit Ihrem Jungen darüber, erklären Sie es und versuchen Sie, einen angemessenen Ausgleich zu finden. Und solange Ihr Sohn nicht mindestens 16 Jahre alt ist, sollten Sie niemals leichtfertig ein anderes Vorhaben auf seinen Geburtstag legen – Kindergeburtstage sind für alles andere tabu!

Wenn es Geschwister gibt, sind selbstverständlich auch gemeinsame Zeiten schön und wichtig. Die verfügbare Jungenzeit wird dadurch knapper. Denken Sie in diesem Zeitpool immer auch an die exklusive Zeit für Ihren Jungen (wie für jedes andere Geschwisterkind genauso); darin liegen eine eigene Qualität und eine eigene Notwendigkeit, die zudem Streit und Stress in den gemeinsamen Zeiten vermindern helfen.

Solche normalen und speziell reservierten Zeiten im Alltag sind wichtig, sogar dann, wenn der Junge keine Zeit für Sie hat. Je älter der Junge wird, desto häufiger wird das vorkommen. Sie brauchen nicht gekränkt zu sein, nein, Sie haben einfach Zeit für Ihren Jungen – halten Sie nach Möglichkeit ein wenig daran fest. Denken Sie über ihn, über sich und ihn nach, überlegen Sie, was er wohl gerade macht und welches seine Themen sind. Wenn er dann zufällig reinschneit, ist es plötzlich wieder die gemeinsame Zeit. Und wenn nicht, fällt Ihnen vermutlich etwas anderes ein.

Jungenzeit haben und sich einrichten

Alltagszeiten, besondere Zeiten – so viel Zeit muss man erst mal haben! Wie, Sie haben keine Zeit? Wir alle haben dieselbe Zeit. Die Wahrheit ist: Sie nehmen sich Ihre Zeit für andere Dinge, und das ist Ihre Entscheidung. Ihre Zeit wollen wahrscheinlich viele haben, allen voran Ihr Beruf, aber auch der Haushalt, Verwandte, Freunde – und Sie geben Ihnen Ihre Zeit. Vielleicht haben Sie ein schlechtes Gewissen und versuchen die Zeit, die Sie sich nicht für Ihren Jungen genommen haben, durch etwas anderes auszugleichen: großzügige Freiheiten, die Sie Ihrem Sohn gewähren, zusätzliche Fernsehstunden, Geschenke oder das Vertrösten auf den Jahresurlaub. Das funktioniert so aber nicht. Für Ihre Zeit gibt es keinen Ersatz. Es hilft nichts: Es kommt darauf an, dass Sie sich die Zeit für Ihren Jungen nehmen. Dieses Zeitnehmen ist ein aktiver Vorgang, das heißt: Sie wählen aus und gewichten, Sie reservieren Zeit, Sie streichen an anderer Stelle, Sie geben die Zeit Ihrem Jungen – und werden feststellen, dass Sie selbst Herrin oder Herr Ihrer Zeit sind.

Dass Mutter und Vater Zeit für ihn haben, ist für den Jungen von Geburt an wichtig. Wenn Sie berufstätig sind, ist die Elternzeit deshalb immer auch eine Zeitentscheidung für Ihren Sohn. Sie haben einen Anspruch auf Elternzeit, auch wenn Arbeitgeberinnen oder -geber manchmal nicht begeistert sind. Sehen Sie es so: Elternzeit ist eine wichtige Basis dafür, dass Ihr Junge gesund und glücklich wird. Die intensive Zeit nach der Geburt impft Sie und Ihren Jungen mit Widerstandskraft gegen spätere Zeitverluste. Nehmen Sie also die Elternzeit, so lange es geht. Es ist eine Entscheidung für Ihren Jungen – und für Sie selbst.

Nicht immer, wenn Sie sich Zeit für den Jungen nehmen, geht es um die direkt mit ihm verbrachte Zeit. Zeit für den Jungen kann auch indirekte Zeit bedeuten. Das ist auf der einen Seite Zeit, die Sie für sich als Paar nehmen. Der Junge braucht Sie als Paar; wenn Sie sich als Paar ernst und wichtig nehmen, benötigen Sie dafür Zeit. Das löst nebenbei auch Fixierungen aufs Kind und schützt davor, dass es zu viel Aufmerksamkeit bekommt. Auf der anderen Seite sollten Sie sich auch Zeit für sich selbst nehmen: Ihr Junge braucht einen Vater, der bei sich, und eine Mutter, die bei sich ist. Ihr Junge braucht Eltern, die Zeit nicht immer nur geben, sondern auch für sich nehmen können. Auch dies ein bewusster und wichtiger Schritt: Nehmen Sie kurze und längere Auszeiten für sich selbst – Sie sind es wert.

EIN ZEIT-BRIEF AN IHREN SOHN

Je älter er wird, desto weniger Zeit wird Ihr Junge mit Ihnen verbringen. Dennoch ist es gut und wichtig, sich für ihn Zeit zu nehmen. Vielleicht ist es auch umgekehrt: Sie haben wenig Zeit, wenn er da oder wach ist, und wenn Sie Zeit haben, schläft er schon oder hat selbst keine Zeit mehr? Schade. Es ist trotzdem sinnvoll, die Zeit mit ihm zu füllen: eine gute Gelegenheit für einen Brief an ihn. Besonders auch in Momenten, in denen Anspannung vorherrscht, wenn Sie sich über ihn geärgert haben oder Sie beide gereizt sind, ist so ein Brief eine gute Gelegenheit, sich Klarheit zu verschaffen.

»Musterbrief« an Ihren Jungen:

* Suchen Sie eine Anrede, die derzeit passt – vielleicht: »Herzallerliebster Sebastian«, »Mein großer Sohn Sebastian«, vielleicht besser einfach »Lieber Sebastian« oder doch: »Mein lieber Sebastian«?
* Benennen Sie als Erstes Ihre momentanen Gefühle Ihrem Jungen gegenüber: Was empfinden Sie? Wie geht es Ihnen gefühlsmäßig mit ihm? Drücken Sie das, was Sie empfinden, in einfachen Worten aus: Mich freut, mich ärgert, ich befürchte, ich beneide dich … Beschreiben Sie, wodurch diese

Gefühle ausgelöst wurden, was die Ursache ist: eine Situation, eine Begebenheit, ein Verhalten usw. Vielleicht sind Ihnen Ihre Gefühle unklar? Hier gibt es eine Auswahlliste (in alphabetischer Reihenfolge): Angst, Ärger, Ekel, Enttäuschung, Freude, Furcht, Geborgenheit, Glück, Interesse, Leid, Liebe, Lust, Mitgefühl, Mitleid, Neid, Reue, Scham, Schuld, Sorge, Stolz, Sympathie, Trauer, Überraschung, Verachtung, Widerwillen, Wut, Zorn.

* Schauen Sie nun auch bei sich! Was ist Ihr Anteil an der Situation? Das gilt in Bezug auf positive wie auch auf negative Gefühle: Wenn Ihr Sohn Sie wütend macht – was macht Sie dabei an sich selbst wütend? Wenn Sie Glück und Freude über Ihren Sohn empfinden, was ist Ihr Anteil, dass es dazu kommt? Schreiben Sie ihm auch diese Seite in ein paar Sätzen.

* Das war's mit dem Gefühls- und Situationspotpourri? Dann spüren Sie kurz nach, wie es Ihnen damit geht: Wie fühlt es sich an, das gesagt zu haben? Schreiben Sie auch dies auf.

* Dann versuchen Sie, so, wie es eben geht, die Liebe zu Ihrem Sohn zu spüren. Schreiben Sie ihm auch das in Ihrem Brief: Wie lieben Sie ihn? Was lieben Sie an ihm?

* Und zum Schluss dürfen Sie Ihrem Sohn noch etwas wünschen – von ganzem Herzen! Wirkliches Wünschen hilft dabei, dass der Wunsch auch wahr wird. Was wünschen Sie ihm? Vorsicht: Sie wünschen es nicht sich, sondern Ihrem Sohn! Wenn Sie ihm wünschen, dass er etwas ordentlicher wird, weil Sie seine Unordnung stört, dann ist das kein ehrlicher Wunsch für ihn. Wünschen Sie ihm besser, dass er glücklich wird, dass er durch seine Krise kommt, dass er eine entspannte Zeit genießen kann …

So ein Brief wirkt – es ist Zeit, die Sie sich für Ihren Sohn nehmen. Wenn Sie wollen, geben oder schicken Sie ihm den Brief (sofern er ihn schon lesen oder damit umgehen kann). Er kann eine Grundlage für eine Veränderung, eine Verbesserung oder Vertiefung Ihrer Beziehung sein!

GEBRAUCHSANWEISUNG NR. 4:
Tun Sie was mit dem Jungen

Etwas mit Jungen zu tun ist in fast allen Lebenslagen ein gutes Vorhaben. Für viele Jungen kommt die Aktivität vor dem Nachdenken, das Handeln vor dem Reden. Ein bisschen Planung und Abstimmung gehören bisweilen schon mit dazu. Aber dann darf es gleich losgehen: Was tun! Aber was?

Tun Sie *etwas* mit dem Jungen! Das hört sich fast so an wie: Um was es dabei geht, ist einerlei. Genau, denn dieses Tun kann vieles und alles Mögliche sein: kleine Spiele oder Spielchen im Zimmer, einem Ball nachlaufen, etwas bauen aus Lego oder mit Bausteinen, sich balgen, werkeln, etwas auseinander- oder zusammenschrauben, spannende Indoor-Erlebnisse mit der Autorennbahn, ein Besuch im Schwimmbad oder eine Fahrradtour, Klamotten einkaufen, das Mittagessen kochen. Oder in der Natur: im Bach Dämme bauen, auf dem Balkon oder im Garten übernachten, einen Berg besteigen, irgendwo im Freien ohne Zelt übernachten oder auf einen Baum klettern. Es gibt viel zu tun mit den Jungen!

Sie merken: Regelspiele stehen hier nicht unbedingt auf dem ersten Platz! Regelspiele (etwa Karten- oder Brettspiele wie z. B. Schwarzer Peter oder Mensch ärgere dich nicht) gefallen vielen Jungen auch, zählen aber nicht richtig als »Tun«. Die körperliche und sinnliche Erlebnisqualität ist dabei einfach nicht so groß.

Suchen Sie beim Tun nach Ausgewogenheit. Einseitigkeit wird
schnell zum Stress oder langweilig. Achten Sie beim Tun darauf,
dass sich intensive Erlebnisse und die Möglichkeit zum Entspannen, Ausruhen oder Reden abwechseln. Nach anstrengenden
Erfahrungen braucht es eine sinnliche Belohnung. Gut geeignet:
heißen Kakao trinken, Eis essen, vielleicht sogar eine Massage.

Nach einer Tour quer durch den Wald genießt es der 13-jährige
Fabian, mit seinen Eltern am Lagerfeuer zu sitzen, und Niels
mag es nach einer Rauferei, wenn sich sein Papa mit ihm zusammen auf einer Matratze ausruht.

Ein häufiges Missverständnis beim Tun mit Jungen: Es muss
nicht immer wild oder extrem sein und es muss auch nicht immer lange dauern. Beim Tun kann es durchaus ruhig und ent-
spannt zugehen: zusammen ins Kino gehen, putzen, kochen, mit
Fimo oder Ton gestalten, vorlesen, etwas malen oder abwaschen,
Witze erzählen oder Frisbee spielen – all dies ist auch wertvolles Tun. Was gemacht wird, richtet sich nach den Möglichkeiten, nach der Jahres- und der Tageszeit: Kurz vor dem Schlafen
ist wildes Rumtoben weniger geeignet. Vorlesen oder Bildbände
anschauen dagegen wird abends auch als Tun erlebt und passt.
Tun Sie es. Art und Qualität des Tuns richten sich in erster Linie

danach, was für einen Jungen Sie haben: Ist er ein wilder, kampf-
lustiger Junge? Freuen Sie sich auf wilde Kämpfe! Ist er eher ein
ruhiger, besonnener Junge? Dann genießen Sie die Teilhabe an
seinem Gedankenreichtum! Ist Ihr Junge an sinnlichen Erfahrungen interessiert? Hervorragend, denn Sie werden mit ihm viel
entdecken und erleben!

Wenn Jungen gerne etwas tun, gerne erleben, wenn sie sich
spüren und lernen durch Tun, dann los. Am besten gleich, Tun
ist auch Ihre Chance: Sie werden doppelt belohnt, denn Sie tun
etwas für Ihren Jungen und für sich. Tun ist eine Form, um mit
Jungen in Beziehung zu kommen. (Falls es jetzt im Moment
nichts zu tun gibt mit Ihrem Jungen – dann können Sie ja weiterlesen, bis es wieder so weit ist!)

Tun ist gut – und wird leider oft ausgebremst

Warum ist Tun so gut für Jungen? Jungen mögen das Handeln,
weil etwas Konkretes, etwas Sinnvolles im Mittelpunkt steht:
eine gewohnte Form der Beschäftigung, die sie kennen. Handeln
ist die Form, wie sie in Beziehung kommen und sind (Stichwort
»Aufgabenbeziehung«). Vielleicht ist dafür eine gewisse Dispo-
sition im Erbgut angelegt oder Jungen werden vom Testosteron
befeuert, das mag sein. Auch in allen Konzepten von Männlichkeit stellt die Aktivität ein wichtiges Merkmal dar. Jungen lernen
schnell: Über Handeln kann ich mich als männlich ausweisen.
Das ist in gewissen Maßen in Ordnung so. Gutes Tun führt zu
Entspannung, man ist zufrieden und müde. In diesem Zustand
setzt das Nach-Denken ein, die Reflexion. Sie bringt die Qualität
des Handelns zum Vorschein und macht, dass aus Erleben Erfahrung wird.

Den Handlungsantrieb bringen Jungen mit. Wichtige Tätigkeiten oder Erledigungen, auch Trägheit und zu viel Vernunft bei Papa und Mama bremsen diesen Impuls oft ab; zu viel Skepsis und Ängstlichkeit ebenso. Schade, denn nach einigen Versuchen wird sich der Junge anderswo Menschen und Orte des Erlebens suchen – ohne Sie. Wenn Ihr Junge mit Ihnen aktiv sein möchte, seien Sie froh und dankbar: Er hilft Ihnen, das wirklich Wichtige, das »Jetzt« zu erkennen und ins Handeln zu kommen! Viele Jungen, die heute als unmotiviert bezeichnet werden, haben ihre Motivation zur Aktion verloren: weil es aussichtslos ist, dass sie mit ihren Interessen landen können; weil sie das Gefühl haben, den Eltern mache es keinen Spaß, mit ihnen etwas zu tun; weil zu viel geredet wird; weil so viel an sie hingeredet wird, dass sie am Ende nicht mehr wissen, was sie eigentlich tun wollten; weil immer alles so kompliziert wird, bevor es zum Tun kommt; weil sich beim Tun herausstellt, dass es nicht klappt, was sie sich vorgestellt haben, weil sie also Versager sind. Gründe für Enttäuschung und Motivationsverlust gibt es viele. Immer gilt: Am Anfang war der Handlungsimpuls beim Jungen noch da. Wenn er fehlt, wurde er ihm weggenommen.

> Fehlende Motivation heißt: Hier ist etwas falsch gelaufen!

Es kann natürlich auch sein, dass unmotivierte Jungen durchaus motiviert sind, sie wollen nur etwas anderes tun, sie wollen sich nicht anstrengen oder Konflikten aussetzen. Elektronische Medien und Spiele verhindern Tun im wirklichen Leben. Der genau auf Jungen abgestimmte extrem starke Reiz von Computer- und Konsolenspielen dämpft die Lust auf wirkliches Tun. Hier helfen vor allem klare Regeln und Grenzen. (Mehr dazu in der Gebrauchsanweisung Nr. 7: Grenzen setzen.)

Varianten des Tuns

Tun *Sie* etwas mit Jungen – genügt es denn nicht, wenn die Jungen etwas tun? Können sie das nicht auch alleine oder mit anderen Kindern? Bei dieser Frage geht es zunächst um drei verschiedene Dinge: sich ganz alleine beschäftigen, etwas mit Gleichaltrigen tun und das Tun zusammen mit Erwachsenen. Alle drei Formen sind wichtig und wertvoll. Natürlich ist es auch sinnvoll, dass Jungen alleine oder mit anderen Kindern etwas tun können.

Wenn sich Jungen nicht selbst beschäftigen können, sondern immer den Unterhaltungsservice von Erwachsenen brauchen, ist das nicht gut. In diesem Fall bedeutet es einen Entwicklungs- und Lernschritt, das alleinige Tun oder das gemeinsame Tun mit Gleichaltrigen zu entfalten.

Das Tun mit Vater, Mutter oder anderen Erwachsenen ist aber etwas Besonderes. Es ist als Spiel zunächst einfach Selbstzweck. Man macht es nicht »um zu«, sondern »einfach so«. Darüber geschieht unwillkürlich etwas Zusätzliches: Sie als Person bauen Kontakte und Beziehungen zum Jungen auf, die im Tun wachsen können. Sie haben gemeinsame Erlebnisse, sind über die Erfahrung mit dem Jungen verbunden – und er mit Ihnen. Er bekommt etwas von Ihnen: Herausforderungen, Sicherheit, einen Schatz an Erfahrungen, neue Spielimpulse und Ideen dafür, was er alles tun könnte. Im Tun zeigen und erkennen wir uns in vielen Facetten. Der Junge kann Sie als Vater, Mutter oder erziehende Person sinnlich erleben, in Ihrer ganzen Persönlichkeit.

Handeln heißt aber auch: Jungen können innere Spannungen ausagieren, Konflikte stellvertretend lösen, sie dürfen »im Spiel« noch einmal klein oder schon ganz groß sein. So ist Tun Selbstzweck, kann aber auch heilen. Jungen erfahren im gemeinsamen Tun, was sie von Ihnen bekommen können, was Sie ihnen zu bieten haben (und auch, was sie sich besser von anderen Erwachsenen oder anderen Kindern holen müssen).

· ·

Florian hat einen anstrengenden Schultag hinter sich und genießt es, einfach mit seiner Mutter herumzualbern. Mama albert mit, macht ein paar Faxen und lässt sich auf den Boden fallen. Fabian legt sich daneben – eine kurze Pause nach einem »Einfach-tun-Moment«.

· ·

Im Handeln entstehen und vertiefen sich Bindungen; Beziehung und familiäre Gemeinschaft werden zur Erfahrung und zur Heimatbasis für die Ausflüge des Jungen in die äußeren Welten. Gemeinsame Erlebnisse im Kleinen und »zwischendurch« sind für all das fast wichtiger als die selteneren großen Aktivitäten wie Urlaub oder Freizeitpark!

Sie tun mit!

Ernüchternd ist es für Jungen, wenn das Tun auf die lange Bank geschoben wird. Wenn Tun, auf das sich der Junge freut, nicht stattfindet, ist das eine Enttäuschung (kommt vor, muss auch mal sein; schlimm ist, wenn das Tun mit dem Jungen immer wieder verschoben wird). Tun ist jetzt, Tun-Vertagung ist schlecht. Natürlich müssen Jungen auch lernen, dass nicht alles immer sofort geht. Das begreifen sie auch, je älter sie werden. Problematisch sind Väter und Mütter, die großartige Fantasien entwickeln, was sie alles mit ihrem Jungen machen könnten: ein Floß, ein Segelboot oder wenigstens ein Kanu bauen, die Wüste Gobi durchwandern oder die Alpen zu Fuß überqueren, einen Garten anlegen und Gemüse anpflanzen, ein riesiges Baumhaus bauen. Nur kommt es nie dazu. Dies auch deshalb, *weil* die Pläne so fantastisch sind. Es gibt Familien mit erwachsenen Kindern, in denen regelrechte Mythen erzählt werden von tollen Dingen, die geplant, aber nie verwirklicht wurden. Dahinter verbergen sich jahrelange Enttäuschungen bei den Jungen. Diese sind meist tabuisiert, weil die Eltern damit nicht in Kontakt kommen möchten. Also: Vergessen Sie Ihre großartigen Aktionsideen und tun Sie das Erreichbare.

Handeln bedeutet nicht gedankenloser Aktionismus, Sie müssen beim Tun den Kopf nicht abschalten. Sie sind schließlich Vater, Mutter oder eine andere Person mit Erziehungsauftrag und dürfen erwachsen bleiben. Sie sind zwar Mitakteur oder Mitakteurin und hierin gefragt, und dazu gehören bisweilen auch Spinnerei und kindisches Verhalten, aber mit Fingerspitzengefühl. Anders kann es schnell peinlich werden – weniger für Sie, das wäre auch nicht so schlimm, sondern für den Jungen. Denn im Alter ab acht, neun Jahren werden viele Jungen sensibel für peinliches Verhalten, besonders das der Eltern. Wenn Sie dies spüren, versuchen Sie es zu respektieren, ohne sich zu sehr zu beschränken. Oder leben Sie die kindische, spinnerte Seite in Ihren eigenen vier Wänden aus. Hier können Jungen das länger mitgenießen – ohne den kritischen Blick von außen. Sie sollten sich zurückhalten, wenn Freunde Ihres Jungen dabei sind: Mitspielen, mitagieren ist gut. Aber Sie sind nicht der beste, wildeste oder kreativste Kumpel des Jungen, sondern Erwachsener – und das bleiben Sie auch im verrücktesten Spiel.

Wenn Sie mit einem oder mehreren Jungen etwas unternehmen, haben Sie, wie die Jungen auch, Rechte; auch darauf, dass die Jungen auf Sie Rücksicht nehmen. Machen Sie sich nicht zum Jungenknecht, nur weil oder damit er mit Ihnen etwas tut. Eine wichtige Voraussetzung fürs Tun: Schauen Sie danach, dass auch für Sie eine Portion Spaß rausspringt. Setzen Sie Grenzen, wenn es Ihnen für Ihre eigene Sicherheit oder für die des Jungen zu riskant scheint. Sie brauchen nicht zu befürchten, dass Ihr Junge Sie dann nicht mehr mag. Er hält Sie vielleicht für ängstlich – was Sie ja auch sind. Vielleicht ist er aber auch froh, dass er selbst nichts übermäßig Riskantes tun muss.

TIPP: Haben Sie Spaß! Tun soll und darf Ihnen Spaß machen!

Im Tun entwickeln Sie ein Gespür dafür, was Ihr Junge gerne macht, woran er Freude hat. Wann immer es geht: Tun Sie genau das und tun Sie mehr davon mit ihm! Sie erfahren dabei auch, wo er vielleicht noch Unterstützung braucht, wo er sich noch weiterentwickeln kann. Dafür braucht er Sie. Und für noch etwas: Sie können Erweiterungen, Anregungen, Alternativen einbringen. Folgen Sie den Handlungsimpulsen des Jungen, wenn er welche signalisiert oder äußert. Modifizieren Sie seine Handlungsideen gemeinsam mit ihm: Seine Idee ist der Erlebnispark, das geht aber nicht? Dann passt vielleicht die hohe Schaukel, eine Runde mit dem Rad oder Rolltreppenfahren im Bahnhof. Hier sind Sie gefordert: beim Spinnen kreativer Ideen wie auch beim Mut in der Umsetzung.

Tun und Körper

Achten Sie beim Tun mit Jungen auf Körpererfahrungen und auf Körperkontakt. Beides muss natürlich altersgemäß passen: zu

Beginn viel Streicheln, Kitzeln, an die Hand oder auf die Schulter nehmen, später Kräftemessen beim Raufen, sich müde Rücken an Rücken aneinanderlehnen, gemeinsame sportliche Aktivitäten – mit- oder gegeneinander.

Viele Jungen spüren und erleben sich gut über ihren Körper. Moderne Erwartungen an Jungen im Bildungssystem sind aber meist vernunftorientiert und richten sich an den Verstand. Der restliche Körper mit seinen Bedürfnissen soll hintanstehen. Das passt zu vielen Jungen nicht! Sie wünschen Bewegung, sind lebhaft, werden bei zu wenig Körpererlebnissen unruhig. Es ist nicht sinnvoll, diese beiden Aspekte gegeneinander auszuspielen. Jungen müssen einerseits lernen, sich kognitiv und konzentriert zu beschäftigen. Andererseits sind ihre körperlichen Bedürfnisse berechtigt. Wenn Sie etwas mit Jungen tun, dann beachten Sie den Wunsch nach Ausgleich: Wer in der Schule den Körper vernachlässigen musste, hat danach ein größeres Bewegungsbedürfnis. Der Aktionswunsch will über den Körper ins Leben: »Tun« Sie Bewegung mit dem Jungen. Wenn der Alltag still sitzen erfordert, kommt am Wochenende und in den Ferien der Körper ins Spiel.

> **TIPP:** Toben Sie eine Runde mit Ihrem Jungen, bevor Sie ihm ein Brettspiel vorschlagen – Balance ist wichtig!

Wenn Jungen größer werden, tun sich Eltern mit Körperkontakt und Körpererleben manchmal schwer. Sie fühlen in sich eine unangenehme Distanzierung, wenn sich Jungen körperlich nähern, wenn sie schmusen oder Körperkontakt möchten. Bei Vätern (und anderen Männern) steckt oft das heikle Thema Homosexualität dahinter. Die meisten Männer sind mittlerweile der Homosexualität gegenüber tolerant eingestellt – auf der Ebene der Vernunft. Und dennoch bleibt ein komisches Gefühl; die Ausgrenzung und Abwertung von Homosexualität waren lange Zeit kulturelle Normalität, das wirkt lange nach.

Lukas ist neun Jahre alt, er kommt zu seinem Vater ins Bett und will mit ihm schmusen oder ein bisschen toben, wie er es immer gemacht hat. Lukas' Papa spürt, wie groß sein Sohn geworden ist. Bei der körperlichen Nähe hat er plötzlich ein ganz unangenehmes Gefühl, das er sich erst nicht erklären kann. Der nahe Körperkontakt erinnert ihn an die Abwertung von Homosexualität. Seit er das weiß, drückt und herzt er Lukas umso mehr.

Bei vielen Männern galt »schwul« in Kindheit und Jugend als Schimpfwort. Nur wenige Männer haben oder hatten Kontakt zu »echten« Schwulen. Der Umgang mit Homosexualität ist gestört. Unter den Angehörigen des männlichen Geschlechts ist die körperliche und emotionale Nähe deshalb manchmal belastet. So verständlich das sein mag – für die Jungen ist der Abbruch der Körperlichkeit mit dem Vater (oder anderen Männern) irritierend. Sie spüren, dass da etwas Seltsames ist, können es aber nicht in Worte fassen. Jungen lernen damit, dass dieses Seltsame zur Nähe oder zur Körperlichkeit unter Männern gehört; sie geben es vielleicht später wieder an ihren Sohn weiter. Wie kann diese Fortsetzungsgeschichte aufgelöst werden? Wenn Sie dieses seltsame Gefühl spüren, sind Sie schon weiter: Versuchen Sie, es als *Ihr* Gefühl anzunehmen – und gleichzeitig mit dem Jungen in Körperkontakt zu bleiben oder zu gehen. Sind Sie dadurch schwuler als vorher geworden? Wohl kaum. Sie merken selbst, dass eine irreale Befürchtung in Ihnen wohnt. Es sind Vorstellungen, die nichts mit der Wirklichkeit zu tun haben.

Aber auch Mütter haben bisweilen ein Problem mit der körperlichen Nähe, wenn die Jungen größer werden. Bei Frauen liegt dies an der Sexualisierung von Beziehung. Auch hier ist ein Tabu berührt, und auch hier beenden manche Mütter den Körperkontakt zum Jungen abrupt, was Jungen als Zurückweisung erleben. Andere Mütter steuern gerade in die andere Richtung, sie wahren die Körpergrenzen des Jungen nicht und überfordern ihn damit. In beiden Fällen gehen Mütter mit ihrer eigenen Ambivalenz zwischen Nähewunsch und Sexualitätsbefürchtung um. Jungen spüren diese Ambivalenz, für sie wiederholt sich dabei ihr Beziehungsthema mit der Mutter in der Kindheit. Die Mutter kann ihre Ambivalenz nicht einfach abstellen – aber sie kann sie weiterentwickeln. Wenn Sie beim Körperkontakt mit Ihrem Jungen unangenehme Spannungen wahrnehmen (dürfen), ist das ein guter Anfang: Sie nehmen sich wahr.

TIPP: AUF MENTALE STÄRKE VERTRAUEN!
Manchmal tun sich eher zart gebaute oder kleinere Frauen und Männer schwer mit der Vorstellung, dass sie des Jungen nicht mehr »Herr werden können«, wenn er körperlich stärker ist. Das ist bei vielen in der Tat der Fall, sobald der Junge im körperlichen Wachstumsschub ist. Deshalb ist es wichtig, dem Jungen mentale Stabilität entgegensetzen zu können. Irgendwann können Sie den Jungen nicht mehr körperlich im Zaum halten oder gar besiegen. Seien Sie stolz darauf, dass Ihr Junge einen so starken Körper hat. Mental sind Sie ihm weit voraus. Vermitteln Sie ihm, dass es jetzt mehr und mehr auf diese mentale Stärke ankommt. Dann brauchen Sie sich vor seinem Körper nicht zu fürchten.

Nehmen Sie es einfach so, wie es ist – und bleiben Sie dennoch mit Ihrem Jungen in körperlicher Verbindung. Solange es ein Mutter-Sohn-Kontakt ist, ist das in Ordnung so. Auch das können Sie spüren. Meistens lösen Jungen von sich aus den Kontakt auf, wenn es für sie genug ist. Das können Sie natürlich auch tun, wobei dieses Auflösen eher ein »gutes« Beenden des Kontakts darstellt und eben keinen hastigen Abbruch.

Mit Jungen reden

Wenn Sie mit Jungen reden wollen oder müssen, ist das natürlich auch eine Art »Tun«; Sie machen während des Redens ja nicht nichts. Dennoch zählt es für Jungen nicht als Aktivität, als »Handeln«. Viele Jungen erleben Reden als Anforderung. Sie nehmen im Sichgegenübersitzen oder -stehen schnell eine Hierarchie wahr, in der sie sich unterlegen fühlen. Das betrifft natürlich vor allem das Reden über ein Problem, über etwas, was sie angestellt haben oder wo sie etwas einsehen sollen. Sie empfinden die Gegenüber-Situation als Konfrontation. Das Mit-Jungen-Reden wird sehr schnell zum An-Jungen-Hinreden.

Andererseits neigen viele Erwachsene in der Kommunikation mit Jungen zu einer eingeschränkten Sprache. Sie sehen im Jungen »männlich« und formulieren deshalb kurz und knapp. Einwortsätze bringen Jungen sprachlich nicht weiter. Reden Sie deshalb besser vielfältig und in regulären Sätzen, ohne in einen Redeschwall zu verfallen.

Viele Jungen reden auch nicht einfach so »von der Leber weg« aus ihrem Leben. Sie eignen sich schon früh an, dass Reden vor allem der Übermittlung von Information dient. Und dabei wählen viele Jungen gut aus. Es gibt wenige Informationen, die wirklich wichtig sind: »Wie war's denn heute in der Schule?« »Gut.« Damit ist in der »Jungen-Denke« alles Wichtige mitgeteilt. Die Feinheiten kommen später, oft nebenbei. Sie plappern nicht einfach drauflos. Nein, bei vielen Jungen muss das Reden reifen, Reifung braucht Zeit. Lassen Sie Jungen die Zeit, die sie brauchen.

Auch auf den richtigen Zeitpunkt kommt es an. Vielen Jungen fällt es schwer, über etwas zu reden, während sie damit heftig beschäftigt sind. Solange Jungen an einem Entwicklungsthema arbeiten, solange sie in einem »Komplex« stecken, ist es oft schwierig für sie, darüber zu reden und zu reflektieren. Im Rückblick, also wenn sie das Problem bewältigt haben, fällt es ihnen viel leichter. Dann heißt es für ungeduldige Eltern (vor allem für die Mütter, die eine andere Rede-Bewältigungskultur haben): abwarten.

Natürlich hilft es bisweilen, auch im Komplex darüber zu reden, also wenn der Junge mitten im Problemsumpf feststeckt – einfühlsames Vorgehen ist hier vonnöten, wenn Sie versuchen, den Jungen zum Reden zu bringen. Machen Sie das möglichst nicht kontrollierend, drohend oder strafend, sondern eher so: »Magst du erzählen, was passiert ist?«, oder: »Ich habe den Eindruck, irgendwas stimmt gerade nicht«, oder auch: »Ich mache mir echt Sorgen um dich. Können wir mal darüber reden?« Wichtig und gut ist es auch, von sich zu erzählen, eigene Erfahrungen mitzuteilen: Aktuelles, aber auch aus derselben Altersphase, in der sich Ihr Junge momentan befindet. Das gilt vor allem für Väter: Erinnern Sie sich, wie ging es Ihnen damals, als Sie so alt waren? Erzählen Sie von Ihren Schwierigkeiten und davon, dass Sie kein Land gesehen haben. Auch das regt an und hilft.

Und wenn es mit dem Einfach-so-Reden mit dem Jungen nicht gehen will: Versuchen Sie es mal, während Sie mit dem Jungen etwas tun oder auch erst hinterher. Gerade das gemeinsame Handeln erleichtert es vielen Jungen, in den Redefluss zu kommen.

GEBRAUCHSANWEISUNG NR. 5:
Interessieren Sie sich für Ihren Jungen und für das, was Jungen interessiert

Sicher interessieren sich die allermeisten Eltern für ihre Kinder, natürlich auch für Jungen. Sie lesen dieses Buch, und das ist auch ein Beleg dafür, dass Sie sich für Ihren Jungen interessieren.

Dennoch ist das Interesse an Jungen nicht selbstverständlich. Mit zunehmendem Alter der Jungen verändern sich Interessen und Sie entwickeln sich auseinander: Das, was Jungen wirklich spannend finden und was sie ausmacht, langweilt Erwachsene schnell. Oder die Erwachsenen bringen ihre Werte ins Spiel und müssen das abwerten, was Jungen interessiert: Gerade Dinge, aus denen sich Jungen Antworten auf ihre Männlichkeitsfragen ziehen, geraten leicht aus dem offenen, wertneutralen Blick besorgter Eltern. So beschränkt sich das elterliche Interesse oft auf (zu) wenige Bereiche – dummerweise gerade diejenigen, die für Jungen nicht so bedeutsam sind. Ein Schultag ist für viele Jungen, selbst wenn sie gute Leistungen bringen, oft nur lästige Notwendigkeit. Das Wesentliche läuft in den Pausen oder während des Unterrichts mit den gleichaltrigen anderen Jungen.

Vielleicht verstehen Sie es nicht oder es ist Ihnen völlig fremd, was Jungen so alles interessiert: Bagger, Jungenwitze, Autos,

Fußball, Jungenmusik, Pokemon- oder Fußballspieler-Karten, Gameboy, Playstation oder Computerspiele. Keine Angst, Sie müssen das nicht alles verstehen, es darf Ihnen fremd vorkommen. Über Ihr Interesse lernen Sie aber verstehen, was Jungen daran fasziniert, was sie beschäftigt, was sie damit bewältigen und auch: wie kompetent Jungen sind, was sie können! Nebenbei erweitern Sie Ihren Horizont in Welten, die es in Ihrer Kindheit noch nicht gab.

Interesse äußert sich auch und besonders im gemeinsamen Spiel. Im Spielen mit Jungen erfahren Sie meist mehr über ihn, sein Wesen und seine Themen, als wenn Sie mit ihm reden. Sie dürfen dabei durchaus auch Ihre Spielpräferenzen mit einbringen, gerade im offenen Spiel mit Materialien (Bausteine, Lego, Autos) und Figuren (Playmobil, He-Man) sind Ihre kreativen Ideen gefragt. Interesse für Jungen bedeutet aber vor allem, dass Sie auch an seinen Spielen interessiert bleiben. Elektronische Spielwelten sind mittlerweile allgegenwärtig. Ihre Faszination auf Jungen ist enorm. Hüten Sie sich vor Ihren Aversionen; sie werden oft dadurch gespeist, dass Sie solche Spiele nicht kennen. Zunächst gilt: Spiel ist Spiel, egal ob es Räder hat, ob am Spiel ein Kabel dranhängt, ob es ein Display hat oder einen Bildschirm benötigt. Ihr Job ist Ihr Interesse: Lassen Sie es sich zeigen und erklären, versuchen Sie, es auch zu spielen, spielen Sie gemeinsam oder gegeneinander. Und danken Sie Ihrem Sohn dafür, dass Sie durch ihn weitergebildet und kompetenter werden.

Die Qualität von Interesse

Durch Interesse am Jungen entsteht Bindung zu ihm. Das ist ein doppelseitiger Vorgang. Interesse ist eine Form der persönlichen

Wertschätzung und Anerkennung, es signalisiert: Du bist mir wichtig. Über Interesse am Jungen äußern sich Verbindung und Halt. Deshalb ist das Interesse so wichtig für den Jungen und für Sie selbst.

Echtes Interesse an ihm ist aber auch eine Voraussetzung dafür, dass sich Ihr Junge ebenfalls für andere interessieren kann – und zwar über die Frage hinaus, ob der bzw. die andere ihm nützt. Mit angestoßen durch Ihr Interesse wird er beziehungs- und gruppenfähig. Interesse unterstreicht, dass Sie dabei sind, dass Sie den Jungen nicht alleinlassen. Und das gilt für jede Lebensphase.

Seine besondere Qualität erhält das Interesse durch Echtheit. Vernünftiges, aufgesetztes oder geheucheltes Interesse entfaltet keine Wirkung, es ist eine durchschaubare Maske. Versuchen Sie mit dem Herzen, mit Ihrer Liebe dabei zu sein: Einfühlen, Mitgefühlentwickeln und -zeigen sind Interesse – und zwar nicht nur in den schlimmen Momenten, z.B. der Mit-Angst, der Mit-Trauer, sondern auch in Augenblicken der Mit-Freude. Und ansonsten hilft gegen die Gefahr des Pseudo-Interesses, dass Sie einerseits herausfinden, warum Sie bestimmte Dinge ablehnen (müssen), und andererseits, was Sie wirklich interessiert. Ein Beispiel: Sie können Fußball an sich nicht mögen und ablehnen; aber Sie können sich wirklich und herzlich dafür interessieren, was Ihr Junge beim Fußballspielen erlebt und was ihn am Fußballspiel fasziniert: ob er sich freut, stolz ist, ob er Schmerzen hat, ob er sich schämt, wie er technisch und taktisch vorgeht, was an Beziehung unter den Spielern abläuft – alles das steckt im Fußballspiel; für Ihr Interesse ist es nicht wichtig, dass Sie den Sport selbst mögen.

Interessieren und interessieren lassen

Selbst wenn Sie sich für alles wirklich interessieren, heißt das noch lange nicht, dass Ihr Wissensdurst stets befriedigt wird. Denn wenn Sie Ihren Sohn nach den Dingen fragen, die Sie interessieren, werden Sie nicht unbedingt auch erfahren, was Sie wissen möchten: Ein Teil geht Sie nichts an, den behält der Junge für sich. Wenn er stark handlungsbezogen ist, kann er einen anderen Teil gar nicht in Worte fassen, weil er nicht groß darüber nachdenkt. Was nicht verbal im Kopf vorkommt, muss erst mühsam in Sprache ausgedrückt werden, ein für den Jungen aufwendiger Übersetzungsschritt. Ob es sich lohnt, diese Leistung zu erbringen, nur um die Neugier eines Elternteils zu befriedigen? Häufig lautet die Antwort: Nein, das ist zu mühsam. Da heißt es weiter dranbleiben. Wichtig ist ja das Interesse selbst, nicht die Antwort. Und manches, was Sie interessiert, müssen Sie eben Ihrerseits durch andere Formen der Wahrnehmung erschließen. Besonders gut geeignet ist dafür das gemeinsame Tun.

Dass Interesse am Jungen aus seiner Sicht ein Problem der Kommunikation sein kann, hängt zudem mit dem Männlichsein zusammen (und weniger mit Gehirnstrukturen, die sich erst allmählich durch Kommunikation ausformen und bahnen). Denn äußern Sie Ihr Interesse als Frage, dann sind beim Jungen drei aufgeladene Männlichkeitsthemen angesprochen: Autonomie, Gefühle und Status.

★ Interesse heißt »dazwischen sein«. Je nachdem, wo ein Junge seine Grenzen der Autonomie setzt (und das wechselt), kann Ihr Interesse als Grenzübertritt und Infragestellen seiner Autonomie verstanden werden. Mit Ihrem Interesse dringen Sie gewissermaßen in sein Hoheitsgebiet ein. Interesse ist dann eine Einmischung in innere Angelegenheiten. Erlebt dies der Junge so, wird er dafür sorgen, dass seine Autonomie wiederhergestellt wird. Er verweigert die Auskunft, fertigt Sie kurz angebunden ab und wirft Sie damit aus seinem Terrain. Verständlich, aber für Ihr Informationsbedürfnis nicht befriedigend.

* Auf der Ebene der Gefühle erspürt der Junge den emotionalen Gehalt Ihres Interesses. Nicht ohne Grund schwappen mit Ihrem Interesse Gefühle in die Wahrnehmung des Jungen: Ihre Sorge und Unsicherheit, Ihr Misstrauen und Ärger oder auch Ihr Verlangen nach Ihren eigenen guten Gefühlen wie Stolz, Glück, Freude oder Sicherheit. Diese Gefühle lösen beim Jungen etwas aus, vor allem dann, wenn hinter Ihrem Interesse Ihre Emotionen lauern und wenn Ihr Interesse zum Transportmittel für Ihre Gefühlslage wird. Auf Gefühle reagiert der Junge ebenfalls emotional, etwa mit Ärger, Misstrauen oder Angst. Es ist deshalb gut, das Emotionale vom Interesse zu lösen (außer die Liebe, die gehört selbstverständlich auch zum Interesse). Wenn Sie besorgt sind, fragen Sie Ihren Jungen nicht aus, geben Sie nicht Interesse vor, sondern äußern Sie es als Sorge.

* Interesse wird schließlich von Jungen leicht als Kontrolle interpretiert. Das kann seinen Status angreifen: Ein Kontrollrecht liegt bei der hierarchisch darüberstehenden Person oder Instanz. Die Botschaft an den Jungen lautet dann: Du bist unten, denn ich kann dich kontrollieren! Wo eine untere Position zu vermeiden ist, wird ein Junge dies so einrichten. Auf Fragen Antwort zu geben, auf Interesse zu reagieren und es zu bedienen sind seine freiwilligen Leistungen. Verweigerung bestätigt seinen Status, er rückt mit seiner Position nach oben, er muss sich nicht kontrollieren lassen. Für den Jungen

ein stabilisierender Schritt; für Sie mit Ihrem Interesse dagegen kann es enttäuschend sein.

Diese drei Themen wirken bei vielen Jungen wie ein dichter Filter. Durch ihn kann Ihr Interesse oft nur schwer hindurchdringen. Gleichzeitig mögen es Jungen, wenn man sich ernsthaft für sie interessiert, wenn Fragen nach ihrem Tun oder Befinden nicht nur Floskeln sind. Der Junge will wissen, ob Sie wirklich beteiligt und aufmerksam sind. Das bedeutet, sich nicht durch kurz angebundene Antworten abwimmeln zu lassen, sondern dranzubleiben. In der Sicherheit, dass Sie es auch so meinen, entwickelt sich allmählich eine Interessenskultur.

Interesse muss sich nicht auf Fragen, Nachfragen, Sich-erzählen-Lassen beschränken. Reden ist längst nicht die einzige Form des Interessiertseins. Wenn Jungen das Reden als lästig, mühsam, anstrengend oder als Kontrolle erleben, ist der Umgang mit Ihrem Interesse verständlicherweise schwierig für den Jungen. Deshalb ist es wichtig, dass Interesse nicht immer nur Reden heißen muss. Es kann sich phasenweise auch aufs Wahrnehmen beschränken (siehe Gebrauchsanweisung Nr. 1: Nehmen Sie wahr, was für ein Junge *dieser* Junge ist). Und: Auch das einfache Zusammen- und Dabeisein ist Interesse. Gemeinsam seine Musik anhören, den witzigen Clip auf YouTube anschauen, es auch mal mit Pokemon-Karten oder dem faszinierenden Computerspiel probieren, seine Clique zum Pizzaessen einladen, gemeinsam den Actionfilm anschauen: Bei solchen Aktionen sind Sie wirklich mit dabei, so zeigen Sie Ihr Interesse, ohne zu reden, und nebenbei stillen Sie Ihr Informationsbedürfnis durch Antworten, die zwischen den nicht gesprochenen Zeilen hindurchscheinen.

Echtes Interesse hilft auch beim Bewältigen von Krisen. Wenn wir uns für den Jungen interessieren, ist es leichter zu bemerken, wenn er sich verändert oder unter etwas leidet, etwa unter Krisen der Anerkennung, Freundschaft, Leistung, Liebe oder Aggression. Mobbing ist dabei ein härterer, aber nicht unbedingt seltener Fall!

→ Eine Vaterfrage

SOLL ICH MEINEM SOHN HELFEN, WENN ER GEMOBBT WIRD?

Sie sollen nicht, Sie müssen. Aber vorweg: Der Begriff »Mobbing« wird heute inflationär verwendet. Nicht jeder, der einen anderen beschimpft, mobbt ihn. Nicht immer, wenn drei Jungen ihre Meinung gegenüber einem Einzelnen vehement vertreten, ist das Mobbing. Überbehütende Eltern ziehen schnell das Mobbingregister und fordern Konsequenzen. Die Jungenwelt ist oft rau, fast wie später die Welt der Erwachsenen. Widerstandskraft und ein dickes Fell können da nicht schaden. In vielen Fällen hilft der Rat: »Wehr dich!«

Die Grenzen zwischen Alltagskonflikten und Mobbing sind fließend. Mobbing meint, dass Ihr Junge gezielt, systematisch und fortlaufend Opfer von Angriffen wird; das kann verbal und körperlich sein. Zielpunkt sind oft Bereiche, wo Jungen fantasiert oder real aus der Normalität herausfallen. Meistens geschieht dies sehr unfair (mehrere gegen einen). Mobbing wirkt beschämend und verletzend. Gemobbte Jungen verändern sich. Wenn Ihr Sohn Ihnen mitteilt, dass er solche Dinge erlebt, müssen Sie sofort reagieren. Intervenieren Sie dort, wo es geschieht: in der Schule, im Sportverein, in der Jugendgruppe und bei den Eltern der Aggressoren. Zeigt dies keine Wirkung, hilft zum Schutz des gemobbten Jungen bisweilen nur, ihn aus seinem Umfeld herauszunehmen.

Aufmerksam, unterstützend und selbstkritisch sollten Sie im Übrigen auch im anderen Fall sein, wenn Ihnen mitgeteilt wird, dass Ihr Sohn selbst aktiv mobbt. Außerhalb der Familie zeigen Jungen oft andere Gesichter. Wiegeln Sie deshalb nicht ab, sondern nehmen Sie solche Vorwürfe ernst.

GEBRAUCHSANWEISUNG NR. 6:
Lassen Sie die Kräfte spielen – suchen und bieten Sie Arenen der Konkurrenz

Konkurrenz ist für viele Jungen Anreiz und Ansporn. Sichmessen und Vergleichen interessieren sie und feuern sie an. Kämpfen erleben sie als eine Form des Kontakts. Hier erarbeiten und erfahren sie in verschiedenen Disziplinen ihren Status, ihre Position in der Gruppe der anderen Jungen. Ein Reiz des Kampfes liegt in der unmittelbaren Erfahrung und im Sichmessen mit Gleichaltrigen und mit Erwachsenen.

Auf gute Art konkurrieren und kämpfen zu können ist eine elementare männliche Kompetenz. Sie hilft Jungen in Auseinandersetzungen und Konflikten, bei der Selbstbehauptung, beim entschiedenen Einsatz für sich oder für eigene Positionen und Meinungen, also für die Sache, hinter der Jungen stehen. Die Fähigkeit dazu erwerben Jungen in Kindheit und Jugend. Einerseits entwickeln Jungen die Kompetenz zum Kämpfen und zur Konkurrenz gemeinsam mit Eltern und anderen Erwachsenen. Deren Aufgabe ist es, dafür Räume zu öffnen: Arenen der Konkurrenz. Andererseits geschieht dies unter den Jungen selbst, unbewusst und ungesteuert, gewissermaßen automatisch und autonom. Abgesehen von den wenigen Situationen, in denen Jungen von

Erwachsenen Rückmeldungen erhalten, ist dieses Konkurrieren dem Einfluss von Erwachsenen entzogen.

Wie immer ist auch hier wichtig: Jungen sind verschieden. Auch bei kleineren Jungen ist das Interesse am Kämpfen von Junge zu Junge unterschiedlich. Je nach Entwicklungsphase hat das Kämpfen einmal höhere, einmal geringe Bedeutung. Die Wunschdisziplinen wechseln und verändern sich.

Besonders bei körperlichen Auseinandersetzungen gilt es, Jungen für Unterschiede untereinander zu sensibilisieren und sie zu erlauben. Viele Jungen gehen zuerst von sich aus und denken, alle Jungen seien wie sie. Kämpferische Jungen glauben, alle Jungen lieben Kämpfe, und haben kein Verständnis für die sensiblen und nicht kämpferischen Jungen; sachte Jungen meinen, alle seien ähnlich sanft wie sie, und können die Rabauken nicht begreifen.

Deshalb brauchen Jungen gerade beim Thema Kämpfen Unterstützung und Aufklärung. Eine der wichtigsten Botschaften lautet auch hier, dass Jungen verschieden sind und auch sein dürfen. Ein guter väterlicher oder mütterlicher Rat, eine einleuchtende Erklärung stützen Jungen.

Wenn es sich um einen Jungen handelt, der sich vom körperlichen Kampf bedroht fühlt oder der einfach keine Lust aufs Kämpfen mit anderen Jungen hat, geht das vielleicht so: »Weißt du, manche Jungen sind kämpferisch, sie sind ganz wild aufs Kämpfen. Die sind halt so, und du bist eben kein solcher Junge. Es ist okay, wenn du dich da raushältst, man muss nicht raufen oder kämpfen.« Und im anderen Fall: »Weißt du, manche Jungen sind gar nicht kämpferisch, sie mögen Kämpfen nicht so. Die sind halt so, und du bist eben ein anderer Junge. Es ist okay, wenn du kämpfen willst, aber da musst du einen finden, der das ebenfalls möchte.«

Konkurrenz ist auf besondere Weise mit dem Männlichsein verknüpft. Psychisch ist der Hang zur Konkurrenz in der ersten männlichen Beziehung des Jungen angelegt. Indem der Junge seine Mutter als Liebesobjekt und -subjekt entdeckt, begibt er sich in Konkurrenz zum Vater. Später ist es sein pubertärer Auftrag, den Vater zu überflügeln – so entsteht Entwicklung. Biologisch gesehen kann Konkurrenz auch hormonell inspiriert und unterstützt sein. Testosteron bewirkt häufig einen Impuls ins Aktive und fördert die Bedeutung von Statusthemen. Und im Sozialen wird Konkurrenz durch Männlichkeitsbilder befördert. Sie vermitteln: Das Männliche entsteht im Wettkampf, in der Auseinandersetzung, im Kämpfen. Diese Grundlage wird variiert durch die Umwelt, durch soziale Milieus, in denen der Junge aufwächst, durch Bildung und Einkommen der Eltern und durch ihre Einstellung zu Konkurrenz und Aggression, auch durch die Zahl der Geschwister, seine Position in der Familie usw. – Bedingungen, die bewirken, dass sich die Vielfalt des Jungeseins auch in Bezug auf Konkurrenz ausbildet.

Nun haben Jungen und Männer die Konkurrenz weder erfunden noch gepachtet. Selbstverständlich konkurrieren Mädchen und Frauen auch; weibliche Konkurrenz dreht sich aber häufig um andere Themen und Inhalte, wie es schon Grimms Märchen berichten: »Spieglein, Spieglein an der Wand, wer ist die Schönste im ganzen Land?« Weibliche Konkurrenz ist aufgrund gesellschaftlicher Bilder von Weiblichkeit oder auch von psychischen Konstellationen her oft nicht so direkt, sondern wird eher raffiniert oder subtil ausagiert. In der männlichen Konkurrenz geht es meist um anderes. Der Status, die Position in der Gruppe ist bedeutsam, optimaler Wettbewerb findet in einer Arena statt, braucht den – nur fantasierten oder echten – Kampfschauplatz, die Bewertung durch die anderen und das Messen an Maßstäben der Männlichkeit. Da geht es nicht nur um Spaß- und Lustvolles, Kampf kann sich schnell zum Ernstfall entwickeln. Diese Art des Wettbewerbs, der körperliche Kampf »Mann gegen Mann« um die körperliche Stärke, später auch um mentale Stärke und um Kompetenzen oder Macht, ist in der Jungenperspektive und auch gesellschaftlich zunächst eher »männlich«.

Gute Konkurrenz ist so angelegt, dass sie eine echte Chance auf Gewinnen und Verlieren beinhaltet. Dies müssen Erwachsene berücksichtigen, wenn sie Arenen der Konkurrenz öffnen. Viele Jungen wollen die Herausforderung und das echte Messen der Kräfte (vor allem mit Vätern) – geben Sie ihnen ehrliche Chancen dazu!

Um in Konkurrenz gehen zu können, braucht der Junge Gegner, ein Gegenüber. Für Jungen heißt dies zweierlei: einen Gegner zu haben und gleichzeitig ein Gegner zu sein. Das sind zwei unterschiedliche Beziehungsqualitäten. Einen Gegner zu haben ist eine Form der eigenen Wertschätzung und Anerkennung: Ich bin es wert, dass man sich mit mir auseinandersetzt, und umgekehrt ist es der Gegner wert, dass ich mich mit ihm messe. Gegner zu sein bedeutet, etwas auszuhalten, da bleiben, sich in die Auseinandersetzung zu begeben und Standhaftigkeit zu zeigen.

Risiken und Nebenwirkungen

So wichtig und produktiv männliche Konkurrenz ist, sie hat auch eine problematische Seite: Über direkte, offene Konkurrenz und über das Kämpfen lässt sich das Männliche herstellen. Darin liegt eine Verführung: Jungen brauchen und benützen in der Konkurrenz den anderen als Bestätigung für ihr Männlichsein. Im negativen Fall trennen sie sich vom Gegner ab, entwerten ihn, kommen oder bleiben nicht in Verbindung mit ihrem Konkurrenten. Das ist für diesen gefährlich; die Konkurrenz ist nicht mehr produktiv, sondern funktional. Das Fatale für Jungen ist, dass sie mit dieser Haltung eigentlich vom Gegner abhängig sind: Er macht ja letztlich, dass sie sich männlich fühlen. Aus dieser Abhängigkeit heraus entsteht leicht Hass, der die Bedürftigkeit verdeckt und die notwendigen Grenzen der Konkurrenz durchbricht: Es entsteht Gewalt.

Es klingt paradox: Gerade deshalb müssen Jungen lernen, »gute« Konkurrenz herzustellen. Es geht um Erfahrungen in und mit Konkurrenz. Dies beinhaltet gerade in Kindheit und Jugend den Spaß am Konkurrieren, die Freude am Sichmessen. Gute Konkurrenz belebt nicht nur das Geschäft, sondern auch die Beziehung zum Gegenüber. Wenn sie wissen, wie sich gute Konkurrenz anfühlt, können Jungen erkennen, wann Konkurrenz schlecht wird. Gelingende Konkurrenz benötigt vom Jungen Aggression, die vorwärtsgerichtete Energie – allerdings ohne dass die Aggression gewalttätig wird! Das heißt: Aggression ohne Aggressivität, Feindseligkeit und Abwertung. Konkurrenz und Kämpfen sind Formen, in denen Jungen ihre Aggression kultivieren können. Damit müssen sie sich weder von ihrer Aggression abtrennen (was ungesund wäre) noch befürchten, gewalttätig zu werden.

Diese Form der Konkurrenz braucht einen Rahmen, eine Begrenzung, Halt und Sicherheit – sonst macht Kämpfen dem Jungen Angst. Es gibt hier zwei Arten von Angst: davor, vernichtet zu werden, oder die Angst vor der eigenen aggressiven Potenz. Grundsätzlich ist das Wahrnehmen von Ängsten positiv. Ohne die Sicherheit von Begrenzungen werden Ängste jedoch existenziell. Dann trennt die Angst den Jungen von seiner Aggression, und das macht ihn gefährlich.

Im Kämpfen mit Eltern und anderen Erwachsenen liegt eine frühe und grundlegende Erfahrung: In der begrenzten Arena der Konkurrenz kann der Junge all seine Kraft ausagieren und die Welt bleibt bestehen! Er kann es mit den großen, übermächtigen Erwachsenen aufnehmen und er wird dabei nicht vernichtet! Eine grandiose Erfahrung. Erwachsene bringen dazu etwas ganz Wesentliches mit ins Spiel: die Kultur der Regeln, Ehre, Fairness, den moralischen Anspruch und das Ziel, dass es sich bei jeder Konkurrenz um einen »fairen Kampf« handeln muss.

Bei den Männern kann sich ein anderer Effekt zeigen, wenn sie mit Jungen konkurrieren. Denn im Kämpfen werden häufig eigene unerledigte Konkurrenzthemen der Väter oder anderer Männer, mit denen Jungen kämpfen, an die Oberfläche gespült. Dies vor allem dann, wenn Jungen älter werden und sich damit immer mehr zu echten Konkurrenten entwickeln. Das sind spannende Männerthemen, freuen Sie sich, wenn Sie das wahrnehmen. Aber lassen Sie beim Konkurrieren die Sache nicht eskalieren, Ihre Kräfte können Jungen verletzen. Natürlich geht es ums ernsthafte Kämpfen unter fairen Bedingungen, aber nicht darum, dass Sie verbissen werden. Sofern Sie in dieser Hinsicht gefährdet sind: Lernen Sie, sich zu zügeln und mit Ihrem Leistungsdruck und Ihren eigenen Kränkungen umzugehen! Suchen Sie erwachsene Männer, um sich im Kampf zu messen; ihre eigenen Konkurrenzkämpfe sollten Männer mit Männern ausfechten, nicht mit Jungen. Im Konkurrieren mit Jungen können, aber müssen Sie nicht gewinnen. Das Schöne ist: Sie profitieren in jedem Fall – wenn der Junge Sie in einem fairen Kampf besiegt, können Sie stolz auf den Jungen mit seinen Kräften sein; wenn Sie den Jungen besiegen, können Sie sich freuen, dass der Junge mit Ihnen kämpft und dass Sie gewonnen haben.

Die Kräfte spielen lassen!

Aufgabe des Erwachsenen beim Kräftemessen mit Jungen ist es, das Spielerische im Blick zu haben, sich selbst zu beschränken, Maß zu halten und auf Fairness im Kämpfen zu achten: Auf ehrenhaftes Kämpfen kommt es an. Gute Konkurrenz, Kämpfe im Ehrenkodex lernen Jungen zuerst von und mit Erwachsenen. Sie zeigen, wie das geht. Deshalb ist es gut, wenn Eltern ihren Söhnen, wenn Erwachsene den Jungen Arenen der Konkurrenz bieten. Weil es hier viel ums Männliche geht, sind Väter und andere Männer besonders gefordert, aber gewiss nicht ausschließlich: Auch mit Müttern und anderen Frauen können Jungen gut und lustvoll kämpfen lernen.

Also: Suchen und bieten Sie aktiv Arenen des Wettkampfs. Nehmen Sie die Herausforderung an, wenn der Junge Sie in eine Konkurrenz führt, wenn er sich mit Ihnen messen will. Lassen Sie dabei die Kräfte spielen – ja, es ist ein Spiel und soll es auch bleiben.

Beim Finden von »Konkurrenzdisziplinen« sind Ihnen keine Grenzen gesetzt. Laufen Sie um die Wette. Balgen Sie sich um den letzten Keks in der Schachtel. Rangeln, ringen, raufen Sie mit dem Jungen. Initiieren Sie sportliche Wettbewerbe: Wer fährt schneller mit dem Rad? Wer springt höher? Wer schwimmt schneller oder taucht tiefer? Wer spuckt den Kirschkern höher, wer schießt das Papierkügelchen weiter? Wer spricht schneller einen bestimmten Satz, wer kann den Zungenbrecher fehlerlos hersagen? Je älter der Junge wird, je mehr Erfahrung und Mut ins Spiel kommen, desto vielseitiger und kreativer können die Disziplinen werden: Erfundene Kung-Fu-Techniken oder ein Wettbewerb um den elegantesten Sprung vom Turm im Schwimmbad – die Möglichkeiten sind unbegrenzt.

Allerdings setzt mit zunehmendem Alter beim Jungen auch Scham ein. Öffentliche Kämpfe werden nun vermieden, die Arenen ins Private verlagert. Ringkämpfe und Raufereien auf dem Wohnzimmerteppich gehen dann oft immer noch. Spielfreudige Jungen lassen sich auch zu symbolischen Kämpfen in Spielen verführen, die Konkurrenz lässt sich auf Spielbretter verlagern. Selbst Computer- und Konsolenspiele können Erwachsene und Jungen als Arenen der Konkurrenz verbinden; bei diesen Kämpfen stellen Erwachsene allerdings oft schnell fest, dass sie in diesen Disziplinen gar keine Chance haben – ebenfalls eine für beide Seiten wichtige Erfahrung.

Nach dem Kampf ist das Kämpfen noch nicht vorbei. Erschöpfung stellt sich ein, die Helden machen schlapp, Entspannung wird spürbar. Der Kampf kann kommuniziert werden, es wird über den Verlauf nachgedacht, gute Konkurrenz wird damit zu Geschichten und wird Vergangenheit, Geschichte. Zur Qualität des Kämpfens gehört es, diese andere Seite des Kämpfens – das Entspannen wie das Reflektieren – ebenfalls zu kultivieren. Sie ist der Gegenspieler, der zum Wohlgefühl nach dem Kampf beiträgt, der die Balance und den Kontakt zu anderen Seiten des Lebens wiederherstellt. Auch darin, diese Grundkompetenz zu vermitteln, liegt eine Aufgabe von Erwachsenen. Eine Siegerehrung, ein anerkennender Rückblick auf den Kampf, ein Eis als Belohnung, gemeinsam durchatmen, sich was schönes Gemeinsames gönnen, das rundet die Konkurrenz ab und öffnet den Blick dafür, dass nicht alles Schöne nur in Konkurrenz und Wettkampf liegt: Auch Harmonie bereichert das Jungen- und Männerleben.

Sieger und Verlierer und ...?

Bei Wettkämpfen, in der Konkurrenz, geht es immer auch um Siegen und Unterliegen, um Gewinnen und Verlieren.

★ *Siegen ist männlich.* Das wird selten hinterfragt und muss es auch gar nicht. Schön ist es, zu gewinnen. Aber wie macht ein Junge das auf eine gute männliche Art? Mit Achtung vor dem Gegner. Auch hier kommt also wieder die Ehre ins Spiel. Das gehört zur Fairness im Kampf: Man soll und darf den Gewinn genießen und feiern – aber man muss und soll dabei den Verlierer nicht abwerten. Leider wird Abwertung in der aktuellen Demütigungskultur, die täglich in der Fernsehlandschaft zu besichtigen ist, immer üblicher. In extremen Gewalthandlungen wird diese Haltung ausagiert, indem auf unterlegene Gegner oder Opfer noch eingeschlagen und -getreten wird, wenn sie bereits am Boden liegen. Symbolisch geschieht genau dasselbe, wenn der Sieger unterlegene Gegner abwertet, sie verspottet oder verbal »fertigmacht«. Hier fehlt Jungen ein positiver Rahmen, sie ahmen nach, was sie von männlichen Vorbildern lernen, real oder in den Medien (denken wir nur an die Gesänge von Fußballfans nach einem gewonnenen Spiel ihrer Mannschaft: »We are the champions – you are the losers«). Hier braucht es eine klare Botschaft: Dieses Verhalten ist unehrenhaft; ein männlicher Sieger hat so etwas nicht nötig. Echtes Mannsein kommt ohne Abwertung und Dominanz aus. Die faire kämpferische Haltung dem Verlierer gegenüber gebietet es im Gegenteil, ihn wertzuschätzen und ihm zu danken dafür, dass er sich als Gegner zur Verfügung gestellt hat.

★ *Unterliegen ist ebenfalls männlich.* Jeder faire Kampf beinhaltet die Möglichkeit, zu verlieren, also gehört dies unbedingt dazu. Jungen wollen deshalb wissen: Wie kann ich unterliegen und dennoch männlich bleiben? Gern schieben sie ihr Unterliegen auf äußere Faktoren, um ihren Statusverlust zu rechtfertigen; das belegt, wie Verlieren am männlichen Selbstbild kratzt. Dennoch zeigt ein starker Verlierer Haltung: dem Sieger gratulieren, seine Überlegenheit anerkennen, ihn loben – und eine Revanche ankündigen oder einfordern.

Siegen und Verlieren – in den Augen vieler Jungen (und Erwachsener) gibt es nur diese beiden möglichen Ergebnisse beim Kampf. Das ist aber zu kurz gegriffen. Zwei weitere und ebenfalls männliche Varianten werden leicht vergessen:

* Auch ein Unentschieden ist möglich, nicht jede Konkurrenz braucht bis zum bitteren Ende einer Entscheidung ausgefochten zu werden, nicht immer muss es um Gewinnen oder Verlieren gehen. Ob Patt oder Remis, beides ist ebenfalls männlich – das Gleichgewicht des Schreckens oder eine erfreuliche Ausgewogenheit der Kräfte und Argumente; manches lässt sich gar nicht entscheiden, und dies auszuhalten gehört ebenfalls zur männlichen Konkurrenzkompetenz.

* Schließlich kann es männlich sein, einen Kampf nicht anzunehmen. Sicher ist es wichtig, sich Herausforderungen zu stellen. Dazu hat aber nicht jeder Junge immer Lust. Das wahrzunehmen und dazu zu stehen ist männlich. Und wenn etwas faul ist an der Sache? Wenn mir mein Gegner nicht gewachsen oder eindeutig überlegen ist? Wenn Gefahr droht, dass die Situation entgleitet oder eskaliert? Wenn ich über dieser Art des Kämpfens stehe? Immer ist es möglich, den Kampf zu verweigern, vielleicht den Grund dafür zu nennen oder alternative Arenen der Konkurrenz einzufordern – und erhobenen Hauptes die Arena zu verlassen.

Nicht nur kämpfen

Weil Kämpfen für Jungen zumindest phasenweise wichtig ist, sollten Erwachsene die Kampfwünsche von Jungen nicht entwerten. Das Kämpfen hat positive Qualitäten für Jungen, deshalb ist es nicht sinnvoll, es abzuwerten, auch nicht moralisch.

Kämpfen ist männlich – aber nicht alles Männliche ist Kampf!

Gleichzeitig muss das Kämpfen aber auch nicht überhöht werden, indem es zwanghaft mit dem Männlichen gekoppelt wird. Kampf ist gut, Kampf kann und darf sein, Jungen brauchen Kampf und Konkurrenz. Aber männlich geht auch ohne Konkurrenz und Kampf. Wo das Kämpfen zum Selbstzweck verkommt und verkrampft wird, wo es das einzige Hilfsmittel für etwas ungewiss Männliches in der eigenen Person ist, da verliert es seine guten Qualitäten. Hier brauchen Jungen Unterstützung darin, ihr Männliches auch noch aus anderen Quellen speisen zu können.

GEBRAUCHSANWEISUNG NR. 7:
Setzen Sie Grenzen und bleiben Sie in Kontakt

Empfehlungen für den Umgang mit Jungen beschränken sich oft auf das Setzen von Grenzen – als ob dies das einzig Wichtige wäre. Eine so einseitige Sichtweise vermittelt: Alle Jungen überschreiten ständig sämtliche Grenzen. Das stimmt natürlich überhaupt nicht. Die Beschränkung aufs Grenzensetzen kann weder genügen noch funktionieren. Die wichtigste Voraussetzung, um Grenzen kennenzulernen, aber auch um Grenzen zu setzen, ist Freiheit. Sicher ist, dass Jungen Grenzen benötigen. Sicher ist aber auch, dass sie noch viel mehr brauchen. Die siebte Gebrauchsanweisung ist eine von zehn – und nicht die einzige.

Jungen brauchen Grenzen, sie geben ihnen Halt und Struktur. Besonders in den Weiten elektronischer Medien sind Jungen davon bedroht, sich zu verlieren. Halt, Regeln, Kultivierung und moralische Grenzen helfen Jungen, in grenzenlosen Räumen zurechtzukommen und sich in sich zu verwurzeln: Sie entwickeln allmählich eine innere Grenzkompetenz. Grenzkompetenz meint gleichermaßen die Fähigkeit, äußere Begrenzungen wahrzunehmen und damit umzugehen, wie auch die Wirkung im Inneren. Wenn Jungen Grenzen vermittelt bekommen, führt das zu der guten männlichen Eigenschaft, sich im Griff zu haben und nicht bei Kleinigkeiten »auszurasten«. Jungen lernen im Umgang mit Grenzen, ihr Maß zu halten und das rechte Maß für sich zu finden: altersgemäß, geschlechtsgemäß und individuell.

Probleme und Ärgernisse mit Jungen haben oft auch mit Grenzen zu tun. Häufig verbergen sich hinter Dauerkonflikten mit Jungen Unklarheiten bei Regeln. Viele Jungen wollen wissen, wie in einem sozialen Raum die Regeln lauten, was geschieht, wenn sie nicht eingehalten werden, und wer die Regeln durchsetzt. Deshalb ist es hilfreich, sich über Grenzen und über Grenzkompetenz Gedanken zu machen, bevor es zu endlosen Grenzstreitigkeiten kommt.

Das Prinzip lautet: Grenzen setzen und gleichzeitig in Kontakt bleiben. Das hört sich widersprüchlich an, gehört aber unbedingt zusammen. Diese Art von Grenzen sind Flächen der Begegnung, Kontaktstellen. Hier wirkt und entsteht Verbindung! Grenzen setzen heißt also nicht, sich abzutrennen vom Sohn oder Jungen. Abgetrennt und polarisiert wird die Grenzziehung leicht unmenschlich. Oder sie wirkt als Selbstzweck, bei der die begrenzende Person profitiert und der Junge verliert, z. B. in der Bewertung nach dem Muster: »Ich gut – du schlecht«; »Ich richtig – du falsch« usw. Diese Form der kontaktlosen Begrenzung passiert leicht aus einer Kränkung heraus: »Geh weg, ich mag dich nicht mehr, hau ab.« Sie hilft dem Jungen nicht, sondern schmerzt nur.

Jungen brauchen Grenzen und Regeln nicht aus Prinzip, als Grenze um der Grenze willen. Solche Grenzen sind autoritär, führen zu Machtausübung und Unterdrückung. Repressive oder autoritäre Einstellungen Erwachsener gegenüber den Jungen sind nicht gefragt. Es geht um Verbindlichkeit, Verlässlichkeit und Klarheit – verbunden mit Achtung, Anerkennung und Liebe. Jungen benötigen Grenzen und Regeln, die aus Beziehung – aus Autorität – heraus entstehen und begründet, also notwendig sind. (Siehe dazu auf S. 226: Drei Gründe, wofür Begrenzung nötig ist.)

Auch für Jungen, die von sich aus Grenzen setzen, ist Begrenzung nicht wichtig, um getrennt zu sein, sondern um in Verbindung zu bleiben oder zu kommen: mit sich, mit anderen, mit ihrer sozialen und dinglichen Umwelt. Jungen, die Grenzerfahrungen suchen, handeln oft aus verdeckten Kontaktwünschen heraus. Sie wollen gesehen, beachtet und von Menschen gehalten werden – auch von der Gesellschaft. Regeln und Grenzen gehören unbedingt zu einer Kultur der Verbindlichkeit und Verlässlichkeit. Das Bestehen auf Regeln und Absprachen, das Vermitteln und Aufrechthalten einer sozialen Ordnung sind Aufgabe von Mutter und Vater, Aufgabe aller Erziehenden und Erwachsenen im Umfeld.

Machen Sie deshalb den Ursprung der Grenzen aus Ihrer Verbindung deutlich, aus Ihrer Zuneigung und Liebe zum Jungen. Eine in Kontakt eingebettete Grenze bewirkt und erfordert gleichzeitig Aufmerksamkeit und Entschlossenheit. Sie sind mit Ihrer Wachheit und Einfühlung bei Ihrem Jungen und Sie haben die Kraft, Grenzen zu setzen und zu halten. Kontakt halten, in Verbindung bleiben beim Begrenzen, dafür ist der Körper ein gutes Medium. In jedem (!) Alter ist es gut, diesen Kontakt immer wieder auch körperlich auszudrücken. Es tut beiden gut, sich zu spüren. Versuchen Sie es: Legen Sie Ihre Hand auf die Schulter Ihres Sohnes oder berühren Sie ihn am Oberarm. Und sagen Sie ihm, was Sie möchten. Die Wirkung ist eine andere, als wenn Sie nur reden. Nebenbei: Körperkontakt ist wichtig, nicht nur, wenn es um Grenzen setzen geht. Es ist problematisch, wenn Ihr Sohn nur bei Regelverstößen in Körperkontakt zu Ihnen kommt.

Über Kontakt vermitteln Sie Anerkennung und Sympathie für den Jungen. Begrenzung ist selbst eine Form der Wertschätzung, auch wenn Sie den Begrenzten damit ärgern oder einschränken. Im Grenzen setzen signalisieren Sie, dass Sie sich für Ihren Jungen interessieren, mit der Botschaft: »Du bist mir nicht egal.« Grenzen setzen sollte deshalb von abwertendem Beiwerk frei bleiben, also: »Stopp!« ist richtig und wichtig, aber »Stopp! Du bist ja so blöd« ist völlig unpassend. Die Bewertung entwertet – den Jungen, aber auch die Begrenzung selbst. Über eine Abwertung wird Trennung markiert, Sie verlieren den Kontakt.

In vielen Fällen sind Grenzen aber auch ein Ausdruck der Wertschätzung Ihrer selbst – und ebenso wichtig: »Ich bin mir nicht egal – ich lasse nicht auf mir rumtrampeln, ich lasse mich nicht entwerten, ich wahre meine eigenen Grenzen und verlange das auch von dir.« Diese Mitteilungen wahrzunehmen und akzeptieren zu lernen sind elementare Lernprozesse für Jungen.

Grenzen sind eine andere Seite von Verständnis, Einfühlen, Versorgen und Fürsorglichkeit. In einer Konsumgesellschaft der Rundumversorgung mit Gütern ist dieses Prinzip schwer zu erklären. Viele glauben an die kommerzielle Illusion, ein Überhäufen mit Waren stille alle Bedürfnisse. Produktverwöhnte Jungen lehren uns, dass das Gegenteil richtig ist. Sofort erfüllte Reizwünsche entwerten das sehnsüchtige Wünschen aus dem Herzen. Umgekehrt sind gut dosiertes Versagen von Wünschen und Abwartenlernen für die Persönlichkeitsentwicklung wichtiger als ständige Überversorgung und Produktüberschwemmung – die oft Ausdruck von nicht vorhandener Liebe oder unterschwelligen Schuldgefühlen sind.

Unvermeidlich im großen wie im kleinen Grenzfall ist, dass das Begrenzen vom Jungen nicht nur dankbar akzeptiert wird: Grenzen setzen schafft Konflikte. Gut so! Denn Streiten ist ebenfalls eine Form des Kontakts. Mit Grenzthemen entwickelt sich die Konfliktfähigkeit in Ihrer Familie – und damit bei Ihrem Sohn. Streiten gehört zum Sich-Mögen; wenn es um Grenzen geht, sind Konflikte deshalb unabwendbar. Halb so schlimm, wenn Sie wissen, dass diese Auseinandersetzung ein Ausdruck von Liebe ist.

Die Fähigkeit beim Umgang mit Grenzen bezieht sich bei Jungen nicht nur auf das Einhalten, sondern auch auf das Überschreiten von Regeln. Es gibt gewissermaßen zwei Qualitäten von Grenzen: solche, die Jungen brauchen und einhalten müssen, und solche, die sie brauchen – und überschreiten können. Jungen suchen auch Freiheit und Autonomie. Angepasste, stets brave und unterwürfige Jungen sind weder attraktiv noch kreativ. Grenzüberschreitungen gehören damit auch zu einer gesunden Entwicklung in Richtung Selbstverantwortung: nicht als Freifahrschein, sondern als Prozess der Aneignung und Auseinandersetzung.

Den Boden für Grenzen bereiten

Wenn Grenzen für den Kontakt wichtig sind, stellt sich die Frage: Wie können Jungen Grenzen auf gute, unterstützende Art erfahren? Und das nicht nur in besonders gefährlichen oder aufgeladenen Situationen, in denen eine Begrenzung zwingend wird, sondern im Kleinen und Feinen, im gewöhnlichen Alltag. Grenzen zu erfahren und sie anzuerkennen hat mit einer Kultur, einer Grundhaltung zu tun, zu der auch viel Selbstverständliches gehört.

Jungen erfahren und lernen Grenzen

* über Körperkontakt, körperliches Halten und körperliche Nähe. Vor allem für kleine Jungen ist sehr viel davon wichtig: streicheln, anfassen, halten, massieren usw. In Trotzphasen gerät der Junge manchmal außer sich; dann ist es auch erlaubt, ihn festzuhalten, bis er wieder bei sich ist. Auch wenn Jungen größer werden, ist es bedeutsam, dass der körperliche Kontakt bleibt. Körperkontakt ist immer eine verbindende Grenze.

* über Sicherheit und Verlässlichkeit. Wenn Jungen das Gefühl haben, dass sie wichtig sind, dass sie sich – vor allem auf Vater und Mutter – verlassen können, dass Eltern Absprachen einhalten und zuverlässig sind, dass Eltern den Jungen schützen und für ihn einstehen.

* über Zeit, Aufmerksamkeit und Zuwendung der Eltern und anderer Erwachsener. Sie nehmen sich Zeit für den Jungen, nehmen ihn wahr, hören ihm wirklich zu und zeigen ihm, dass sie ihn mögen.

* durch Respekt, der Jungen entgegengebracht wird. Der erste Schritt ist, dass der Junge respektiert wird – dann dürfen und können Sie auch erwarten, dass er Sie respektiert! Im respektvollen Umgang bekommt der Junge das Gefühl, anerkannt und geachtet zu sein. Dazu gehört, dass Regeln transparent gemacht werden und dass Einwände gegen Begrenzungen ernsthaft angehört werden. Bei älteren Jungen ab der frühen Pubertät werden Regeln und Grenzen im Optimalfall verhandelt und vereinbart, nicht verordnet. Auch klare Absprachen werden gemeinsam getroffen.

* über Verbindlichkeit im Alltag, durch den alltäglichen Halt. Hier kommt es auch auf die Regelmäßigkeit der Mahlzeiten an – nicht zwanghaft pünktlich, aber verlässlich. Es geht um

Zeiten des Zusammenseins, Zeit fürs Frühstück, um gemeinsame Essenszeiten. Verbindlichkeit schließt Aufgaben ein, die erfüllt werden – auch vom Jungen.

* durch Zutrauen und Vertrauen. Indem ihnen etwas zugetraut wird, erhalten Jungen das Gefühl: Ich schaffe das; ich kann das, was mir zugemutet wird; ich werde nicht (grenzenlos) überlastet, sondern kann die Anforderungen schultern. Über das Vertrauen in seine Wahrhaftigkeit und Verlässlichkeit spürt der Junge eine begrenzende Festigkeit.

* über Hinweise auf geltende oder auch neue Regeln und Grenzen, also die Wiederholung von Regeln. Und über das Einfordern, dass Regeln auch eingehalten werden, werden Grenzen ebenfalls markiert.

* über Neinsagen und Versagungen. Das Ablehnen von – vor allem kommerziellen – Wünschen des Jungen hilft ihm zu erkennen, dass nicht jeder Reiz befriedigt, nicht jeder Spontanwunsch sofort erfüllt werden muss, und zu lernen, dass wirkliche Wünsche sich über die Zeit entwickeln. Das Versagen von Wünschen, das Nein ist ebenfalls ein Teil der Liebe. Jasagen aus schlechtem Gewissen oder Schuldgefühlen heraus ist übrigens Teil der problematischen Jungenverwöhnung!

* über direkte Rückmeldungen, mit denen Verhalten positiv oder auch negativ kommentiert wird. So erfahren Jungen Resonanz und Grenzen. Zu einer solchen Rückmeldung gehören Gefühl + Verhalten + Wunsch, also z. B.: »Das freut mich richtig, wie du alleine deine Schulaufgaben auf die Reihe bekommst; da bin ich richtig stolz auf dich. Mach einfach weiter so!«; oder: »Mich ärgert es, dass du deine schmutzigen Sportschuhe in den Schrank stellst. Ich möchte, dass der Schrank und meine Schuhe sauber bleiben, also putze sie jetzt bitte.«

* durch Unterstützung in der Bewältigung von Aufgaben. Der

Junge braucht diese strukturierende Hilfe, wenn ein unüberschaubarer Berg unbeliebter Aufgaben vor ihm liegt. Helfen Sie ihm, diese zu portionieren: zehn Minuten Mathe, danach eine Viertelstunde Vokabeln lernen, anschließend noch schnell zehn Minuten aufräumen – und dann ist Freizeit. Bleiben Sie anfangs dabei, erinnern Sie an Zeiten und Absprachen – daran wächst Ihr Sohn.

★ über gute, geregelte Umgangsformen und Rituale, also begrenzende Formen mit Kontakt, etwa Regeln beim Essen: dass gemeinsam begonnen wird, dass beim Essen weder gelesen wird noch der Fernseher läuft. Das Einschlafritual mit Vorlesen, kurz über den Tag reden, vielleicht singen oder beten (wenn Sie oder Ihr Junge das möchten), das Licht ausschalten, einschlafen lassen. Oder Begrüßungsrituale, die nicht immer eine Selbstverständlichkeit sind: Dass mindestens »Hallo« gesagt wird, wenn Sie oder Ihr Junge nach Hause kommen, dass eine Verabschiedung dazugehört, wenn einer oder eine geht. Auch Rituale im Jahreslauf, Silvester, Ostern, Urlaub, Weihnachten geben Halt, Struktur, bilden begrenzende Formen. So entsteht eine gute kulturelle Grundlage, in die Grenzen leicht und verständlich einzubetten sind.

Grenzen setzen aus Liebe

Grenzen setzen ist eine zweiseitige Kompetenz. Auch Ihr Junge hat das Recht, seine Grenzen zu markieren, wenn er etwas will oder nicht will. Die erste heiße Phase, in der Ihr Sohn damit experimentiert, ist die Trotzphase. Weil das wirkliche Wollen in dieser Zeit noch nicht entwickelt ist, geraten Jungen manchmal in hilflose Situationen und wissen wirklich nicht ein noch aus.

Sie müssen dabei nicht mitverzweifeln. Oft hilft es, Ihrem Jungen Alternativen aufzuzeigen: Willst du lieber dies oder jenes?

Manche Jungen können gut empfinden und äußern, was ihnen zu nahe geht oder was sie nicht möchten; andere tun sich damit schwer. Gehört Ihr Junge zur zweiten Gruppe, unterstützen und ermutigen Sie ihn dabei, seine Grenzen zu markieren. Er muss sich auch körperlich nichts gefallen lassen, auch keine unangenehmen Zärtlichkeiten. Neinsagen ist eine wichtige Grenzkompetenz, die bei Jungen – wie bei Mädchen – nicht angeboren ist. Fordern Sie Ihren Jungen immer wieder auf, dass er sagen soll, wenn er etwas möchte oder nicht möchte. Wenn er noch unsicher ist, darf er sich ruhig Zeit nehmen, bis er sich sicherer geworden ist. Die Fähigkeit, mit Grenzen umzugehen, wächst aber am ehesten und am weitesten mit der Art, wie Sie das Grenzthema handhaben. Letztlich kommt es auf die Eltern und auf andere Erwachsene an, ob Ihr Junge es wirklich glaubt, dass er ein Recht auf sein Nein hat, oder ob das nur eine Floskel ist. Und wenn Sie sich mit Ihren Grenzwünschen ernst nehmen, kann Ihr Junge sich das auch zugestehen.

Es liegt ein feiner Unterschied in der Motivation, mit der Sie Grenzen setzen. Besonders wenn Sie zu Ängstlichkeit neigen, ist der Leitsatz wichtig: Setzen Sie Grenzen aus Liebe und nicht aus Angst. Wenn Sie Grenzen aus Liebe setzen, fragen Sie: »Welche Grenze ist gut für den Jungen?« Setzen Sie dagegen die Grenze aus Angst, denken Sie: »Welche Grenze ist gut für mich, für meine Angst?« Ihre Angstgrenze muss nicht die sein, die für Ihren Sohn am besten ist.

Sofern Sie sich Sorgen um das Wohlergehen Ihres Sohnes machen, dürfen Sie es ihm mitteilen. Mit den meisten Ihrer Ängste und Befürchtungen können Sie Jungen behelligen. Bedenken Sie aber immer, dass es Ihre eigenen sind.

Ein Beispiel: Ihr Sohn möchte in einer Sommernacht bis Mitternacht mit seinen Freunden draußen bleiben. Sie haben allerhand Befürchtungen, was passieren könnte: Ein Autofahrer könnte die Jungs übersehen, sie könnten von älteren Jungen Alkohol bekommen und sich betrinken, sie könnten mit dem Fahrrad ohne Licht fahren usw. Deshalb wäre es Ihrer Angst am liebsten, er käme bei Einbruch der Dunkelheit nach Hause. Gut für Ihren Sohn ist es, wenn er in der Dunkelheit draußen bleiben kann, dennoch sollte er spätestens um halb elf zu Hause sein, damit er genügend Schlaf bekommt.

Und wie markieren und formulieren Erwachsene die wichtigen Grenzen? Vielen Jungen kommt es dabei nicht auf blumige Umschreibungen, auf moralische Predigten oder auf Beziehungsdiskussionen an, sondern auf Klarheit. Die kommt in verständlichen Ansagen zum Ausdruck und hilft Jungen dabei, Regeln zu lernen und Grenzen zu akzeptieren: »Ich möchte, dass du jetzt sofort damit beginnst, dein Zimmer aufzuräumen« (und nicht: »Räum doch mal dein Zimmer auf«). »Ich will mit dir zu einer Vereinbarung kommen, die du dann auch einhältst. Wir haben abgemacht, dass du bis vier Uhr aufgeräumt hast – jetzt ist es halb fünf. Das ärgert mich, das will ich so nicht haben!«

Grenzen begründen

Mit zunehmender Reife des Jungen wird beim Setzen von Grenzen die Transparenz bedeutsamer. Der Junge folgt nicht mehr unhinterfragt den Vorgaben von Eltern, älteren Geschwistern oder Erwachsenen. Er will Antworten auf Fragen wie: Warum gibt es die Regeln? Wer bestimmt die Grenzen? Warum ist genau diese Grenze jetzt wichtig? Interpretieren Sie dies nicht als Demontage Ihrer Autorität. Regelfragen und -streitigkeiten sind eine Form des Kontakts. Grenzen in Kontakt müssen begründbar sein. Wenn Ihr Junge kleiner ist, müssen Sie ihm die Gründe nicht unbedingt und immer erklären – aber Sie sollten sie erklären *können*.

Generell gibt es drei Gründe, wofür Begrenzung nötig ist:

* Grenzen sind eine Notwendigkeit, wo Ihr Junge selbst in seiner Entwicklung gefährdet oder von Gefahren bedroht ist. Die Grenze ist dabei dort wichtig, wo er den Halt und den Schutz Erwachsener braucht: besonders da, wo seine Gesundheit bedroht ist, z. B. durch schlechte Ernährung, zu wenig Schlaf, mangelnde soziale Kontakte und Freundschaften, oder weil er sich virtuellen Welten hingibt und den Bezug zur Wirklichkeit verliert.

* Grenzen braucht es, wo es der soziale Umgang untereinander erfordert, wo Selbstregulation von Beziehungen ohne äußere Regulierung nicht gelingt, wo das Miteinander gefährdet ist: Wo Jungen andere abwerten, um sich selbst aufzuwerten; wo Jungen sich auf Kosten anderer lustig machen; wo sie Mitgefühl und Unterstützung verweigern; wo Respekt vor dem sozialen Gegenüber fehlt, wo Jungen Grenzen anderer nicht wahren; wo Jungen das Eigentum anderer nicht achten.

* Grenzen zu setzen ist dort notwendig, wo andere verletzt oder gefährdet werden, wo andere Opfer werden, und besonders dort, wo Jungen Gewalt anwenden. In diesen Fällen ist Klarheit entscheidend. Moralisierende Betulichkeit oder Verständnis für den Täter oder vordergründige Freundlichkeit wird von gewaltbereiten Jungen schnell als Schwäche gedeutet. Intervention ist aber schon im Vorfeld vonnöten: bei be-

ginnender Feindseligkeit gegenüber Personen oder sozialen Gruppen. Gewalt macht konfrontierendes, klares und kompromissloses Begrenzen ganz besonders notwendig.

Grenzen setzen – nicht ganz einfach

Das Setzen und Einfordern klarer Grenzen fällt vielen Müttern und Vätern – wie auch anderen Erwachsenen – schwer. Mit dafür verantwortlich ist ein grundlegender Wandel des Erziehungsverständnisses in der Nachkriegszeit. War früher ein strenger, autoritärer Umgang mit Kindern üblich, gilt heute partnerschaftliche Erziehung als optimal. Und das ist gut so. Die heutige Elterngeneration ist die erste, die selbst nach diesen Ideen erzogen wurde. Allerdings waren bei deren Eltern noch reichlich Reste aus dem alten Lager vorhanden. Ergebnis war in der elterlichen Position oft eine gute Mischung zwischen Klarheit und Offenheit. Diese Ausgewogenheit ist heute verloren gegangen. Tendenziell wird deshalb Partnerschaftlichkeit in der Erziehung vor allem bei kleineren Kindern zu stark betont. Was gute, gesunde Autorität ist, wissen viele Eltern nicht mehr und können sie deshalb nur schwer vermitteln.

Grenzen setzen fällt denjenigen leichter, die selbst stabile innere Strukturen, Ziele, Grenzen haben. Sofern Sie damit nicht so gut ausgestattet, sondern eher unstrukturiert und chaotisch sind, mag es Ihnen schwierig erscheinen, Ihren Sohn zu begrenzen. Es stellt sich damit eine Entwicklungsaufgabe für Sie! Wieder dürfen Sie sich glücklich schätzen, einen Sohn zu haben: Er braucht die Grenzen; indem Sie mit ihm in Kontakt sind und bleiben, hilft er Ihnen, diese Fähigkeit zu entwickeln. Sie sollten damit nicht zu lange warten.

Ebenfalls erschwerend beim Begrenzen wirkt eine geschlechtsbezogene Unsicherheit Jungen gegenüber: Auf der einen Seite muss man sie doch begrenzen, sonst werden sie später dominant und selbstherrlich, großspurig oder Gewalttäter. Gleichzeitig müssen sie sich doch auch durchsetzen können, sie müssen stark sein, Kraft entwickeln, echte Männer werden. Speziell Mütter genießen einerseits die Bewunderung des kleinen männlichen Wesens und neigen dazu, ihn zu verwöhnen – und befürchten andererseits, dass der Kleine ihnen irgendwann über den Kopf wächst, dass sie seiner nicht mehr Herr werden können. So folgt der Verwöhnung nicht selten harsches, trennendes und abwertendes Zurechtweisen. Grenzen setzen wird durch solche Unsicherheit und Unklarheit dem Jungen gegenüber schwierig.

Das Grenzen setzen auf andere zu verschieben ist falsch: Bisweilen versuchen Eltern, zu Hause grenzenlos verwöhnend, versorgend und anspruchslos zu sein – und erwarten, dass die Schule den Jungen Struktur, Disziplin und Regeln anerzieht. Die Eltern wollen die Guten sein und den schwierigen Teil des Jobs an andere delegieren. So funktioniert das aber nicht. Grenzkompetenz erwerben Jungen vor allem in der Familie. Unsicherheit und Offenheit bei Eltern sind aber auch gute Eigenschaften, denn sie ermöglichen Veränderungen. Darin liegt eben eine Aufgabe von Eltern in der heutigen Zeit: Neues zu entwickeln, zu schauen, wie aus der Unsicherheit eine stimmige und klare Linie entsteht, die Sie Ihrem Jungen gegenüber – und anderen Eltern gegenüber manchmal auch! – vertreten können.

Bisweilen findet sich in traditionellen Kulturen eine eigenartige Dynamik der extremen Grenzüberschreitungen. Das kann im traditionell bäuerlichen Milieu genauso vorkommen wie in einer bildungsfernen Familie, als Muster ist dies oft in Migrantenfamilien unterer Einkommensmilieus zu erkennen: Aufgrund der ideologischen Überhöhung des Männlichseins des Sohnes wird dieser in der Kindheit verwöhnt. Er entwickelt dadurch ein anspruchsvolles Paschaverhalten, das allmählich mit der äußeren Wirklichkeit kollidiert: mit den Anforderungen in der Schule ebenso wie mit fremdem Eigentum oder dem Bestehen anderer auf Achtung ihrer erwachsenen Autorität. Als hilfloser Versuch der familiären Begrenzung erfolgt dann massive Bestrafung – Jungen werden geprügelt oder erleben andere Formen körperlicher Züchtigung und Gewalt als erlebte Grenzsetzung. Dieser Cocktail führt bei vielen Jungen zu einer brisanten Aufladung, die leicht in Gewaltaktionen explodiert.

Strafe muss nicht sein

Strafandrohung oder erlebte Strafen machen Jungen Angst, wecken Aggressionen, führen zu Machtspielen, werden als Demütigung und Niederlage erlebt. Wollen Sie einen Duckmäuser oder einen sozial kompetenten Jungen? Dann sollten Sie mit Strafen zurückhaltend sein. Strafe klingt schnell nach Rache, und in der Tat verpacken viele Strafende ihre Aggressionen in Bestrafung.

Nennen wir es besser Konsequenzen. Und die brauchen Jungen in der Tat bisweilen. Nicht sofort; am Anfang stehen Korrekturen, Hinweise, Wiederholungen der Regeln. Aber in einer Eskalationsfolge kommen irgendwann auch Konsequenzen ins Spiel. Ältere Jungen sind oft erstaunlich einsichtig und kooperativ, wenn es um Konsequenzen geht. Sinnvollerweise sollten die Konsequenzen mit dem grenzüberschreitenden Handeln in Zusammenhang stehen, etwa die Einschränkung von Freiheiten. Ihr Sohn spielt exzessiv mit seiner Spielkonsole und räumt deshalb nicht auf, obwohl es gemeinsam vereinbart wurde: Dann liegt es nahe, die Konsole zwei Tage wegzuschließen, aber es ist unpassend, das Fahrradfahren oder den Schwimmbadbesuch zu verbieten.

MEDIENGRENZEN

Elektronische audiovisuelle Spiele – Computer, Spielkonsolen – und Fernsehen üben auf viele Jungen eine starke Faszination aus. Sie haben ein hohes Suchtpotenzial. Schlechte Schulnoten und der Konsum solcher Medien hängen eng zusammen. Der Verführungskraft dieser Spiele und des Fernsehens können sich Jungen kaum entziehen. Viele Jungen können den Umgang damit aus eigener Kraft nicht sinnvoll regulieren. Also bleibt nur, dass Erwachsene den Medienkonsum reglementieren. Das schafft notwendige Konflikte mit Jungen. Bilden Sie sich Ihre eigene Meinung und sprechen Sie sich gegebenenfalls mit anderen Eltern ab. Stellen Sie sich darauf ein, dass andere Jungen größere Freiheiten haben.

Das Kontrollieren von Medienkonsumgrenzen ist problematisch und die Dauerverführung noch größer, wenn Jungen

Fernseher, Konsolenspiele oder Computer im eigenen Zimmer haben. Deshalb gehören bis zum Alter von (mindestens) 16 Jahren solche Geräte nicht dauerhaft ins Jungenzimmer.

Mit solchen Medien verantwortungsvoll umzugehen ist eine Kompetenz von Jungen, die oft überschätzt wird, sie entwickelt sich meist nicht weiter. Deshalb geht es um den kontrollierten Konsum. Eine Faustformel für den maximalen Konsum elektronischer Medien (insgesamt!) von Jungen lautet:

* An Wochentagen (Schultage): doppeltes Alter geteilt durch 10 (für einen 14-jährigen Jungen also maximal 2,8 Stunden Zeit für alles: Playstation, Fernsehen, Computer, Chatten usw.)

* Falls es am Wochenende, feiertags oder in den Ferien etwas mehr sein darf, dann ganz einfach: Alter geteilt durch 4 (ein 14-jähriger Junge darf samstags oder sonntags 3,5 Stunden pro Tag elektronische Medien konsumieren)

Damit Jungen Regeln oder Grenzen lernen, ist es notwendig, diese zu wiederholen – das kann dauern. Denken Sie nur an das Essen mit Besteck: Wie oft mussten Sie sagen »Nimm die Gabel, nicht die Finger«? Oder an Grammatikregeln: Bis die Reihenfolge im Satzbau stimmt, muss über Wochen korrigiert und wiederholt werden. Wiederholung gehört zum Wesen von Regeln.

Passen Sie auf, dass Sie nicht in die berüchtigte »Wenn-dann-Falle« geraten. Denn für Jungen ist die »Wenn-dann-Erziehung« oft problematisch. Dabei koppeln Sie Ihren Wunsch oder Ihre Vorstellung mit einer Strafe: »Wenn du nicht dein Zimmer aufräumst, dann darfst du nicht fernsehen.« Oder: »Wenn du das Wort noch einmal sagst, helfe ich dir nie wieder.« Das fordert Jungen zum Unterlaufen, zum Verhandeln oder zum Kräftemessen heraus. Mancher Junge wird sagen oder denken: »Das ist mir doch egal, ich räum nicht auf«, oder: »Das wollen wir doch mal sehen!«

Vor allem kann dieser Mechanismus Ihnen selbst Probleme bereiten, denn Sie stehen dann in der Pflicht: Sie haben gedroht. Wenn Sie konsequent sein wollen – was wegen der Verlässlichkeit ein guter Vorsatz ist –, müssen Sie Ihre Drohung wahr machen. Und was Sie spontan in der Erregung oder im Ärger angedroht haben, kann völlig überzogen oder unpassend sein. Also: Gehen Sie mit dem »Wenn-dann-Mechanismus« zurückhaltend und vorsichtig um. Es gibt ja Alternativen: Äußern Sie Ihren Wunsch als Ihren Wunsch: »Ich möchte, dass du jetzt sofort aufhörst, Gameboy zu spielen!« Setzen Sie bei Vereinbarungen und Regeln zuerst auf die Kraft der Wiederholung: »Wir hatten vereinbart, eine Stunde Playstation und dann eine Stunde Rausgehen.« Verlangen Sie Verbindlichkeit: »Wir hatten das so abgemacht. Ich will, dass du Absprachen auch einhältst.« Wiederholung und Erinnerung an nicht eingehaltene Vereinbarungen nerven Jungen oft mehr als Konsequenzen. Und denken Sie daran: Das sind Lernprozesse, die dauern eben.

Manche Grenzüberschreitungen sind zerstörend, kränkend oder verletzend. Beim wilden Spiel, durch unkontrollierte Aggression, Hochstimmung oder Wut werden Grenzen leicht verletzt. Anstelle einer Strafe ist in solchen Fällen ein ausgleichendes und zukunftsweisendes Element viel besser: eine Entschuldigung oder eine Wiedergutmachung des Schadens. So eine Wiedergutmachung ist für beide Seiten wichtig, weil sie einen – oft auch nur symbolischen – Ausgleich schafft. Gut ist es, wenn die Wiedergutmachung beidseitig oder gemeinsam ausgehandelt werden kann. Davon profitiert sowohl der Akteur (der Täter) als auch der bzw. die Betroffene (das Opfer). Nach der Wiedergutmachung sind beide erleichtert und entlastet, die Sache ist bereinigt.

KONFRONTATION MIT REGELVERSTÖSSEN AUF UNTERSCHIED-LICHEN EBENEN

Jungen wollen wissen, wo die Grenzen sind – und wie sie durchgesetzt werden. Tests und Provokationen gehören zu diesem Experimentierfeld. Wie reagieren Sie richtig?

* Machen Sie Ihren Jungen diskret und freundlich darauf aufmerksam, dass er gegen eine Regel verstoßen hat. Sie markieren: Ich habe es gesehen oder gemerkt, das kann z. B. nur mimisch (Stirnrunzeln, gehobene Augenbrauen) oder mit einer Geste (Zeigefinger) geschehen.
* Wiederholen Sie Ihre Markierung ernsthaft, zeigen Sie dabei Ihre Missbilligung.
* Ermahnen Sie Ihren Jungen, sagen Sie ihm, dass er das nicht tun soll, wiederholen Sie die Regel.
* Wiederholen Sie die Ermahnung betont und entschieden.
* Fordern Sie den Jungen ultimativ auf, sein Verhalten zu unterlassen und die Konfrontation anzuerkennen.
* Nehmen Sie leichten körperlichen Kontakt auf, indem Sie ihn z. B. an der Hand oder am Arm anfassen.
* Halten Sie ihn fest, unterbinden Sie sein Verhalten körperlich. Bei gewalttätigem, zerstörerischem oder verletzendem – auch selbstverletzendem – Verhalten: Halten Sie ihn liebevoll fest, bis er sich beruhigt.

Grenze am Ende?

Was tun, wenn sich grenzüberschreitende Verhaltensweisen eingeschliffen haben? Dann ist die Aufmerksamkeit der Eltern gefordert, sie müssen auf Kleinigkeiten reagieren – je problematischer die Grenzüberschreitung, desto eindeutiger und betonter die Reaktion. Klarheit in der Konfrontation mit Grenzüberschreitungen ist entscheidend.

Was aber, wenn nichts mehr hilft? Wenn keine Absprachen wirken, Vereinbarungen nicht eingehalten werden? Man kann im Vorfeld darüber streiten, wie aufgeräumt ein Zimmer sein muss, wie viel Hilfe im Haushalt zu erwarten ist, welche Pflichten zu erfüllen sind. Aber angenommen, es geht um etwas wirklich Wichtiges und alle Grenzsetzungsversuche fruchten bei Ihrem Sohn nicht mehr? Dann können Sie vom Prinzip des gewaltfreien Widerstands lernen. Machen Sie deutlich, dass Ihre Bedürfnisse auch ein Gewicht haben. Besetzen Sie doch mal das Bett oder das Zimmer Ihres Sohnes. Benennen Sie Ihre Bedürfnisse, Vereinbarungen und Wünsche. Bleiben Sie sitzen, bis er reagiert. Nehmen Sie sich etwas zum Lesen mit, es kann länger dauern. Seien Sie bei solchen Aktionen kreativ. Gewaltfreier Widerstand hat schon Staaten verändert und Regierungen beeinflusst. Sie können also hoffen.

Aber auch dies hilft nicht immer. Im Zweifel und bevor Sie sich zermürben, ist es sehr gut, wenn Sie sich rechtzeitig Unterstützung und Hilfe holen. Die Erziehungsberatung ist hier eine gute Adresse. Dort kennt man solche Jungengeschichten und weiß, was Eltern brauchen. Seien Sie Ihrem Sohn auch darin ein Vorbild, dass Sie Ihre eigenen Grenzen erkennen und in diesem Fall Hilfe in Anspruch nehmen.

GRENZEN SETZEN – NICHT NUR IN DER FAMILIE

Ein afrikanisches Sprichwort lautet: »Es braucht ein ganzes Dorf, um ein Kind zu erziehen.« In Bezug auf Regeln und Grenzen ist viel Wahres an diesem Satz. In unserer individualisierten Gesellschaft besteht ein fataler Fehler darin, dass sich Erwachsene gegenüber Jungen im öffentlichen Raum zu wenig begrenzend einmischen. Oft herrscht die Haltung vor: »Das geht mich ja nichts an.« Viele fühlen sich nicht zuständig, denn solche Dinge müssten ja Eltern, Lehrer oder Polizisten regeln. Andere zeigen sich feige und schauen einfach weg. Vor allem ältere aggressive Jungen machen Erwachsenen auch Angst, dass sie der Aggression der Jungen nicht mehr Herr werden oder als Opfer aus der Konfrontation hervorgehen. Die Folge: Jungen bekommen den Eindruck, sich in rechtsfreien Räumen zu befinden. Grenzverletzendes und -überschreitendes Verhalten wird so in den Augen von Jungen unterschwellig gestattet.

Insgesamt ist dies auch für Jungen eine tragische Entwicklung. Grenzüberschreitende Jungen kommen dabei in die Nähe des Größenwahns, sie denken – nicht zu Unrecht –, sie könnten sich alles erlauben. Hier sind alle (!) Erwachsenen gefordert. Immer, wenn ein Junge im öffentlichen Raum sich nicht regelkonform verhält – Abfall wegwirft, eine Flasche zerbricht, Dinge beschädigt, eine Zigarette raucht (unter 18), Alkohol trinkt (unter 16) – und ein Erwachsener dies beobachtet, sollte dieser eine Reaktion zeigen. Viel zu selten hören Jungen Sätze wie: »Heb das auf und wirf es in den Papierkorb«, »Räum die Scherben wieder weg«, »Du darfst nicht rauchen, du bist noch nicht 18«, »Das ist nicht richtig, was ihr da macht«. Ohne diese Begrenzungen werden sie aus ihren Allmachts- und Größenfantasien nicht wieder auf den Boden der Wirklichkeit geholt. Dies zeigt für manche Jungen fatale Folgen. Sie müssen und werden mit dieser Haltung scheitern.

Ob in der Familie oder in der Öffentlichkeit: Grenzen sind eine soziale Notwendigkeit. Gleichwohl verlangt begrenzende Einmischung Kraft und Energie. Und sie befeuert – durchaus berechtigt – Ängste davor, selbst Opfer zu werden, was ja auch immer wieder vorkommt. Es gibt aber prinzipiell keine Alternative. Deshalb brauchen wir mutige und energische Frauen und Männer, die Jungen begrenzen können. Dass es dies viel zu selten gibt, ist eine Schwäche unserer Gesellschaft, für die manche Jungen zu Unrecht verantwortlich gemacht werden – und für die letztlich wir alle bezahlen müssen.

GEBRAUCHSANWEISUNG NR. 8:
Nehmen Sie die Kompetenzen des Jungen wahr

Jungen sind interessiert und wissbegierig, aber sie wollen auch kompetent sein. Sie möchten sagen und fühlen: Ich kenne mich aus. Ich kann etwas. Wenn es ihnen wichtig ist, sollte das akzeptiert werden. Weil kein Junge alles weiß oder kann, ist es selbstverständlich so, dass es immer etwas gibt, was als inkompetent oder problematisch wahrgenommen werden könnte. Also ist die Kompetenzfrage eine Sache der Perspektive: Sehen Sie auf den Käse oder doch auf die manchmal ganz schön großen Löcher?

Was uns Jungen mitteilen, ist: Konzentriere dich erst mal auf das Vorhandene! Interessanterweise ist es nicht so, dass Jungen mit dieser Aufforderung größenwahnsinnig werden und denken, sie wüssten oder könnten alles. In Gesprächen präsentierten uns Jungen die noch offenen Stellen und Seiten ganz elegant; sie betonen zwar ihre Kompetenz, lassen aber eine typische Lücke, indem sie relativierende Begriffe einbauen: »eigentlich«, »im Prinzip«, »relativ«. Wir fragen nach der Sexualaufklärung und sie antworten: »Ich bin eigentlich gut aufgeklärt«; wir unterhalten uns über ihre Gesundheit: »Ich fühle mich relativ gesund!« Wir möchten etwas über ihre Freundschaften erfahren und sie äußern: »Im Prinzip verstehen wir uns super.« Die Botschaft ist eindeutig: Zuerst geht es um die Wahrnehmung und Akzeptanz des Kompetenten, dann gibt es auch noch Platz für das Fehlende: »Ich bin kompetent und problemfrei, und da gibt es vielleicht ja noch was, durch das ich meine Kompetenz ausbauen könnte!« Auf dieser Grundlage sind Jungen offen für Ergänzung und Entwicklung. Auch Schwierigkeiten müssen so gesehen gar nicht sein. Ein Junge antwortet zum Beispiel auf die Frage, ob es mit seiner ersten Freundin auch Probleme gegeben habe: »Probleme würde ich nicht sagen. Es waren Erfahrungen.« Um im Anschluss eine ganze Reihe auch größerer Schwierigkeiten zu schildern. Es kommt auf die Perspektive an. Schauen Sie also zuerst auf die Kompetenzen des Jungen!

Der Grund, warum Kompetenz so wichtig ist, liegt vermutlich auch im Männlichen. Testosteron befeuert Statusthemen, die über eine kompetente Position markiert werden. Männlichkeitsbilder fordern Hierarchie ein, die über Kompetenz aufgebaut werden kann, und verknüpfen »männlich« mit »kompetent«. So ist es verständlich, dass Jungen sich an diesen Bildern orientieren – für sich selbst, aber auch in ihren Erwartungen. Sie machen Erwachsenen ihr Bedürfnis danach deutlich, als kompetent gesehen zu werden. Wenn sich Erwachsene ständig im Gegensatz zu dieser Erwartung verhalten, müssen sie sich nicht wundern, wenn Jungen allergisch reagieren. Vor allem in der Schule repräsentieren Lehrkräfte die Haltung: Ich bin kompetent, also bist du es nicht. Eine fatale Beziehungsverweigerung, die Jungen oft ins Behaupten des Gegenteils und in den Größenwahn drängt. Dieser Fehler lässt sich vermeiden: Nehmen Sie die Kompetenzen des Jungen wahr – was er kann, was er gelernt und bewältigt hat, wo er sich auskennt oder schon gut ist, wo er sich verbessert hat. Dann ist er offener für die Bereiche, in denen er sich noch entwickeln kann.

Wenn Sie die Kompetenzen Ihres Jungen wahrnehmen, ist Ihre Haltung auf das ausgerichtet, was gelingen wird, nicht auf das, was schiefgeht – sonst schwebt das Problem bereits im Raum. Achten Sie auch bei Hinweisen für Ihren Sohn auf die positive Formulierung, also auf das, was sein soll, was Sie möchten:

* Pass auf, dass das Glas stehen bleibt (nicht: … dass es nicht umfällt)!
* Schau zu, dass du rechtzeitig ins Bett kommst!
* Fahr bitte vorsichtig mit dem Rad!

Probleme und Inkompetenz als Männlichkeitskonflikt

Jungen wollen sich nicht als problematisch fühlen und darstellen. Probleme zu haben oder inkompetent zu sein bedroht den Status, die Position im sozialen Gefüge. Mit Inkompetenz ist ein Junge potenziell Abwertungen ausgesetzt, was er vermeiden möchte. Auch im Modell der Geschlechterpole gelten das Wissen und Erklären als männlich, das Fragen, Aufmerksamzuhören und ein bisschen Dummerchensein sind das Weibliche. Mit der Wirklichkeit hat das natürlich wenig zu tun, aber mit dem Herstellen von Geschlecht.

Kompetent sein ist prinzipiell nicht schlecht, nur weil es mit Männlichkeit verknüpft ist (auch Weiblichkeit ist mit Kompetenzen verbunden). Um Männlichsein zu markieren, wird Kompetenz eingesetzt, instrumentalisiert; über Kompetenz wird ein hierarchisches Verhältnis von »oben« und »unten« hergestellt: unter Jungen und zwischen Jungen und Mädchen (beide Male nach dem Prinzip: Ich bin besser/wertvoller/wichtiger usw., weil ich kompetenter bin). Und das ist weder hilfreich noch beziehungsfördernd.

Diese Männlichkeitsdynamik bei der Kompetenz führt leider zu problematischen Nebenwirkungen. Manche Jungen geben großspurig mit ihrem Inselwissen an, weil sie annehmen, dass das zur Statusverbesserung führe. Andere fühlen sich nahezu omnipotent, wenn sie in nebensächlichen Kompetenzbereichen etwas vorweisen können. Manche Jungen erklären anderen (und bevorzugt Mädchen) gern und ungefragt die Welt, während sie sich dabei toll männlich fühlen; das ist ein soziales Missverständnis, denn solches Verhalten ist nicht männlich, sondern nervt diejenigen, die sich das anhören müssen. Diese negative Nebeneffekte der Kompetenz lassen sich vermeiden: indem Kompetenzen nicht in den Himmel gelobt, sondern anerkannt werden. Hilfreich sind auch gute Vorbilder, besonders im Vater, aber auch in anderen Männern; der wertschätzende Umgang beider Eltern miteinander ist ebenfalls bedeutsam; schließlich sollten auch die Mütter und Frauen im Umfeld von Jungen ein wenig darüber nachdenken, ob sie Inkompetentsein nicht doch bisweilen mit »weiblich« verknüpfen und sich dumm stellen, damit der Mann der Kluge sein darf. (Wenn das so ist: Sofort abstellen!)

Die Entkoppelung der Kompetenz von Hierarchie trägt zu einem entspannteren Verhalten bei: Es ist schön, wenn man etwas weiß oder kann, darauf kann man durchaus stolz sein – aber man wird dadurch kein besserer Mensch! Das Wahrnehmen von Kompetenzen und das Rückmelden dieser Wahrnehmungen an Jungen sollen also keine Egomanen oder Klugscheißer produzieren, sondern selbstbewusste, realistische, urteilsfähige und fachkundige Jungen.

Der kritische Blick auf Jungen

In der westlichen, christlich geprägten Welt ist der Blick aufs Problematische, Inkompetente viel ausgeprägter als der auf Stärken, auf Gaben und Kompetenzen. Im Westen ist man geschult darin, auf eigene Fehler und auf die Schwächen anderer zu schauen und darauf, Kritisches und Negatives wahrzunehmen und zu äußern. Mit Lob, Wertschätzung und Anerkennung tut man sich schwerer. Gesellschaftlich hat sich dies lange Zeit bewährt. Der defizitäre Blick treibt uns an, uns ständig zu verbessern – oder zu kompensieren, etwa, indem wir noch mehr haben oder noch mehr kaufen wollen. Mittlerweile führt diese Sichtweise allerdings zu enormen persönlichen, sozialen und globalen Problemen. Sie hat sich überholt.

> Mit der negativen Sichtweise ist es wie bei einem Witz, bei dem ich an den kritischen Blick auf Jungen denken muss: Am Seeufer steht ein Mann mit seinem Hund. Er wirft einen Stock weit hinaus ins Wasser. Der Hund rennt los, läuft über das Wasser, schnappt den Stock, läuft wieder zurück, ohne nass zu werden, und bringt ihn seinem Herrchen. Das geht ein paar Mal so. Ein anderer Mann schaut dem Spektakel zu. Dann sagt er geringschätzig zum Hundebesitzer: »Ihr Hund kann ja nicht einmal schwimmen.«

Beim aktuellen Blick auf Jungen wird diese negative Sichtweise nochmals zugespitzt. Denn die moderne, doppelt kritische Sicht auf Jungen verleitet erst recht dazu, vor allem das Schwierige, Problematische zu sehen – die Schattenseiten des Jungeseins: die Probleme, die Jungen haben (Perspektive: »arme Jungs«) und solche, die Jungen anderen machen (Perspektive: »böse Buben«). Beides gibt es natürlich, es geht nicht darum, sie zu verdecken oder zu verschweigen. Nur bleibt der Geschlechterblick auf Jungen oft auf diese Facetten beschränkt. Entsprechend unvollständig sind die Wahrnehmung von Jungen und die Diskussion über sie. Ihre hellen Seiten, ihre Kompetenzen, ihr Sich-Weiterentwickeln, das Lebendige, Kreative, Starke oder Tolle bei Jungen werden dann kaum wahrgenommen oder gleich als selbstverständlich abgehakt; oder aber es wird nicht mehr auf Jungen »als Jungen« bezogen, sondern individualisiert: »Die Jungen stören immer den Unterricht. Sebastian macht aber gut mit.«

Wenn der Blick durch die Geschlechterdiskussionen aufs Problem konzentriert ist, fällt uns das Kritische noch mehr auf. Kommt zur Wahrnehmung noch Ärger hinzu, wird als Reflex das Wahrgenommene gern auf die ganze Person bezogen: »Du bist faul!« (oder unzuverlässig, bequem, vorlaut, respektlos), »Du hast doch keine Ahnung!«, »Immer hängst du den Macho raus!« usw. In solchen Situationen gibt es wahrscheinlich gute Gründe dafür, warum Sie sich ärgern. Dennoch ist es eine unpassende Reaktion, wenn Sie aus der Wahrnehmung und dem Ärger des Moments eine negative Zuschreibung ableiten und sie Ihrem Sohn mitteilen.

Ihr Sohn kommt zu spät nach Hause. Sie kennen den Hintergrund nicht, aber Sie ärgern sich und haben sich Sorgen gemacht. Sie äußern die spontane Zuschreibung: »Du bist so unzuverlässig!«
Es war aber so: Kurz bevor er gehen musste, ist ein Mädchen aufgetaucht, das im Moment ganz wichtig für ihn ist, er ist wohl in sie verliebt. Ihr Sohn war im Konflikt und setzte in dieser Situation eine andere Priorität. Er ging dann immer noch zu früh, um die Eltern nicht zu sehr zu verärgern; aber er hat das Mädchen wenigstens kurz gesehen. Ist er dann wirklich – in seiner ganzen Person – unzuverlässig?

Der kritische Blick ist verführerisch, weil wir auf ihn geeicht sind. Immer und überall ist etwas zu entdecken, was noch nicht perfekt ist oder besser sein könnte. Jungen mögen diese Sichtweise aber gar nicht. Ihr Wunsch nach Resonanz aufs Kompetente wird enttäuscht, sie werden in ihrem männlichen Selbstbild abgewertet. Um Jungen zu erziehen, ist die Dominanz des Negativen überflüssig. Deshalb sollten Sie die kritische Dauerperspektive bewusst und aktiv verändern. Das geht mit etwas Übung ganz einfach: Nehmen Sie die Kompetenzen Ihres Jungen wahr!

Kompetenz wahrnehmen und mitteilen

Wenn Sie Ihren Blick schulen und immer wieder auf die Substanz einstellen, gelangen Sie zu einem offenen Wahrnehmen des Kompetenten bei Ihrem Jungen: Was »kann« Ihr Junge? Was weiß er, was überblickt er, was kapiert er? Wo sind seine Stärken? Dabei sollten Sie möglichst Ihre Bewertungen beiseitelassen und moralische Einfärbungen herausfiltern: »Ja gut, das kann er, aber das kann doch jeder!«, oder: »Da hat er Kompetenzen, klar – aber darauf könnte ich verzichten.« Oder: »Ja, er kann seine Wünsche äußern, aber besser wäre, wenn er mir folgen würde!«, usw. Diese Zusätze torpedieren die Wahrnehmung von Kompetenzen und werten sie ab.

Es ist schön, wenn Sie Kompetenzen und den Zuwachs an Fähigkeiten wahrnehmen. Nun sollten Sie es dem Jungen auch mitteilen: »Das hast du gut gemacht!«, »Da kennst du dich aber aus!«. Es darf auch positive Bewertung mit einfließen: »Mir gefällt es, wie du den Kleinen was erklärst, die hören dir gern zu.« Beim anerkennenden Mitteilen Ihrer Wahrnehmung geht es nicht um einschmeichelnde Lobhudelei. Ihr Junge braucht keine Überversorgung mit Lob. Es ist wichtig, angemessen und realistisch zu bleiben. Sie brauchen nicht in Jubel auszubrechen, wenn Sie wahrnehmen, dass ein Neunjähriger seinen Namen schreiben kann; bei einem Fünfjährigen dagegen dürfen Sie sich freuen!

Über das Mitteilen Ihrer Kompetenz-Wahrnehmungen lassen Sie den Jungen Ihren Stolz spüren und den seinen selbst fühlen. Darin liegt für ihn eine starke Motivation, sich weiterzuentwickeln. Ermutigen Sie ihn auch darin, seine Kompetenzen zu erweitern. »Das eine kannst du schon gut, und das andere schaffst du auch noch!« Teilen Sie es ihm mit, wenn (und wo) Sie denken, dass er sein ganzes Potenzial noch nicht entwickelt hat. Zeigen Sie ihm Wege, wo und wie er sich noch entwickeln kann. Achten Sie darauf, wo Sie seine Stärken unterstützen können, wo er seine Stärken noch ausbauen und erweitern kann. Ihr Ansatzpunkt dabei lautet ganz einfach »Mehr vom Guten!« Dabei geht es nicht um kalte Leistungsaspekte. Sowohl in der Wahrnehmung wie auch in der Mitteilung von Kompetenzen sollten Einfühlung und Mitgefühl eine Rolle spielen.

Kompetenz riecht schnell nach Reife und Vernunft. Da ist bei Jungen oft nicht viel zu holen. Kleine Jungen sollten nicht mit zu viel Vernunft überfordert werden, ihre Kompetenzen liegen oft ganz woanders, gerade im Unvernünftigen: Blödsinn machen, dummes Zeug reden, mit Forscherdrang wertvolle Sachen zerlegen – darin ist oft mehr Kompetenz enthalten als im Wiedergeben kluger Sprüche. Auch vor und vor allem während der Pubertät sind Jungen oft ganz woanders. Vernünftig sind sie nicht, schon gar nicht, wenn Gleichaltrige dabei sind. Darin steckt selbstverständlich auch Kompetenz: Lust am Neuen, Wagnis, Lösung, Überschreitung, Freiheit und Entwicklung. Das ist schön für den Jungen, aber oft schwierig für die Eltern. Kompetent ist es aber dennoch!

Ihr Vorteil dabei ist Ihre Position. Denn auch in solchen Kompetenzspektren sind Sie zuerst einmal Eltern – und das heißt: Sie bieten Klarheit und die Orientierung, wo es langgeht. In der Kindheit funktioniert das, wenn wir die Trotzphase mal auslassen, meistens ganz gut. In der Pubertät nicht. Dafür ist sie ja da. Prüfen Sie die Verhandlungskompetenz Ihres Jungen und seien Sie dort verhandlungsbereit, wo er recht hat. Es gibt Grenzen, die flexibel und solche, die fix sind (siehe auch Gebrauchsanweisung Nr. 7: Grenzen setzen), um die flexiblen wird gestritten. Wundern Sie sich nicht, wenn Sie dann im Kompetenzvergleich immer häufiger mit Ihrem Latein am Ende sind. Freuen Sie sich darüber, denn Sie können stolz auf sich und Ihren Sohn sein. Und in nicht allzu langer Zeit wird Ihnen Ihr Junge sogar mitteilen können, wo Sie besondere Fähigkeiten beim Elternsein gehabt haben.

GEBRAUCHSANWEISUNG NR. 9:
Stellen Sie dem Jungen Aufgaben

Jungen brauchen Liebe. Sie brauchen Zeiten, in denen sie einfach so sein dürfen, wie sie sind. In denen sie entspannen, rumhängen, toben und in denen sie spielen dürfen, was sie wollen. Spiel ist Spiel, Vergnügen ist Vergnügen, und das ist genau richtig so. Doch Jungen brauchen auch Aufgaben. Im Wort »Aufgabe« steckt etwas Fremdbestimmtes, sie wird dem Jungen auferlegt, aber es enthält auch den Aspekt der Gabe: Eine Aufgabe zu bekommen ist auch ein Geschenk. Nicht, dass Jungen das ebenfalls so sehen, im Gegenteil: Viele Aufgaben sind lästig oder mühsam. Dennoch machen erledigte Aufgaben den Jungen stolz. Das ist ein gutes Gefühl, aber dahin muss er erst einmal kommen – durch Erfahrung und in kleinen, angemessenen Schritten, von früh an.

Aufgaben für Jungen sind weder beliebig noch Wellnessoder reine Spaßaktivitäten. An Aufgaben wird die Erwartung geknüpft, dass sie erfüllt werden. Aufgaben sind deshalb mit Unlust gekoppelt. Der Umgang mit einer Aufgabe ist eine Haltungssache und ein Entwicklungsthema: Es erfordert Reife und Erfahrung, dass der Junge eine Aufgabe annehmen, den Erwartungen genügen, Notwendiges hinnehmen oder den späteren Nutzen erkennen kann. Der Gewinn einer erfüllten Aufgabe kann für den Jungen auch nur darin liegen, Auftraggeber oder -geberin zufriedengestellt zu haben und Stolz darüber zu empfinden. Auch die Freude daran, eine Aufgabe abgeschlossen zu haben, ist ein Nutzen für den Jungen.

Aufgaben sind eine Form des Ernstnehmens, des Respekts und des Miteinander. Sie sollen deshalb keine Abwertung und auch keine Strafe sein. Mit dem Übergeben von Aufgaben vermitteln Sie dem Jungen wichtige Botschaften:

* Ich nehme dich ernst.
* Du kannst und schaffst das!
* Du bist ein Teil unserer Gemeinschaft.
* Ich kann das nicht alleine, ich brauche dich, um es zu bewältigen.

Kein Junge kann zum Erledigen einer Aufgabe gezwungen werden. Letztlich geht es immer um seine Entscheidung, eine Aufgabe auszuführen. Aber aus welcher Motivation entscheidet er sich dazu? Angst vor Strafe kann eine Entscheidung für eine Aufgabe begünstigen (schlimm: Strafe durch Liebesentzug). Besser aber, er fällt diese Entscheidung aus Einsicht oder Vernunft. Am besten ist es, wenn sich der Junge aus Mitgefühl, Fürsorglichkeit oder Liebe entscheidet, eine Aufgabe zu übernehmen. Versuchen Sie, auf dieser Ebene dem Jungen eine Aufgabe nahezulegen. Verzichten Sie bei Aufgaben auf Wenn-nicht-dann-Kombinationen (»Wenn du dein Zimmer nicht aufräumst, dann darfst du nicht fernsehen«).

Jungen lernen über Aufgaben, Verantwortung für sich oder andere zu übernehmen und etwas für die Gemeinschaft zu tun. Das reicht weit: vom Einkaufen bis zur Umweltaktion, eine Patenschaft für eine Pflanze oder ein Tier übernehmen, sich um einen jüngeren Schüler kümmern, das Haustier versorgen, mit dem Hund rausgehen, Getränke rechtzeitig aus dem Keller holen, Wäsche auf- und abhängen und zusammenlegen, kochen, Spülmaschine ein- und ausräumen, einkaufen, sein Bett selber machen, das Bad putzen, den Opa besuchen und ihm vorlesen, den Nachbarn zum Einkaufen begleiten, mit der Oma spazieren gehen.

Aufgabenqualitäten

Grundsätzlich enthalten Aufgaben für Jungen zwei Qualitäten:
* Sie haben mit der Wirklichkeit zu tun, es geht um den Ernst, ums Echte. Das ist vor allem ein Kontrast zu dem, wie Jungen Schule erleben. Dort sind die Aufgaben oft nur Scheintätigkeiten oder lästiges Üben für eine ferne Zukunft, eine Tätigkeit, die irgendwann Bedeutung bekommt, vielleicht aber auch nicht: also Pseudoaufgaben. In einer guten Aufgabe stecken der Ernst und das Jetzt, auch wenn sie lustvoll besetzt ist oder Spaß macht.
* Aufgaben sind Anforderungen, Herausforderungen. Sie beinhalten Ansprüche, und die sind nicht immer schön, im Gegenteil: Unlust ist die Hürde, die vor der Aufgabe bewältigt werden muss. Hinterher winken allerdings die Prämien Zufriedenheit und Stolz, wenn die Herausforderung bewältigt wurde.

Eine Aufgabe oder einen Auftrag zu haben, verbinden viele Jungen mit Männlichkeit. Deshalb spielen Jungen gerne Rollenspiele mit einer Mission: Detektive lösen schwierige Fälle, Indianer schleichen sich an, Gefangene werden befreit, unbekanntes Terrain wird erforscht usw. Jungen stellen mit dem Übernehmen von

Aufgaben ihr eigenes Männlichsein her, wer als Junge eine Aufgabe hat, nährt sein Männliches und kann sich männlich fühlen. Das fördert bisweilen die Motivation, Aufgaben zu erfüllen.

Durch unsere kulturelle Prägung werden männliche Aufgaben gern ins Außen verlagert, also außerhalb der Wohnung oder des Hauses. Dadurch schleicht sich leicht eine Hierarchie der Aufgaben ein: Die Aufgaben im Außen sind »besser« oder »wichtiger«. Diese Wertung ist verdeckt, durchaus nicht nur Jungen und Männer sehen es so. Aber das ist traditioneller Männlichkeitsunsinn. Indem männliche Vorbilder, allen voran der Vater, auch fürsorgliche Aufgaben oder solche im Haushalt übernehmen, wird dieses antiquierte Muster durchbrochen. Für die Selbstsorge- und Lebenskompetenzen von Jungen ist ein guter Mix von Aufgaben wichtig; sie sollen befähigt werden, sowohl innerhäusliche als auch äußere Aufgaben erledigen zu können – und alles ist dabei »männlich«, denn alle sind Aufgaben.

Die Verknüpfung von Aufgabe und Männlichsein ist prinzipiell nicht weiter schlimm, sofern sie nicht zur Abwertung anderer missbraucht wird und die Aufgabenverteilung nicht geschlechterbezogene Ungerechtigkeit bewirkt: Es gibt innerhalb der möglichen Aufgaben keine besseren, die für Jungen, und schlechteren, die für Mädchen vorgesehen sind (umgekehrt natürlich auch nicht!). Vorlieben kann es immer geben; geschlechterbezogene Arbeitsteilung ist aber nicht erwünscht. Sie nicht verfestigen und sich einschleifen zu lassen ist Aufgabe von Erwachsenen.

Bei Aufgaben, die Jungen dauerhaft übertragen werden, hilft es, wenn diese regelmäßig ausgeführt werden (müssen): Jeden Mittwochnachmittag ist die Zeit, um das Waschbecken zu putzen, oder jeden zweiten Samstag den Flur kehren oder die Treppe wischen. Neue Aufgaben werden allmählich selbstverständlich. Ist es z. B. am Anfang lästig und ärgerlich, Getränke aus dem Keller zu holen, schwindet dieser Zustand mit zunehmender Selbstverständlichkeit. Regelmäßigkeit und Selbstverständlichkeit können sich bis zur Ritualisierung entwickeln, wenn etwa immer am Samstagnachmittag gemeinsam geputzt wird und diese Aktion mit Tee und leckerem Kuchen abgeschlossen wird.

Die Aufgaben der Jungen kommen nicht nur von außen. Jungen stellen sich Aufgaben immer wieder selbst und bedienen dabei auch ihr männliches Selbstgefühl. Man muss nur einmal wahrnehmen, mit welcher Hingabe und Begeisterung kleine Jungs ein Loch im Sandkasten graben und eine Mission draus machen. Nun kollidieren die Aufgaben, die einem Jungen gestellt werden, nicht selten mit denen, die ihm selbst für den Moment wichtig und zudem angenehmer und lustbetonter sind: Ein neues Level beim Pokemonspiel zu erreichen ist in den Augen von Jungen wichtiger, als den Tisch zu decken, Getränke zu holen oder Altglas wegzubringen. Hier gilt es zu akzeptieren, dass grundsätzlich beides wichtig ist. Manches muss verhandelt werden, anderes lässt sich durch Regelmäßigkeit, Selbstverständlichkeit und Ritualisierung regeln. Dass es Aufgaben gibt, ist jedenfalls keine Frage: Selbst der Fußballstar und der geniale Erfinder müssen auf dem Weg zum Ziel Müll wegbringen, abtrocknen und Getränkekisten schleppen. Mit der Aufgabe wird der Junge gebraucht, aber nicht missbraucht! Manchmal ist es erstaunlich, wie wenig Jungen zugemutet wird, wie wenig sie gefordert werden und wie sie überfürsorglich klein gehalten werden. Manchmal ist es aber auch unglaublich, wie Jungen überfordert werden: Wenn beide Eltern arbeiten und der 12-jährige Sohn ist währenddessen dauerhaft für einen behinderten Bruder und eine kleine Schwester verantwortlich, dann liegt darin eine maßlose Überlastung. Wenn Jungen Aufgaben übergeben werden, dann sollten Liebe und Augenmaß beteiligt sein. Aufgaben für Jungen sind keine Schikane, keine Unterdrückung oder bloße Entlastung bequemer Erwachsener.

Aufgaben sollen Ihren Jungen nicht überfordern, er sollte sie meistern können. Andererseits dürfen sie den Jungen auch nicht unterfordern: Die Ansprüche der Aufgaben steigen allmählich, auch an die Sorgfalt, mit der sie ausgeführt werden (sollen) – und immer wieder kommt Neues hinzu. Mit zunehmendem Alter werden Aufgaben gerne vergessen oder verschoben. Verbindlichkeit und Verlässlichkeit lassen nach. Das wöchentliche Zimmeraufräumen, Unterstützung bei Einkäufen oder regelmäßige Aufgaben im Haushalt entwickeln sich zu Konfliktherden. Das ist lästig und nervenaufreibend, aber ein wichtiges Feld für die Entwicklung von Aufgabenkompetenzen beim Jungen. Versäumte Aufgaben sollten nicht einfach von Erwachsenen erledigt werden, auch nicht demonstrativ schlecht gelaunt oder vorwurfsvoll. Versäumnisse zeigen Konsequenzen: Der Junge hat nicht rechtzeitig eingekauft, es gibt keine Butter aufs Brot. Was tun? Die Verantwortung liegt beim Jungen. Was unternimmt er nun, um das Versäumnis wiedergutzumachen: Margarine aufs Brot? Nudeln mit Tomatensoße kochen? Oder hungert die ganze Familie?

Weil vor allem neue Aufgaben hohe Anforderungen darstellen, erscheinen sie Jungen oft als langwierig oder nicht zu bewältigen; sie gleichen Bergen der Mühsal. Im Übernehmen größerer Aufgaben erwerben Jungen Kompetenz darin, umfangreiche Angelegenheiten zu bewältigen. Dabei brauchen sie bisweilen Hilfestellung, indem Erwachsene sie ermutigen oder indem sie Jungen das Prinzip der kleineren Etappen vermitteln: Lange Wege geht man durch viele kleine Schritte; große Aufgaben sind ebenfalls mit vielen kleinen Handlungen zu bewältigen. Jungen, die das nicht lernen, meiden später große Aufgaben.

AUFGABENRESPEKT

Die Erwartung, dass eine Aufgabe unverzüglich erledigt werden soll, passt oft nicht in die Beschäftigung des Jungen. Es ist respektlos, zu erwarten, er solle das, womit er gerade beschäftigt ist, sofort aufgeben und fallen lassen, weil Sie eine Aufgabe für ihn haben. Aufgaben mit Vorankündigungen lassen dem Jungen mehr Planungsfreiheit und sind leichter durchzusetzen: »Ich bin in fünf Minuten fertig mit Kochen, du kannst bald den Tisch decken. Ich sag es dir, wenn es so weit ist, aber dann musst du gleich kommen, okay?« Mit dieser Ankündigung können Sie einfordern, dass das Tischdecken dann sofort geschieht. Sie sind und bleiben in Kontakt, Sie respektieren sein Spiel oder seine für ihn – warum auch immer – wichtige Beschäftigung.

Größere Aufgaben

Neben den Arbeiten, den Jobs, hat das Thema »Aufgabe« eine weitere Dimension. Hier geht es mehr um die aktuellen Lebensaufgaben, also das, was der Junge verarbeiten oder bewältigen muss. Dazu gehören besonders

* die Entwicklungen der männlichen Persönlichkeit, also die individuelle Reifung und die damit zusammenhängenden Entwicklungsaufgaben, wie die Beziehungsgestaltung zu den Eltern, die Position im familiären Dreieck; die Entfaltung der eigenen Persönlichkeit und der Sprachkompetenz; aber auch das Kultivieren von Aggression, Fantasie oder Sexualität;

★ soziale Themen, wie ein sportliches Ziel erreichen; mit einer schwierigen Lehrerin zurechtkommen; lernen, mit seiner Zeit umzugehen; Freund sein oder zu einer Clique gehören. Oder soziale Übergänge: vom ausschließlich familiären Rahmen in den Kindergarten, von dort in die Schule, von der regelmäßigen Schulzeit in die Ferien und wieder zurück in die Schule, später der Schulwechsel in die Sekundarstufe usw.

Hinzu können als zu bewältigende Aufgaben gravierende Ereignisse in der Biografie kommen: die Geburt eines Geschwisterkindes, der Tod eines Menschen in der Umgebung, ein Umzug, die Trennung der Eltern, große persönliche Enttäuschungen, Gewalt- oder Mobbingerfahrungen. Das sind Aufgaben, die nicht schnell und nebenher bewältigt werden können, daran knabbern viele Jungen längere Zeit, manchmal ihr Leben lang. Symbolisch ist aber selbst bei solchen Themen für einen Jungen die Erfahrung mit anderen, »konkreten« Aufgaben wichtig: dass er auch Hürden, die zunächst unüberwindbar schienen, irgendwann bewältigt hat.

Indem Sie diese größeren Aufgaben bemerken und im Auge behalten, helfen Sie dem Jungen, sie anzugehen und zu bewältigen. Sie brauchen nicht ständig darüber zu reden, müssen nicht daran »rummachen«. Aber wenn Sie etwas wahrnehmen oder wenn Ihr Junge Ihnen etwas Entsprechendes mitteilt, ist es hilfreich, wenn Sie mitfühlend reagieren: »Na, mit dem Papa hast du es echt schwer gerade, was?«, oder: »Du bist enttäuscht, dass Max nie von sich aus anruft.« Bleiben Sie am Ball – auch in Phasen, in denen sich der Junge zurückzieht – und überlegen Sie (vielleicht auch gemeinsam): Was ist derzeit seine größere Aufgabe? Was ist aktuell sein Hauptthema?

Jedes dieser Themen, jede Aufgabe weist auf eine Art Bestimmung des Jungen hin. Das ist auf der Gegenseite auch eines Ihrer Themen. Sie haben den Jungen bekommen, wurden mit ihm beschenkt: Was denken Sie, was in Ihrem Leben die Bestimmung Ihres Sohnes ist? Vielleicht ist es, Lebenslust und -freude in Ihr Leben zu bringen? Die Chance, über ihn das Männliche besser begreifen zu können? Die Herausforderung, eigene Standpunkte, die eigene Klarheit zu entwickeln? Suchen Sie Ihre Antworten darauf!

Und noch eine Ebene weiter stellt sich – im Lebenslauf immer wieder – die Frage nach der Lebensaufgabe. Warum bin ich auf der Welt? Was ist meine Mission im Leben? Dies lässt sich in der aktuellen Situation beantworten, aber im biografischen Rückblick auch insgesamt. Selten fragen Jungen direkt nach dieser Lebensaufgabe; immer wieder, vor allem in der Pubertät und in Krisen, spielt sie dennoch eine Rolle. Jungen haben Glück, wenn sie einen Rahmen vorfinden, der ihnen beim Beantworten solcher Fragen hilft. Leider gibt es einen solchen Rahmen sehr selten, selbst die Kirchen versäumen es, Jungen bei diesen wichtigen Lebensfragen zu begleiten. Wenn Sie einen Draht zu diesen Themen haben oder es sich ergibt: Suchen Sie mit Ihrem Jungen nach seiner momentanen Aufgabe, seiner Bestimmung, und nach seinen Lebensthemen.

Kleine Jungen können noch kein partnerschaftliches Gegenüber sein. Sie brauchen bei Aufgaben Klarheit und Unbedingtheit: »Wir räumen jetzt auf!« Das heißt nicht, dass Sie den Jungen herumkommandieren, es geht nicht um Machtausübung. Wenn Aufgaben erledigt werden sollen, sind für ihn Eindeutigkeit und Klarheit hilfreich. Der ältere Junge wird vernünftiger, männlicher, anspruchsvoller und eigensinniger. Sein Größerwerden und -sein verändern auch Ihr Verhältnis zum Jungen. Er wird auf dem Weg zur Pubertät zunehmend gleichberechtigter Partner. »Wird« und »zunehmend« heißen: Er ist es noch nicht, aber er braucht Möglichkeiten, hierin zu wachsen. Die veränderte Position verlangt eine umgestaltete und elegantere Form der Kommunikation.

Wie sag ich's meinem Jungen?

Es gibt Aufgaben, und Sie möchten, dass Ihr Sohn bei ihrer Erledigung seinen Teil übernimmt. Dann stellt sich die Frage: Wie bringen Sie ihn dazu? Eine Forderung und noch mehr ein Befehl bedeuten in den Augen Ihres Sohnes eine Statusabwertung. Er hört neben dem Auftrag die Botschaft: »Ich verlange etwas von dir, denn ich stehe über dir.« Das ist aus seiner Sicht unerwünscht, wer möchte schon einen Statusverlust? Also wird er versuchen, seinen Status wiederherzustellen: Es entsteht ein Machtspiel, und Sie haben dabei schlechte Karten. Denn selbst wenn Sie sich durchsetzen, fühlen Sie sich hinterher oft schlechter oder sind verärgert.

Bisweilen müssen Machtverhandlungen sein. Sie haben den Eindruck, hier geht es jetzt um die Macht? Dann stellen Sie sich auf den Konflikt ein und versuchen Sie, ihn konfrontierend durchzustehen. Im Trotzalter und in der Hochphase der Pubertät ist das immer mal wieder angebracht. In anderen Zeiten deuten Machtverhandlungen allerdings oft auf ein tiefer liegendes Problem hin: Es fehlt an Anerkennung und an Respekt; das lässt sich nicht kurz herausverhandeln, es braucht einen längeren Aufbauprozess.

Eine Alternative: Versuchen Sie, sich auf die Augenhöhe Ihres Sohnes zu begeben. Sie haben einen Wunsch oder eine Bitte: *Sie möchten* gerne, dass Ihr Sohn etwas *für Sie* tut. Sie sind kein Offizier, auch nicht seine Vorgesetzte oder sein Chef. Sie begegnen sich als Partner. Deshalb ist eine befehlende Haltung unangemessen. Sie bitten den Jungen um etwas. Im Bitten anerkennen Sie ihn, Sie akzeptieren seinen Status und Sie geben ihm das Recht zur Entscheidung. Das ist so bei Bitten: Grundsätzlich kann er ihnen entsprechen oder sie ablehnen.

In Form und Inhalt des Bittens gibt es verschiedene Stufen, oder – wie beim Computerspiel – unterschiedliche Levels. Es lohnt sich, sie zu kennen, zu üben und damit zu spielen. Möglicherweise erreichen Sie damit ein höheres Level in der Beziehung zu Ihrem Jungen.

★ LEVEL EINS

Wie formulieren Sie Ihre Bitte? Möglichst direkt und kurz. Hinter allem »Drumherum« wittern Jungen nicht zu Unrecht eine verdeckte Forderungshaltung oder raffinierten moralischen Druck. Direkt bedeutet vor allem nicht konditional. Falsch wäre also: »Kannst du heute mal nach der Schule gleich heimkommen?«, oder: »Würdest du vielleicht den Müll runterbringen?« Ja klar, das könnte oder würde er – mal rein körperlich betrachtet wäre er dazu in der Lage; oder wenn er Lust dazu hätte, könnte er sich das eventuell vorstellen; oder wenn er gerade nichts anderes zu tun hätte, dann käme das infrage. In den Ohren von Jungen ist eine solche Frage unklar, zu schwammig und zu offen gestellt. Was wollen Sie eigentlich? Sie haben eine Bitte. Dafür braucht es keinen Grund, keine Rechtfertigung. Also machen Sie es direkt, kurz, knapp und deutlich.

Sie bitten ihn um etwas, und das geht so:

- Holst du bitte Getränke aus dem Keller?
- Räumst du bitte die Spülmaschine aus?
- Hilfst du mir, die Sachen aus dem Auto auszuladen, bitte?

Hat es funktioniert und antwortet Ihr Sohn mit der Annahme Ihrer Bitte, dann ist der erste Akt vorbei. Der zweite folgt, nachdem die Sache erledigt ist: Sie bedanken sich dem Anlass angemessen. Sie geben Ihrer Freude darüber Ausdruck, dass oder wie Sie sich unterstützt fühlen, wie wichtig das jetzt für Sie war, wie froh Sie sind, dass es erledigt ist, usw. Damit bleiben Sie in der Beziehung, Sie geben ihm das Gefühl, dass er ein großer Junge oder ein junger Mann ist, auf den man sich verlassen kann. Vielleicht sind Sie sogar stolz auf ihn? Dann sagen Sie ihm das, ebenfalls kurz, offen, direkt (und nicht zu überschwänglich – das könnte ihn stutzig machen oder sein gutes Gefühl ablöschen).

★ LEVEL ZWEI

Nicht immer wird Ihr Sohn freudig und stolz mit einem sofortigen »Ja, mach ich« antworten. Wenige Ihrer Bitten sind mit unbedingter Lust gekoppelt (wie etwa diese: »Würdest du bitte die 100 Euro nehmen und ein neues Playstation-Spiel kaufen?«). Die meisten Bitten und Aufgaben sind Spaß- und Lustkiller, sie erzeugen Unlust. Verständlich, dass auch bei prinzipieller Zustimmung zu Ihrer Bitte die Reaktion eines Jungen nicht erfreut ist, sondern eher unlustig, grummelnd. Nehmen Sie das nicht persönlich. Er meint damit nicht Sie, sondern sich und die Aufgabe.

Seine Unlust muss von ihm überwunden und verarbeitet werden. Er soll dafür das wichtige ungestörte Einfach-Rumhängen, den Rückzug auf sich selbst, sein lustvolles Tun unterbrechen – wer weiß, ob sich das aktuelle angenehme Gefühl wieder einstellt?

Ein grober Fehler wäre es, jetzt beleidigt abzubrechen, etwa mit Vorwürfen oder der moralisierenden Bemerkung: »So nicht! Dann mache ich es lieber selbst.« Denn damit beziehen Sie seinen Zustand auf sich. Das Überwinden der Unlust, der Widerstände und Trägheit ist Teil der Bewältigung. Dieser Aufbruch ist im Übrigen ein Element in jeder guten Heldengeschichte. Und genau das spielt sich nun real vor Ihren Augen ab (schön, dass Sie es in Miniaturform miterleben dürfen!) Außerdem, seien Sie ehrlich: Ihnen geht es doch genauso, Sie könnten auf die Aufgaben verzichten, sie machen Ihnen ebenfalls Unlustgefühle – Sie haben nur schon länger trainiert oder bemerken den Verdruss aus Vernunft und Pflichtgefühl nicht mehr. Also: Lassen Sie ihn grummeln, ein bisschen mit sich hadern, unzufrieden sein – aber bleiben Sie standhaft bei Ihrer Bitte.

Im optimalen Fall macht er sich auf, vielleicht schimpft er noch über die Ungerechtigkeiten der Welt – und erledigt dann den Auftrag, anfangs missmutig, aber vielleicht zunehmend entspannter. Und danach empfindet er Zufriedenheit und Stolz, er ist der ritterliche Held, der gern eine Dienstleistung erbringt, weil allein die Bitte darum eine Form der Wertschätzung ist. Auch hier folgt wieder wie oben Ihr Dank, Ihre Anerkennung oder Stolz – und dies unbedingt ohne moralische Entwertung, weil er nicht gleich »Ja« gesagt hat; weder verdeckt noch direkt aufgeschmiert.

Erinnern Sie sich an die Szene, als Tom Sawyer einen Zaun zu streichen hatte? Er bekommt eine anstrengende Aufgabe, vollgestopft mit der Aussicht auf einen Tag voll ätzender Unlust. Dann transformiert er sein Missbehagen geschickt in attraktive Lust, die Kompetenz erfordert und Statusgewinn verspricht: Mit der Haltung eines Handwerkers, der eine verantwortungsvolle Aufgabe übernommen hat, animiert er andere Jungen, den Job für ihn zu erledigen. Ein besonders eleganter Umgang mit Unlust, die hohe Schule gewissermaßen!

★ **LEVEL DREI**

Sie äußern eine Bitte. Dies beinhaltet die Möglichkeit, dass Ihr Sohn Ihren Wunsch abschlägt. Kein Grund, sich gekränkt zu fühlen, oder Schuldgefühle zu produzieren: »Was, du sagst Nein? Ich koche dir das Essen, wasche deine Wäsche« usw. – vergessen Sie das! Hier öffnen sich zwei Varianten:

LEVEL DREI – VARIANTE A)

Sie bleiben dabei, denn Sie wollen, dass die Aufgabe erledigt wird. Dann zeigen Sie das durch Wiederholen der Bitte:

- »Ich würde mich wirklich darüber freuen. Machst du es bitte?«
- »Das muss jetzt erledigt werden. Würdest du das bitte machen?«
- »Ich brauche deine Hilfe. Trägst du mir bitte die Sachen hoch?«

Bleiben Sie bei der Kürze der Bitte. Also Stopp nach dem Fragezeichen: keinen Schwall der Begründung nachlegen, keine Rechtfertigung, kein Überreden, kein moralischer

Druck! Einfach die Bitte nachhallen lassen. Geht Ihr Junge dann auf Level eins (»Ja, ich mache es«) oder zwei (grummelt, aber macht es), dann gehen Sie mit ihm mit.

Wenn er ablehnt, verfahren Sie wie oben (Beginn Variante a): Mit einem – nun doch leicht penetranten – Wiederholen Ihrer Bitte. Nennt er einen Grund für seine Ablehnung, dann nehmen Sie seinen Ball auf. Sie spielen auf diesem Level Pingpong. Bleiben Sie kurz angebunden, lassen Sie sich auch durch Fragen nicht aufs Glatteis des Ausschweifens bringen. Wenn er sagt: »Ich habe keine Lust«, antworten Sie: »Ja, Lust habe ich auch keine dazu. Machst du es jetzt bitte?«

Sie befinden sich in einer gemeinsamen Schleife. Das kann ein bisschen dauern, ist aber richtig so: Sie sind sich so viel wert, dass Sie Ihre Bitte aufrechterhalten. Dieses Spiel machen Sie so lange, bis Sie gemeinsam auf Level eins oder zwei gehen können. Oder der Junge bietet Ihnen einen anderen Ausweg an, z. B. eine zeitliche Verschiebung: »Ich chatte gerade, in einer halben Stunde mach ich es dann, okay?« Sofern der Vorschlag eine akzeptable Möglichkeit bietet, ist der Fall damit erledigt bzw. verschoben. Wenn nicht: Hart bleiben!

LEVEL DREI – VARIANTE B)

Es gehört zum respektvollen Umgang, dass wir das Ablehnen eines Wunsches oder einer Bitte akzeptieren. Sie sollen Ihre Bedürfnisse nicht immer hinter die des Jungen stellen. Aber bisweilen geht es auch darum, anzuerkennen, dass er Ihre Bitte nicht erfüllen möchte – warum auch immer. (Es ist ihm peinlich; er fühlt sich bedroht; ihm ist seine Beschäftigung im Moment wirklich wichtig; er straft

Sie, weil Sie ihn geärgert haben, usw.) Anstatt Ihren Sohn mit einem Schwall von Vorwürfen oder Erklärungen zu überschütten, können Sie seine Ablehnung akzeptieren. Probieren Sie es einfach mal aus. Sie sagen zum Beispiel: »Würdest du jetzt bitte dein Zimmer aufräumen?« Der Junge antwortet: »Nein.« Und Sie sagen: »Gut« oder »Okay« oder »In Ordnung«.

Wenn Sie üblicherweise anders reagieren, wird sich der Junge fragen: Was ist denn jetzt los? Und er erkennt, dass er eine echte Chance der Entscheidung hat. Auch das ist eine grundlegende Erfahrung.

Häufig ist es gar nicht so wichtig, dass das, worum wir bitten, sofort geschieht. Dann passiert es halt später. Oft ist es sogar nicht so bedeutend, dass es überhaupt erledigt wird, es kann zur Not ausfallen: Ein Bad beispielsweise verkraftet es, auch mal zwei Wochen lang nicht geputzt zu werden. Sogar dann, wenn Sie es eben selbst machen müssen, gilt es zu akzeptieren, dass der Junge Ihnen diesen Wunsch im Moment nicht erfüllt. Die Wahlfreiheit öffnet ihm die Möglichkeit, das nächste Mal positiv zu entscheiden. Zugegeben: Funktioniert dies nie, dann sollten Sie besser mit der Variante a) experimentieren.

Lehnt der Junge Ihre Bitte ab, liegt die Wahl bei Ihnen: Sie können sich überlegen, wie Sie mit der Aufgabe umgehen. Vielleicht haben Sie auch keine Lust mehr, Brot zu holen, und es gibt keines. Dann ist das so, und es entsteht eine spannende Situation, ein Ernstfall, eine spürbare Konsequenz: Was machen wir jetzt? Hungern? Waffeln backen? Kekse essen? Lassen Sie sich von den Ideen Ihres Sohnes überraschen.

Keine Bitte? Klare Ansagen

Im Zusammenleben mit Jungen ist es wie mit Erwachsenen: Manche Dinge sind wirklich wichtig – generell oder ganz speziell nur für Sie. Jungen brauchen auch dann bisweilen klare Ansagen (oder sagen wir besser, aber nur unter uns: Befehle), denn bitten hilft nicht immer. Gehen Sie mit diesem Instrument sparsam um, missbrauchen Sie es nicht als Machtmittel oder Schikane und reden Sie im Normalfall nicht in dieser Form mit Ihrem Jungen.

Auch bei der klaren Ansage gilt der Leitsatz: Kurz, prägnant, verständlich. Etwa so: »Du gehst heute nicht mehr raus!« Und das genügt. Kein: »Sonst …«, kein »Weil …«, keine Erklärung. Oder so: »Mir reicht es jetzt: Bis Samstag um 18.00 Uhr hast du dein Zimmer aufgeräumt!« Wieder ohne Zusätze, kein »… und wenn nicht, dann werde ich …«. Sie wollen das so. Und wenn es je nicht passieren sollte, können Sie Samstag um 18.01 Uhr überlegen, was dann sein wird. Im Zweifel nehmen Sie sich vorsorglich für den Samstagabend nichts vor.

GEBRAUCHSANWEISUNG NR. 10:
Nehmen Sie die Themen Ihres Jungen wahr

Themen sind die roten Fäden, um die sich das Jungenleben spinnt. Wie in der Musik tauchen auch bei Jungen immer wieder andere und neue Themen auf. Manchmal laut, isoliert und prägnant, manchmal nur durch genaues Hinspüren erkennbar. Ein Thema, mit dem er unterwegs ist, stellt den Jungen in einen größeren Rahmen, wie das Thema in einem Musikstück von anderen Stimmen begleitet wird und an bestimmten Stellen wieder auftaucht. Seine Themen bestimmen, wie der Junge nicht nur im Moment, sondern in größeren Zeiträumen ist, was er macht, womit er als Person beschäftigt ist, was ihn fasziniert. Die Themen des Jungen sind also weniger seine momentanen Interessen oder kurzfristigen Beschäftigungen, auch wenn diese meist mit den Themen zusammenhängen. Die Themen liegen einen Schritt hinter dem Alltag. Es sind tiefer liegende Fragen, die Jungen in und mit ihren Themen beschäftigen. Dieses »beschäftigen« ist in vielen Fällen gar nicht wörtlich gemeint. Das Thema treibt Jungen um, kommt aber oft gar nicht ins Bewusstsein und wird nicht reflektiert. Vieles scheint nur durch Wiederholungen auf oder wird sogar erst im Rückblick erkennbar.

In seinen Themen zeigen sich auch das Wesen und die Gaben, die ein Junge mit in die Welt bringt. Anders als bei momentanen

Fragen oder bewussten Interessen ist es für Sie nicht so einfach, Ihren Jungen in seinen Themen zu unterstützen. Auf eine »Warum-Frage« können Sie ihm direkt Antwort geben. Ein Thema muss erschlossen und gedeutet werden.

Themen wahrnehmen und Jungen unterstützen

Gerade deshalb können Sie das Wahrnehmen seiner Themen eher ruhig angehen, Sie können sich entspannen. Hier sind nicht Fakten und Detektivarbeit gefragt, sondern Einfühlung und die Wahrnehmung mit Ihrem siebten Sinn. Betrachten Sie Ihren Jungen dabei eher beiläufig, mit einem unscharfen oder streifenden Blick. Von Bedeutung für Sie sind diejenigen Themen, die Ihr Junge so zeigt, dass Sie sie quasi nebenher bemerken. Wenn Sie mit Ihrem Jungen verbunden sind, reichern sich alleine dadurch Themenaspekte an. Seine Themen können Sie aus der Beziehung heraus erspüren: Wie fühlt es sich an?

Wenn Sie sich fragen: »Mit welchem Thema geht er zurzeit eigentlich um?«, dann gibt es zwei Möglichkeiten: Ihnen fallen die richtigen Dinge, seine Themen ein, das ist schön. Oder es kommt Ihnen kein Thema in den Sinn, und das ist auch nicht weiter schlimm. Vielleicht ist sein Thema im Augenblick noch nicht richtig entwickelt? Oder es soll noch nicht herauskommen? Oder es besteht darin, eine Zeit lang ohne Thema unterwegs zu sein? Mit einem Thema heißt es, behutsam umzugehen, Sie brauchen nicht danach zu fahnden. Und wenn Sie Themen entdecken, müssen Sie das dem Jungen nicht präsentieren. Es ist für Sie selbst wichtig: Ah, das ist es, womit er gerade unterwegs ist!

Wie Sie darauf reagieren und damit umgehen, hängt vom Thema ab. Nicht alle Themen können und brauchen in jedem Alter angesprochen werden. Oft genügt es, das Thema mitfühlend zu registrieren und womöglich andere Anforderungen zu reduzieren. Ein bisschen so, wie unter Erwachsenen: Wenn wir wissen, dass die Kollegin gerade eine Trennung zu verschmerzen hat, gehen wir verständnisvoller und schonender mit ihr um.

Auf zweierlei Weise können Sie Ihren Jungen beim Umgang mit seinen Themen unterstützen:

★ Indem Sie das Thema grundsätzlich annehmen – begrüßen Sie es, sagen Sie »Ja!« dazu. Freuen Sie sich, dass er mit dem Thema beschäftigt ist und dass er daran wachsen wird. Akzeptieren Sie dabei seine Art, sich seinen Themen anzunähern, mit ihnen umzugehen und sie sich anzueignen (das kann für Sie der schwerste Teil der Übung werden). Wenn es sich um ein schwieriges Thema handelt, versuchen Sie, ihn nicht zusätzlich zu belasten oder ihn an anderer Stelle auch mal zu entlasten. Bisweilen unterstützt es ihn, wenn Sie es mitfühlend benennen und ihm damit mitteilen, dass Sie um sein Thema wissen: »Unter deinen Freunden habt ihr es im Moment nicht so leicht, oder?«, »Fußballspieler kannst du dir sogar als Beruf vorstellen«, »Du weißt zurzeit gar nicht, was dir Spaß macht«, »Du kämpfst gern für eine gute Sache!«. Das Thema bejahen ist nicht immer einfach, vor allem dann, wenn Sie sich dafür verantwortlich oder schuldig fühlen: wenn Sie beispielsweise einen Kindergarten, eine Schule oder eine Schulform für ihn ausgesucht haben und feststellen müssen, dass Ihr Junge es dort sehr schwer hat. Ihre Schuldgefühle verhindern es dann leicht, dass Sie das Thema wahrhaben wollen. Aber auch wenn Sie selbst ebenso mit dem

Thema beschäftigt sind, können Sie vielleicht nicht »Ja« dazu sagen, dass Ihr Sohn am selben Problem nagt. Hier befindet sich der nahtlose Übergang zur zweiten Umgangsweise mit den Themen des Jungen:

* Sie können ihn unterstützen, indem Sie sich selbst seinen Themen stellen (Sie für sich)! Denn Jungen bringen uns mit ihren Themen immer auch in Kontakt mit den eigenen. Darin verbirgt sich eine Chance zur Entwicklung bei uns selbst. Indem Sie mit einem Thema konfrontiert werden, sind Sie aufgefordert, sich darin weiterzuentwickeln. Das gilt besonders für die bei Jungen beliebten Themen Aggression und Sexualität. Jungen, die mit dem Thema der eigenen Aggression zugange sind, stellen damit eine Anfrage an die eigenen Emotionen: Wie halte ich es damit? Unterdrücke ich meine Aggression? Wie ist es mit dem Streiten in der Beziehung unter den Eltern? Dasselbe gilt für die Sexualität; was löst ein Junge aus, der verträumt mit seinem Penis spielt, weil er gerade mit dem Thema »Wie gehe ich mit meiner körperlichen Lust um« befasst ist? Scham und Peinlichkeit? Ärger und Aggressionen? Das sind Hinweise darauf, dass bei Ihnen, den Eltern, möglicherweise etwas im Argen liegt und weiterentwickelt werden möchte. Indem Sie sich seinen Themen stellen, werden Sie nicht zur Themenbremse für Ihren Jungen, sondern zum erwachsenen Begleiter.

Jungenthemen

In jeder Altersphase gibt es Themen, die Jungen bewältigen wollen und müssen. Ein erstes großes Thema ist dabei die Ambivalenz in der Beziehung zur Mutter; ein nächstes die Konkurrenz zum Vater; die eigene Rolle und Position in der Familie. Später kann Thema sein, ob und wie der Junge mit seiner Art bei anderen Jungen ankommt, oder die Qualität der Kontakte zu Gleichaltrigen.

Allmählich kristallisieren sich parallel zur Entwicklung der Persönlichkeit auch Lebensthemen heraus, die immer wieder aufscheinen: Ein genau wahrnehmender Junge, ein empfindsamer oder ein duldsamer Junge ist anders in der Welt als eine Kämpfernatur, ein die Gerechtigkeit schätzender Junge provoziert andere Themen als einer, der das Chaos liebt oder den Rausch sucht. Themen können sich als Fragen ausdrücken, die Jungen »als Jungen« beantworten wollen: Wie kann ich Gerechtigkeit in die Welt bringen? Wie kann ich es bequem haben, wie kann ich mit wenig Aufwand männlich und erfolgreich sein? Auch religiöse oder spirituelle Themen beschäftigen Jungen von Zeit zu Zeit: Was ist meine Aufgabe, was ist meine Bestimmung in der Welt? Was ist Gott?

Natürlich bringen auch Lebenskonstellationen und -ereignisse Themen hervor. Umzüge oder Trennungen, Krankheit und Heilung, Geburt und Tod; solche Übergänge provozieren Themen. Wenn Sie spirituell veranlagt sind, können Sie fragen, welche Themen Ihren Jungen seelisch veranlasst haben mögen, sich genau in diese familiäre Situation zu begeben oder sich Sie als Vater oder Mutter auszuwählen.

Die Themenpalette von Jungen ist unterschiedlich eingefärbt: mal mehr individuell, mal eher allgemein, mal markant männlich. Manche Themen werden durch Männlichkeitsbilder ständig aufgeladen und provoziert. Solche zentralen Jungenthemen sind Aggression, Gewaltfaszination, Sex, Beruf, Arbeit, Zukunftsängste – und darin die Frage: Wie geht das »auf Männlich«?

JUNGENTHEMEN – (AUCH) DAS BESCHÄFTIGT JUNGEN:

* **ARBEIT, BERUF:** Lebensplanung, Traumberufe, Vereinbarkeit Familie/Beruf, Berufsträume, -wünsche und reale -chancen;

* **KÖRPER:** Körpererfahrungen, Körperresonanz, körperliche Entwicklung, Reifung, Pubertät. Wie »funktioniert« mein Körper, was kann ich mit meinem Körper machen?

* **SEXUALITÄT:** Wie »geht« männliche Sexualität? Spannung zwischen modernisierter Sexualmoral und eigener Lust. Potenzthemen – zwischen Größenfantasie, Leistungsanforderungen und Versagen;

* **LIEBE UND BEZIEHUNG:** Beziehungswünsche und -ambivalenzen. Wie komme ich in Kontakt? Verliebtsein mit und ohne Gegenliebe, Beziehung als Nähe- und Distanzthema;

* **AGGRESSION/GEWALT:** Umgang mit Aggressionen, Gewalterfahrungen als Opfer, Täter, Bedrohter, Beobachter;

* **GRÖSSENFANTASIEN:** Ohnmacht und Macht, Klein- und Großsein, reale Unterlegenheit, Abwertungserfahrung, Fantasien von Größe und Stärke als wichtige Bewältigungsform;

* **REGELN, GRENZEN:** Regeln lernen, sich aneignen, selbst entwickeln, gegen Regeln verstoßen. Grenzen erfahren, akzeptieren lernen oder überschreiten, Grenzverlust, Rausch;

* **AUTORITÄT:** Zwischen der Suche nach dem Meister und der Rebellion, Autorität akzeptieren und überflügeln wollen;

* **GENERATIONEN:** Wohin gehöre ich, also die eigene Generationenfindung. Generationenabgrenzung gegenüber Älteren und Jüngeren, Generationskonflikte;

* **SELBSTBEHAUPTUNG:** Ich-Sein und Ich-Bleiben, auch mit Gegenwind;

* **AMBIVALENZEN:** Soll ich – soll ich nicht? Clique – bester Freund, Freundin – Clique;

★ **NORMALITÄTEN:** Normalsein als wichtige Orientierungskategorie, Normierung und Normalitätsdruck. Dürfen wir Jungs uns unterscheiden?

★ **TOD:** Todessehnsucht, Risiko, Grenzerfahrung, Suizid, Verdrängen/Tabuisieren des Todes.

Nachwort

Das Leben mit einem Jungen ist schön – auch in schwierigen Phasen. Es ist eine Freude, mit einem Jungen zusammenzuleben, ihn in seinem Sosein zu erfahren, ihn wachsen, reifen und groß werden zu sehen. Lassen Sie sich begeistern: In jedem Jungen steckt das Zeug, ein glücklicher und erfolgreicher Mann zu werden.

Zum Leben mit einem Jungen gehören aber auch Krisen, Probleme und mühsame Phasen. Das zu erleben ist zumindest rückblickend wertvoll: mitzufühlen, wenn er festhängt; ihn zu trösten, wenn er leidet, und vor allem zu erfahren, wie sich ein Junge, ein männlicher Jugendlicher aus solchen Tiefs herausentwickelt, wie er sich entfaltet und wie sich zunehmend seine ganz eigene männliche Persönlichkeit zeigt; oder sich selbst im Konflikt mit ihm wiederfinden, in existenziellen Fragen, im Hinterfragtwerden; unverhofft Anerkennung von ihm zu bekommen oder seine Abwertungsversuche auszuhalten. Das sind Erfahrungsschätze, die es so nur im Zusammenleben mit einem Jungen gibt. So gesehen dürfen Sie durchaus Dankbarkeit dafür empfinden, dass Sie einen Jungen haben. Er wird Sie weiter bringen, als Sie sich das bisher vorstellen konnten.

Und wohin soll das alles führen? Was sind Ihre Visionen und Ziele im Hinblick auf Ihren Jungen? Was soll aus Ihrem Sohn denn später einmal werden? Vermutlich: ein Mann. Aber was für einer? Auf die Frage: »Was willst du denn mal werden?«, wird bei uns erwartet, dass als Antwort eine Berufsbezeichnung genannt wird. Das ist eine beschränkte Sichtweise, als käme es nur darauf an, einen Beruf zu haben. Sicher ist Berufsarbeit bedeutend – aber ist sie wirklich so wesentlich, das absolute Ziel? Bei Jungen gesellt sich zum Thema Beruf meist noch der Erfolg, der sich in finanziellem Reichtum ausdrückt oder durch Symbole repräsentiert wird: Konsumgüter wie Auto, Haus oder Pool. Und dann? Oder was, wenn dies nicht erreichbar ist? Das Männliche verführt dazu, äußere Ziele zu ernst zu nehmen. Das Wesentliche gerät bei Jungen leicht aus dem Blick.

Wie wär's zum Abschluss mit einer anderen Perspektive? Worauf es wirklich ankommt, was Ihr Sohn mal werden soll: Ihr Sohn soll glücklich werden! Das ist keineswegs banal, sondern ein Wunsch, den Ihr Sohn immer brauchen kann. Die Hirnforschung, psychologische Forschungen und auch die Religionswissenschaften kommen zu übereinstimmenden Befunden: Besitz, Status oder kurzfristige Vergnügen reichen nicht aus, um wirklich glücklich zu sein. Um glücklich zu werden, ist es vielmehr notwendig, positive Eigenschaften, Zustände und Emotionen zu entwickeln. Das Geheimnis des Glücks scheint recht einfach zu sein: Glücklich macht uns der bewusste und entschiedene Einsatz für andere – für andere dazusein, etwas für andere Menschen zu tun, ihnen eine Freude zu bereiten, etwas dazu beizutragen, andere glücklich zu machen.

In diesem Sinne wünsche ich Ihnen, dass Ihr Sohn glücklich werden möge und dass Sie mit Ihrem Sohn ebenfalls glücklich werden. Wenn dieses Buch seinen Teil dazu beiträgt, dann macht das mich glücklich.

Wenn Sie gute oder schlechte Erfahrungen mit den Empfehlungen in diesem Buch gemacht haben oder wenn Sie Anregungen zu einer Verbesserung haben: Ich freue mich über Ihre Rückmeldungen und Zuschriften.

Postanschrift: Reinhard Winter, Lorettoplatz 6, 72072 Tübingen
E-Mail: reinhard.winter@sowit.de oder über den Verlag: www.beltz.de

Zum Weiterlesen

BERGMANN, Wolfgang: Kleine Jungs – große Not. Wie wir ihnen Halt geben. Weinheim (Beltz) 3. Aufl. 2010

BUNDESZENTRALE FÜR GESUNDHEITLICHE AUFKLÄRUNG (BZgA): In unserer Straße. Jungsgeschichten über Liebe, Freundschaft, Sex und Aids. Köln 2002. (kostenlos: www.bzga.de)

BUNDESZENTRALE FÜR GESUNDHEITLICHE AUFKLÄRUNG (BZgA): Wie geht´s – wie steht´s? Wissenswertes für Jungen und Männer. Köln 2001 (kostenlos: www.bzga.de)

DAMMASCH, Frank (Hrsg.): Jungen in der Krise. Das schwache Geschlecht? Frankfurt a.M. (Brandes & Apsel) 2007

HÜTHER, Gerald: Männer – Das schwache Geschlecht und sein Gehirn. Göttingen (Vandenhoeck & Ruprecht) 2009

ROSE, Lotte/SCHMAUCH, Ulrike (Hrsg.): Jungen – die neuen Verlierer? Auf den Spuren eines öffentlichen Stimmungswechsels. Königstein (Helmer) 2005

SCHNACK, Dieter/NEUTZLING, Rainer: Kleine Helden in Not: Jungen auf der Suche nach Männlichkeit. Reinbek (Rowohlt) 2000

SCHNACK, Dieter/NEUTZLING, Rainer: »Der Alte kann mich mal gern haben!« Über männliche Sehnsüchte, Gewalt und Liebe. Reinbek (Rowohlt) 1997

SCHÜLER 2007: »Jungen« (Schwerpunktheft). Seelze (Friedrich) 2007

STIER, Bernhard/WINTER, Reinhard (Hrsg.): Handbuch Jungengesundheit. Stuttgart (Kohlhammer) 2011

WINTER, Reinhard/NEUBAUER, Gunter: Kompetent, authentisch und normal? Köln (BZgA) 2. Auflage 2004

Adressen und Internet-Links

Bundesministerium für Familie, Senioren, Frauen und Jugend
Referat 408: Gleichstellungspolitik für Jungen und Männer
Glinkastraße 24, 10117 Berlin, Tel.: (030) 2 06 55-28 04

Neue Wege für Jungs
www.neue-wege-fuer-jungs.de

Projekt Soziale Jungs
www.sozialejungs.de

Switchboard - Zeitschrift für Männer und Jungenarbeit
www.switchboard-online.de

Bundeszentrale für gesundheitliche Aufklärung -
Abteilung Sexualaufklärung
www.bzga.de/themenschwerpunkte/sexualaufklaerung-famili-enplanung
http:///www.bzga.de/infomaterialien/sexualaufklaerung

LAG Jungenarbeit Baden-Württemberg
www.lag-jungenarbeit.de

Landesarbeitsgemeinschaft Jungenarbeit Nordrhein-Westfalen
www.jungenarbeiter.de

Landesarbeitsgemeinschaft Jungenarbeit Niedersachsen
www.LAG-JuNi.de

Landesarbeitsgemeinschaft Jungen Schleswig-Holstein
www.wendepunkt-ev.de

Landesarbeitsgemeinschaft Jungenarbeit Sachsen
www.jungenarbeit-sachsen.de

Dokumentationsstelle Jungenarbeit Hamburg
http://jungenarbeit.info

Fachstelle Jungenarbeit Rheinland-Pfalz/Saarland e. V.
http://www.jungenarbeit-online.de

Mannege e. V. - Information u. Beratung für Männer Berlin
www.mannege.de

Kraftprotz Mielkendorf
www.kraftprotz.net

Arbeitskreis Jungenarbeit bei INPUT München
www.ak-jungenarbeit.de

Heimvolkshochschule Alte Molkerei Frille
www.hvhs-frille.de

Bremer JungenBüro
www.bremer-jungenbuero.de

MEDIUM Göttingen
www.medium-ev.de.

Mannigfaltig e.V. Göttingen und München
www.mannigfaltig.de, http://mannigfaltig-sued.de

PfunzKerle e.V. Tübingen
www.pfunzkerle.de

Männer- und Jungenzentrale Rosenheim
www.majuze.de

SCHWEIZ:
Netzwerk schulische Bubenarbeit
www.nwsb.ch

ÖSTERREICH:
Boys4peace, Wien
www.boys4peace.org

Männerberatung Graz und Obersteiermark
www.maennerberatung.at

Mannsbilder Tirol (Innsbruck)
www.mannsbilder.at

Viele Einrichtungen oder Personen, die Projekte für Jungen, Angebote für Jungeneltern oder pädagogische Jungenarbeit anbieten, sind nur lokal oder regional tätig und bekannt. Ansprechpartner werden Ihnen z.B. von Ihrem kommunalen Jugendamt oder der Kreisjugendpflege benannt.

Bitte prüfen Sie die Angebote vor dem Hintergrund Ihrer Interessen (und der Bedürfnisse Ihres Jungen); mit diesen Adresshinweisen kann keine Verantwortung für die Qualität der Arbeit dieser Stellen übernommen werden.

Über den Autor

Dr. Reinhard Winter, geboren 1958, arbeitet seit über 20 Jahren in der Jungen- und Männerberatung und in der Jungenforschung. Der Vater einer Tochter und eines Sohnes ist Diplompädagoge und in der Leitung des Sozialwissenschaftlichen Instituts Tübingen (SOWIT). Er arbeitet in der Qualifizierung von Lehrern und Fachkräften der Sozialarbeit zu Jungenthemen und führt Projekte in Schulen, in der Jugendarbeit und mit Eltern zu den Themen Lebensplanung/Beruf, Aggression/Gewalt, Körper/Gesundheit/Sexualität durch. Außerdem ist er Mitherausgeber eines Handbuches zur Jungengesundheit und Autor verschiedener anderer Bücher zu Jungenthemen.

Faszination Computer und die Folgen

Was macht Computerspiele so attraktiv? Wer ist besonders gefährdet und wann beginnt die Sucht? Was Eltern tun können.

Der Kindertherapeut Wolfgang Bergmann und der Hirnforscher Gerald Hüther weisen nach, wie die neuen Medien die Seelen der Kinder prägen und die Entwicklung ihres Gehirns beeinflussen. Und natürlich zeigen die beiden deutschlandweit renommierten Experten Wege auf, wie Eltern helfen können.

»Abhängig wird ja niemand, weil es Computer gibt, sondern weil sich mit Hilfe dieser Spiele Bedürfnisse befriedigen lassen, die eigentlich auf andere Weise gestillt werden müssten. Dieses Buch richtet sich an alle, die ihre Kinder wirklich verstehen wollen.«
Wolfgang Bergmann/Gerald Hüther

»Ein kluges, ein notwendiges Buch: Gut verständlich geschrieben ist es ein Muss für alle, die den Sog der modernen Medien verstehen wollen.«
Deutschlandradio
Kultur

Wolfgang Bergmann / Gerald Hüther
Computersüchtig
Kinder im Sog der modernen Medien
broschiert, 164 Seiten
ISBN 978-3-407-22904-5

BELTZ